經濟、生活、情感都獨立，
在這個性別平等的時代，
女人更要學會寵愛自己！

沒有

公主命 就不要有

公主病

娜可以把自己當成公主
但絕對不是公主病患者

如果妳什麼都不會，男人又爲什麼要選擇妳？
就算沒有男人，難道一個人就無法好好生活嗎？
因爲是女生所以做不到？因爲是女生所以別人都要讓我？
女人，請不要把自己預設爲弱者！

歸海逸舟，丁智茵 著

目錄

自序

星期一　沒有公主命，別有公主病

擁有一顆尊貴的心 …………………………………………… 14

從天真的夢幻中醒來 ………………………………………… 16

女人不代表脆弱 ……………………………………………… 18

早一點認清現實 ……………………………………………… 20

女人也要有自己的事業和理想 ……………………………… 22

女人請看清自己 ……………………………………………… 25

女人都是待打磨的鑽石 ……………………………………… 27

相信自己 ……………………………………………………… 29

女人要做自己情緒的船長 …………………………………… 31

學會寬容 ……………………………………………………… 32

幽默是生活的潤滑劑 ………………………………………… 35

打開自己的心窗 ……………………………………………… 38

不一定做女強人，但是要做堅強者 ………………………… 40

養成高效率人士的好習慣 …………………………………… 43

星期二　隨時保持最佳狀態

沒有醜女人，只有懶惰和自我放棄的女人 ………………… 48

保持良好的形象 ……………………………………………… 51

化點淡妝，氣色更好 ………………………………………… 53

挑一種適合妳的髮型 ………………………………………… 56

目錄 ━━━━━━━━━━━━━━━━━━━━

保養妳的三千髮絲 ……………………………………………… 59

呵護自己的肌膚 ………………………………………………… 62

面膜敷出妳的精緻水嫩臉蛋 ………………………………… 66

巧笑倩兮，美目盼兮 ………………………………………… 70

妳的衣櫥裡要有這些 ………………………………………… 74

如何挑選高跟鞋 ……………………………………………… 76

用香水提升魅力 ……………………………………………… 79

出門九件事，樣樣都不能少 ………………………………… 82

逛街達人 ……………………………………………………… 87

色彩搭配學 …………………………………………………… 90

星期三　懂人情世故，事業一帆風順

聲音是女人裸露的靈魂 ……………………………………… 96

笑容是天下最美麗的表情 …………………………………… 98

精通各種禮儀 ………………………………………………… 100

好口才決定妳的未來 ………………………………………… 102

讚美是一種人情投資 ………………………………………… 105

善意的謊言 …………………………………………………… 108

投其所好，打開對方的「話匣子」 ………………………… 111

謹言慎行，勿做職場「大嘴巴」 …………………………… 114

吃小虧占大便宜 ……………………………………………… 116

機會屬於性格好的人 ………………………………………… 118

把與人溝通培養成一種貼心的默契 ………………………… 122

把自己培養成貴人，妳的貴人自然就來了 ………………… 123

抓住機會，像毛遂那樣勇敢地「秀」自己 ………………… 125

星期四　十八般武藝樣樣精通

電影開拓我們的視野 ·· 130

舞蹈舞出自己的絕妙身材 ································ 133

繪畫讓我們提升美學素養 ································ 137

學習一項才藝 ·· 140

閱讀豐富我們的內涵 ·· 143

培養英語能力 ·· 146

欣賞話劇，進入高雅的藝術殿堂 ················ 148

十字繡，繡出妳的脈脈情意 ·························· 150

網路時代做網路達人 ·· 152

女人也可以成為巴菲特 ···································· 157

女人也可以購買自己的房子 ·························· 160

星期五　我的身體我做主

懂得養生保健才能有恆久的美 ···················· 164

合理飲食，均衡營養 ·· 166

早餐不可不吃 ·· 168

27 種保持皮膚水嫩的瓜果蔬菜 ·················· 170

睡美人 ·· 176

女孩，面對婦科檢查別走開 ·························· 179

關於健康的錯誤認知 ·· 183

健康就是美 ·· 185

找出適合自己的運動方式 ······························ 187

感受瑜伽神奇的魅力 ·· 190

隨時隨地皮拉提斯 ·· 193

目錄

星期六　情愛賽局

敏感和脆弱不是女人的代名詞………………………………… 198

「賢慧」女 VS「賢惠」女 ……………………………………… 200

男人心，海底針 ………………………………………………… 203

愛情的真相 ……………………………………………………… 207

寧可與寂寞有染，也不要寂寞才愛 …………………………… 212

男人不是生活的全部 …………………………………………… 214

有足夠強的心理素養，妳就同居 ……………………………… 217

聰明女人也會裝「傻」………………………………………… 219

這些要命的慣性思考 …………………………………………… 222

選男人如買股票 ………………………………………………… 224

失戀是令人成長的捷徑 ………………………………………… 226

金婚需要精心經營 ……………………………………………… 228

女人要人格獨立，才能活出自己的風采 ……………………… 230

抓住他的胃 ……………………………………………………… 234

打造有情調的家 ………………………………………………… 236

這樣的嘮叨有點可愛 …………………………………………… 238

偶爾來點「壞」女人的把戲 …………………………………… 241

及時溝通，及早度過家庭風暴 ………………………………… 244

星期日　紓壓

音樂喚起妳的靈魂 ……………………………………………… 248

放慢生活的節奏 ………………………………………………… 251

先擠出笑容，然後妳就真的笑了 ……………………………… 254

哭改變不了事實 ………………………………………………… 256

別活成怨婦 ……………………………………………………… 259

我有缺點，那又怎麼樣呢？……………………………………262

閨蜜 ………………………………………………………………264

藍顏知己 …………………………………………………………267

獨處，是一朵安詳的睡蓮 ………………………………………269

寫心情部落格，化壓力為文字 …………………………………271

遊戲人生 …………………………………………………………274

來一趟說走就走的旅行 …………………………………………276

家是永遠的避風港 ………………………………………………278

向毛小孩學習 ……………………………………………………281

目錄 ──────────────────────────────

自序

　　無意中看到《聖經》中上帝創世的故事，覺得有趣，發覺上帝用七天的努力，打造了一個完美世界的過程竟然與完美女孩的七天打造很神似，簡直就是七天打造完美女孩的另一種翻版。

　　話說萬物初始之前，宇宙是無邊無際混沌的黑暗，只有上帝之靈穿行於其間。上帝對這無邊的黑暗十分不滿，就一揮手，說：「要有光」，於是世間就有了光。上帝稱「光」為「晝」，稱「黑暗」為「夜」。亮光隱去，黑暗再臨，從此，世間就有了晝與夜的交替。這是上帝創世的第一天。完美女孩的首要條件也是「要有光」，此「光」寓意光明、陽光，即女孩變完美的第一步就是要做個陽光女孩，擁有陽光般明媚的心態。當女孩二十幾歲時，也差不多要從童話故事中醒醒了，要知道現在的社會世俗而現實，只有保持良好的陽光心態才能勇敢堅強地活下去，從而打破無盡的黑暗，就像上帝奮力打破宇宙無邊無際混沌的黑暗一樣。

　　第二天，上帝仍不滿意眼前空洞的景象，就一揮手說：「天上要布滿星辰。」於是，宇宙間又布滿了數不清的大大小小的星球。上帝將日、月、星辰擺列在天空中，它們各司其職，掌管著晝夜和時節。天上亮晶晶的星星裝飾了黑暗空洞的夜空，從而使得夜空變得美麗而妖嬈。完美女孩的第二步就是要美麗，要時尚，要使得生活多彩多姿，要有讓人眼前一亮的氣質。時尚女孩的美麗裝點了這個冷漠的社會，也使得這個社會充滿溫情和活力。

　　第三天，上帝看到陸地上混沌不分，心中感到不悅，就說：「水應聚集在一起，使旱地顯露。」於是，水便匯聚起來，旱地就顯露出來。上帝稱旱地為「陸」，稱聚水的地方為「海洋」。上帝在第三天創造了陸地與海洋這個大環境，從而使得以後的草木、蔬菜、飛鳥、游魚等有可以依存的空間。

否則「皮之不存，毛將焉附」？所以完美女孩的第三步就是要會做人。做人是女孩技藝或者能力得以發揮的大前提、大環境。只有會做人，才能會做事；不會做人，想做好事也是無稽之談了。

第四天，上帝又說：「陸地上要生出草木和各種蔬菜。」於是大地生出了草木，出現了各種瓜果蔬菜，果實累累，整個大地上一片生機盎然。完美女孩第四步就是會各種才藝，集才藝或者能力於一身再加上會「做人」，在這個大環境或者廣袤天空下，就能自由地飛翔。

第五天，上帝說：「水中要有眾多的魚，天空中要有無數的鳥。」於是，世間出現了各式各樣歡跳的魚和飛翔的鳥兒。魚自在地暢游在水中，鳥自由地翱翔在天空。上帝又說：「地上要有各種動物。」於是，大地上出現了各種歡樂的野獸和昆蟲，野獸在地上奔跑自如，昆蟲飛舞在花草中。在水中快活游動的魚兒、天空中自由翱翔的鳥兒和各種奔跑的動物，這都是非常有生命力的象徵，它正好吻合了完美女孩的第五步，即每個完美女孩都要做個生機勃勃、活力四射的人。身體是革命的本錢。人的健康在競爭日益加劇、節奏加快的今天，更有鮮明的警示意義。沒有了健康，我們所有的一切都將為零。再多的錢，再舒適的房子、車子，再優秀的老公，再可愛的孩子，這些美好的事物都無法讓多病的我們享受了，我們所有的理想與抱負也無從展開。所以，自己要寵愛自己多一點，讓自己時刻活力四射起來，才能承受住人生的風雨。父母常提醒我們：「要吃好穿好喝好，身體健康。」這是再樸實也不過的話了，但這也提醒著我們要保養自己的嬌貴的身體。如今養生保健、運動健身已經成為現代人崇尚的生活方式了。

第六天，上帝看到陽光明媚，大地遼闊，世間一片姹紫嫣紅，獸跳蟲躍，魚游鳥鳴，十分滿意，於是說：「我要照我的樣子造人，讓他管理地上的萬物和走獸。」上帝用泥捏成一個泥人，朝泥人吹了一口仙氣，於是，人

便在上帝的手裡誕生了。完美女孩的第六步很明顯，就是要處理好自己與另一半的關係，即情感婚姻問題了。有人說：「完滿的人生應該具備三個條件，一要有自己可以安身的工作，二要有靈魂相交的伴侶，三要有聰明貼心的孩子。丟失其一，人的一生就不會圓滿。」女孩也是感性的築巢動物，沒有幸福溫暖的家庭，女孩將無所寄託，成為一縷遊蕩在世間的孤魂野鬼。所以，愛情、婚姻就成為從古至今永遠傳頌的永恆話題。女孩只有幸福了，才能稱之為完美女孩，否則，女孩會終其一生都在尋找。但是完美的女孩也是聰明有智慧的女子，她有自己的眼光，她不會委屈自己，一味遷就壞男人，不適合自己的男人，她會用自己的智慧找尋到適合自己的「鞋子」。男人如鞋，女孩正在默默尋找、翻山越嶺的路上。

上帝用五天的時間造出天地萬物，又在第六天按自己的形象造出了人。上帝看到天地萬物井然有序、生生不息，祂所造的人英俊健壯，感到很高興，便決定把第七天作為休息的日子。上帝已經打造了一個完美的世界，可以休息了，那麼完美女孩的打造工程也結束了，女孩也可以休息了，即處於喧囂繁雜塵世的我們，也可以暫時休息了。在這個休息日的時間裡，我們可以整理過往的紛亂思緒，為自己疲憊的身心減壓，可以休閒娛樂，可以走親訪友，可以帶上自己的心靈去旅行。在這一天裡，我們與上帝共同呼吸、感受著祂打造的這個五彩繽紛的小小星球。

後來，人們按照上帝造世的時間，也把每週分為七天，六天工作，第七天休息。或是五天工作，第六天做自己的事，第七天休息。並把每週的第七天稱為「禮拜天」，用來感謝上帝造世的功德。

雖然，《創世紀》只是《聖經》裡的一個故事，上帝創造宇宙萬物只是一個傳說，但成為完美女孩，卻是我們每個女孩都必須追求的。與上帝七天創世一樣，在當今社會，我們每個女孩都需要精心改造、每天努力，力求做

到完美。命運掌握在女孩自己的手裡，從此刻開始改變吧，相信用不了不少時日，妳就會成為上帝心目中的完美女孩，從而收獲串串快樂和濃濃幸福！

星期一　沒有公主命，別有公主病

上帝創造了光：擁有自尊心和勤勞的雙腳

擁有一顆尊貴的心

> 人應該尊敬他自己，並應自視能配得上最高尚的東西。 ── 黑格爾
>
> 珍視思想的人，必然珍視自己的尊嚴。 ── 教育思想泰斗蘇霍姆林斯基

　　女孩，請擁有一顆尊貴的心，即把自己看得很尊貴。在看似柔弱的外表下，扮演著堅強的角色。遇到生活中的不如意，會自己調解自己，遇到失敗打擊，不會輕易放棄，即有一個健康的心態，會正確處理事情；正確面對感情，不為不值得的男人流眼淚，不會給壞男人傷害自己的機會，更不會放下自己尊貴的心去喜歡一個已有家室的男人，這樣無疑是自取其辱，自己侮辱自己。

＊　　　＊　　　＊　　　＊

　　木子是個人見人愛的 23 歲女孩，單親家庭長大的她很缺少父愛，所以偶有 30 歲上已婚男人對她噓寒問暖，長此以往，她就會深深地愛上對方。經歷過婚姻波濤的已婚男人大多成熟中帶有穩健，木子可以在他面前任性、撒嬌，他會寬容大度，不予計較，充分滿足木子的戀父情結。他顯得很幽默，很有知識，而且還有相對穩定的經濟基礎，他會每天變化新花樣，滿足女孩的浪漫情結，還非常體貼，會在木子晚歸的時候，送木子回家，哪怕他與木子的家的方向南轅北轍。這樣木子就非常依賴他並以身相許了。而且愛的很投入，很義無反顧。這樣的已婚男人的本事自是與木子同齡的青澀男友無法比擬的。倔強的木子聽不進去身邊朋友的好心規勸，揚言道：「為了他（這個從沒有想過離婚的已婚男人）甘願做小三，就是不離開他。還拿瓊瑤的故事與自己的畸戀相提並論。最後的結果可想而知，髮妻永遠是髮妻，木子只是這個成熟已婚男的一劑調味品而已。2 年後，這個男人搬離了他們曾經共有的所謂「愛巢」，木子木然地站在原地傻眼了。

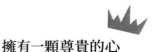

＊　　＊　　＊　　＊

真正獨立自主的女性是不屑於做這樣的事的，她們不會讓自己處於這樣悲涼的境地，到最後還落得個勾引已婚男人的壞名聲。所以，女孩，妳想受到他人尊重嗎？答案若是肯定的話就要自尊自愛，把自己看得貴重，用女性的智慧看清我們周遭的社會，看清人心，這樣我們就不會再被打著愛情的名義、實則只是覬覦妳青春的身體的男人所騙。我們喜歡一個男人就要知道他的「版權」問題，如果不是處於單身狀態，這樣的男人是沒有資格得到我們的心的。

女孩，我們如花的人生才剛剛開始，我們可以自己養活自己，自己給自己足夠的安全感。

所以，請擁有一顆尊貴的心，在感情上不委屈自己，記住：「讓自己受委屈的戀人，絕對不是妳的真命天子。」也不要因為寂寞而委屈自己，接受自己不喜歡的人。一個獨立自主的女人，不以物喜，不以己悲；不浮躁，不爭強好勝。她們嫻靜，恬然自適，而且獨立，有一份引以為傲的工作，讓別人不敢看輕自己。職場女性也能演繹出另一種幹練的美。

有些女孩時常流連在時尚服裝店裡，去了幾次，就只是看看那件非常漂亮的衣服還在不在；去美食店，看著那麼多美食，就算很饞，也捨不得買。這些初涉社會囊中羞澀的女孩的心情可以理解，但是勸告這些女孩們，妳買下來也不是一種罪過。愛漂亮，愛時尚都沒有錯，但是妳買了要知道：消費是為了刺激妳去拚命努力，拚命賺錢，現在享受華服美食，是在自己身上做時尚投資，這也是看重自己的一種方式。再者，我們的衣服自己買，而不是讓別人買，這樣自己也有一種發自內心的成就感。所有的消費都是成就自己的表現，可以敦促自己向更美好的物質生活努力。

所以，女孩一定要看重自己，別人才不會看輕妳。

15

從天真的夢幻中醒來

> 人生最終的價值，在於覺醒和思考的能力，而不只在於生存。── 亞里斯多德

「我覺得你很幸福，因為你可以選擇愛我或不愛我，而我只能選擇愛你或更愛你。」天真，真是太天真了！

女孩子最大的幻想莫過於對愛情的痴想，穿著亮晶晶的水晶鞋，享受著王子的濃情蜜意，這個王子能為了自己上刀山下火海，擒住猛龍，捉住巨鱷，保衛了城堡的安全。從此「公主與王子過上了美好幸福的生活」。我們無從知道之後的瑣碎婚姻生活，不知道可愛的公主最後是變成了幸福小女人，還是被生活侵襲成「黃臉婆」，還是成了獨守空房的怨婦，總之，充滿了多種可能性。而且善良的我們願意相信他們從此過上了神仙眷侶般的生活。真正的生活到底是什麼樣？好像我們每個女孩都必須以身試水後，才能測量婚姻這條大河的深淺。但是我們的年華已經過去了，我們的青春已經不再，到時候再後悔，也買不回我們的青春了。因為我們的生活中充滿太多的周折和變數，不變的是變化，偉大的是現實。

*　　*　　*　　*

書橙的家庭條件不是特別好，但是她外在的條件很不錯。婀娜多姿的身材，清秀美麗的臉蛋，自然是極為引人注目的，她一直覺得自己就是灰姑娘，總有一天會等到王子的出現，她堅信自己的命運也會隨著王子的出現而扭轉。她的身邊從來就沒有缺少過追求者，但她都不為所動，因為在她的心裡一直都默默地守候著那個浪漫的夢。後來她果然談了一次很特別的戀愛，她認識了曉揚，曉揚看上去高大英俊，而且，曉揚告訴書橙他是跨國公司

的副總裁，事業有成，一直沒找到合適的女朋友。書橙一度欣喜若狂，她認為她找到了自己的王子。後來她們結婚了，婚前，曉揚百般呵護關愛書橙，但是婚後曉揚像變了個人似的，不但不再關心體貼她，而且一回家就像個大老爺似的，讓書橙侍候他。尤其是在外人面前，曉揚更是耀武揚威，把書橙呼來喚去，像在支使傭人一般。當初為了和曉揚結婚，書橙和家人鬧翻了，現在她都不知道該怎麼回去面對父母。原本書橙以為她嫁給曉揚，他一定會對她加倍寵愛，對她們的婚姻會加倍珍惜，可沒想到會落下這樣的結局。而且，最糟糕的是，書橙後來發現曉揚根本不是跨國公司的副總裁，只是一家小公司的小職員罷了。

＊　　　＊　　　＊　　　＊

　　其實，書橙在這麼長的時間之內應該可以大概了解曉揚的為人，還有他的工作情況的，只是她的「童話夢」蒙蔽了她的眼睛，讓她看不清事情的真相，以至於完全迷失了。

　　平凡的我們都期望遇見童話裡的情境，但是完美的童話畢竟難以尋覓，生活中更多的是平凡的瑣事、平凡的際遇；生活更多的是完美背後的不完美。我們必須夜以繼日地工作才能賺錢養活自己，我們也必須面對上有老下有小的家庭生活，我們甚至必須每天為了柴米油鹽而精打細算，這就是生活，現實的不能再現實的生活。

　　所以童話永遠都只是童話，金三順的故事也只能是電視劇的故事，是不存在的，所以才叫童話。現在所看的電影電視中的那些女主角所遇到的，從打工小妹變成千金大小姐，到男主角只愛美人不愛江山，一切都是假的，這世界上根本就不存在這些事。

　　經過歲月的洗練之後，女孩長大成熟，童話般的美夢也只能留在夢境裡，然後開始明白 —— 現實裡沒有童話。

對愛情懷抱著夢幻想法是很正常的，但是還有一種想法也是很要命的，就是一直天真地認為父母是我們一輩子的保護神，能保護我們一生，即有很多啃老族。見過太多為了幾百元還向白髮蒼蒼的母親要的，也見過年紀輕輕、遊手好閒地待在家裡一年半載的。我不知道這些孩子都怎麼了，父母的錢是用來養老的，不是讓妳揮霍的，都已經是 18 歲以上的成人了，我們不給父母錢已經對不起他們了，還好意思手心向上要，這就是過於幼稚的表現了。

　　在愛情上夢幻，在生活上幼稚，這可不是我們新時代女孩的作風。從現在開始，找一份工作，哪怕是小小的工作，也要證明自己的價值，我們不要當米蟲。

女人不代表脆弱

> 不經歷風雨，怎能見彩虹 ──〈真心英雄〉
> 沒有播種，何來收穫；沒有辛勞，何來成功；沒有磨難，何來榮耀；沒有挫折，何來輝煌。 ── 英國海軍上將佩恩

　　童話裡對公主的描繪大多都是容貌、舉止上的描述，沒有具體寫出公主都做了些什麼，好像憑著美貌，就可以讓王子為她出生入死了，這也許是美好的童話對女孩子的誤導。很多女孩都會抱怨：工作太累，生活太辛苦，起得比雞早，睡得比狗晚，吃得比豬差，做得比驢多……其實，大多數人，尤其是剛畢業的、沒有根基的、沒有資歷的學生，或者有執著的成功欲望的人，都是這樣過來的。沒有人能隨隨便便成功，美麗彩虹也只有在風雨之後才能出現。那些不想付出切實努力、只想過安逸日子的女孩如果總是這樣想的話，遲早有一天會被社會淘汰，被人所厭棄。因為社會從不養懶人。

＊　　　＊　　　＊　　　＊

　　容卿是個剛畢業2年的設計科系女生。她2年內換了4家公司。原因都是離公司太遠，一個多小時的車程太累。朋友勸她搬到公司附近住，她又說公司在郊區，住那荒郊野嶺沒意思。好不容易在一家公司做了幾個月，也嫌老闆給她的專案太大、太複雜，而給別人的都是輕鬆的小專案。如果接了那個大專案，我的頭髮不知道要掉多少根，還要限時間，我要長多少黑眼圈啊，妳看看我的手，哪裡是女人的手，全都是老繭。容卿就是這樣向她朋友抱怨的。而與容卿同時進入公司的佳櫻，默默接過了原本給容卿的設計，天天在公司加班拚命地做，終於按期漂亮地完成了這個專案。老闆把她們2人的表現看在眼裡，正好部門主管的職位出現空缺，就提拔佳櫻為部門主管。

　　容卿只能嫉妒佳櫻的愛表現，殊不知正是自己的拈輕怕重，才把機會拱手讓人。女孩子在20幾歲的時候，可不能表現得太脆弱了，此時不打拚何時才打拚呢？20幾歲不吃苦，不努力，不用心工作，30後就會更忙碌，更難以成功。

＊　　　＊　　　＊　　　＊

　　女人如水，水善利萬物而不爭，而天下莫能與之爭。如果妳是個漂亮卻什麼都不能做的女孩，那別人給妳冠上花瓶的稱號也不過分了。想當年，小天后蔡依林就是為了擺脫花瓶的稱號，才開始苦練舞蹈，學空中雜技的。上帝也是勤勞的，祂連續6天都不休息，就是為了打造一個祂心中完美的世界。英國海軍卜將佩恩說：「沒有播種，何來收穫；沒有辛勞，何來成功；沒有磨難，何來榮耀；沒有挫折，何來輝煌。」我們期待成功，而前提是經歷挫折，經受磨礪，當然有些苦，比如說自找的苦，我們沒有必要吃，我們也不一定必須吃很多苦才能成功。其實，一個人的一生，沒有所謂「最正確」、「最便捷」的道路，也不可能出現一個能帶著妳走一輩子的人。每

一條道路都有成功的可能，關鍵是妳自己是否有信心、有勇氣、有智慧走下去。我們作為剛進入社會或者極度想成功的人，勤奮，多做點事，會加速我們的成功，只要我們的方向正確。

所以，女孩，好吃懶做，不能吃苦，就無法成功。靠人人會跑，靠山會山倒。女孩要有最起碼的生活理想，要有想做的事，為之努力的事，這樣才更容易品味到獨立所帶來的快樂和幸福。所以還是重新檢討自己，分析自己，好好工作吧！雖然勤奮努力的人，不一定成功，但是不勤奮，不努力，是永遠都不能成功的。加油，女孩！

早一點認清現實

> 快樂可以依靠幻想，幸福卻要依靠實際 —— 法國諺語
> 人，有了物質才能生存；人，有了理想才談得上生活。 —— 雨果

很早以前看過一本書，裡面有個關於愛情和婚姻的一個小故事很觸動人心，讓人感慨萬千，久久不能忘懷。

有一群生活在冰天雪地裡的企鵝，他們每天都邁著優雅、從容的紳士步伐愉快地過著日子。他們當中有一隻企鵝叫康康，那是所有企鵝當中最優秀的之一。牠深深地愛著他們當中的另一隻企鵝南南。在企鵝群裡有個規定：求婚者必須找一些石頭給被求婚者，以便為以後共同的日子建造溫暖的家而使用。像所有準備求婚的企鵝一樣，康康千辛萬苦地奔波著，去尋找石頭，牠長途跋涉，丟下一塊又一塊令自己覺得不滿意的石頭。正當康康累得筋疲力盡時，終於找到了一枚最精緻、最光潔的石頭，這可是他千挑萬選以後覺得最滿意的一枚，他認為只有這一枚才配的上南南。可是南南最後卻嫁給了另一隻企鵝，那隻企鵝，一直跟在康康後面，當康康把所有他認為不好的石頭

扔掉時，那隻企鵝會把石頭撿起來，然後送給南南。這些石頭雖然很粗糙，而且也不完美，但是數量很多堆得像小山一樣，於是南南就答應嫁給牠。

康康一直不明白？南南一直都是喜歡自己的啊！平時也玩得很融洽，可為什麼南南會作出這種選擇呢？

時間過得非常快，眨眼間三年過去了，這期間康康和南南誰都沒有理過誰，直到有一天，南南才來找康康，把當初不嫁給牠的原因告訴牠：其實我一直很愛你，可是我卻嫁給了牠……

因為牠送了我好多石頭，而且這些石頭都是你丟掉的，你知道嗎？我們是生活在冰天雪地裡的，如果沒有足夠的石頭做孵卵巢的話，我們的後代在出生之前就會被冰層凍死……你送我的那枚石子好美，晶瑩剔透，但那只是單純的愛情，支撐不了長久的婚姻和兒女的責任……愛情不是婚姻，那些表面上很光滑的石頭，不可能長久地支撐我們的生活……

是啊，愛情不是婚姻，沒有麵包的婚姻，很難長久地生存。南南的選擇很明智。

毋庸置疑，每個人都期盼能和生命中的另一半演繹一場轟轟烈烈的愛情，然後他能在漫長的生活中成為能讀懂自己的知己。可是生活久了，妳就明白，在這個世界上能找個心心相印的異性不容易，要找個一輩子花前月下的異性更是難上加難。

人們崇尚愛情，世俗卻看輕愛情。只給得起愛情的男人，看不起重視麵包的女人；渴望愛情的女人，討厭身上沾滿麵包味的男人。

有人說，結婚前愛情是唯一，結婚後才知道，原來愛情分文不值。女人在年輕的時候，不用擔心沒有麵包，整天談戀愛，生活在希望、憧憬和寵愛裡，所以過分清高。等到有一天自己要想辦法找麵包吃的時候，就該後悔自己當初怎麼沒有把麵包放在心上了。

其實，何必把麵包看得那樣俗氣？愛情本身帶有很多附加價值，麵包不過是其中一個，諸如此類的還有很多，例如身高、相貌、年齡、人品、學識⋯⋯

　　愛情不是一個存活在真空裡的東西，它實實在在，它需要有麵包的支撐，營養充足才能長久存在。選擇麵包並不可恥，而是務實，這對於二十幾歲的女孩來說，是件好事。因為，女人只有務實了，才懂得怎樣生活。沒有愛情的生命是荒涼的，沒有麵包的生命是死寂的，只有找到有能力擁有麵包的伴侶，共築愛巢，妳才能過得快樂而瀟灑，才能做幸福的女王。

女人也要有自己的事業和理想

> 人活著要有生活的目標：一輩子的目標，一段時間的目標，一個階段的目標，一年的目標，一個月的目標，一個星期的目標，一天、一小時、一分鐘的目標。—— 列夫‧托爾斯泰
>
> 生活的理想，就是為了理想的生活。—— 培根
>
> 靈魂如果沒有確定的目標，它就會喪失自己，因為，俗話說得好，無所不在等於無所在。—— 蒙田

　　哈佛大學曾經對一群年輕人以目標對人生的影響為主題做了長達 25 年的追蹤調查。調查發現：思想悲觀、消極，經常抱怨社會抱怨他人的人，經常是社會最底層的人，這些人沒有目標，他們占了 27%；目標不明確的人處於社會的中下層，他們占了 60%；有比較明確的短期目標的人是各行各業的專業人士，他們占了 10%；剩下只有 3% 的人有十分明確的長期目標，並為之不斷努力，他們是社會各界頂尖的成功人物。

　　所以，妳選擇什麼樣的目標，就會有什麼樣的人生。成功不會光顧那些注意力分散的人。《細節決定成敗》一書中曾經說過：「如果妳在一個行業

裡踏踏實實做上十年二十年，那麼妳一定能夠在這一行業裡成為佼佼者。」心有多大，舞臺就有多大。我們雖然都是平凡的女人，但是一生中做成一件完美的事，我們還是可以做到的。一個具有明確生活目標和思想目標的女性，毫無疑問會比一個根本沒有目標的女性更有作為。

所以，20 幾歲花一般年齡的女孩，不甘於平庸的女孩，一定要有個明確的追求目標，知道自己想要做什麼，並且明白自己能做什麼、想過什麼樣的生活，這樣才能發揮出自己的智慧，讓目標有如妳人生路上的指路明燈，指引著妳成為強者，走向成功。有了追求和目標，我們才會以自己全部的力量去為之奮鬥，這樣我們的生活才會變得甜蜜，生命才顯得可貴，我們也會覺得幸福。

但是生活中還有很多女孩不清楚這一點。她們就如河中隨波逐流的一株小草，她們迷迷糊糊上了大學，迷迷糊糊地開始了工作，又迷迷糊糊地結婚生子，這一輩子就在迷迷糊糊當中度過了。這樣迷糊的女人是永遠不會取得事業的成功的。還有一些女孩，她們有理想、有抱負，不甘心在家「相夫教子」，當出國盛行時，她們擠破頭也要走出國門鍍點金；當公務員熱興起時，她們又忙著考公務員……這種女孩生活得忙忙碌碌，看似充實，實則毫無頭緒。

所以，女孩，為自己確立一個明確而又長遠的目標吧！在走進社會之初，不妨先冷靜地問一下自己：我喜歡從事哪一行業？我的優勢是什麼？我的人生理想是什麼？如果二十幾歲了還沒有問過自己這個問題，也就只能糊糊塗塗地過一輩子了。

＊　　　＊　　　＊　　　＊

夏日炎熱的午休時間，一群女性正在公司的休息室閒聊。這時，來了視察她們工作的幾位高層主管。其中一位女主管（實際上是公司執行長）握住了一位女員工的手，這個女員工是生產線組長。她體貼地說：「這麼多年，

辛苦妳了。」簡短而愉快的交談後，主管們就離開了。

生產線組長的成員們都感到好奇，就詢問組長怎麼與執行長成為朋友的？組長淡淡道：「十年前她和執行長是同一天開始在這個公司工作的。」

其中一個嘴快的人半認真半開玩笑地問她：「那為什麼妳現在仍在工廠工作，而她卻成了執行長？」組長說：「十年前我為一個月一萬元的薪水而工作，而她卻是為了事業而工作。」

＊　　　＊　　　＊　　　＊

同樣的起跑線，同為女人，卻因為追求的不同，目標的不同，兩個人的人生就有了天上地下的距離。事實告訴我們，身為女人若想成功，成為「財女」和成功者，就要敢想敢為。

所以，女孩，要有追求，要有自己的人生目標，甚至有點野心也無妨，這樣 10 年後、20 年後，或者年老的時候妳才不會空悲嘆。難道妳也想一輩子默默無聞，扮演著跑龍套的角色嗎？我們也能像男人那樣去努力取奮鬥，也能闖出自己的一番天地來。只有我們自己能決定我們將來要成為什麼樣的人、做什麼事，只有我們自己知道什麼能使自己滿足，什麼能令自己有成就感。那就是我們的短期目標、中長期目標和長遠目標。把妳每天的計畫寫出來吧，要時時地看，時時重溫，這就是明確的目標管理。這樣一來我們就能高效地完成每天的計畫，也會離我們的人生目標越來越近。

女人請看清自己

> 人生最困難的事情是認識自己。——古希臘哲學家泰利斯
>
> 無論何時，只要可能，妳都應「模仿」妳自己，成為妳自己。—— 馬克斯韋爾‧莫爾茲

二十幾歲的女孩在摩拳擦掌、準備施展拳腳進攻一個領域前，大腦先不要太一頭熱了，要先停下來，分析一下自己，只有看清自己了，才能給自己精確的定位，這樣就不會背道而馳、南轅北轍，才能有的放矢了。妳要了解自己的性格、自己的長處和短處，對自己有個正確的認知，然後根據自己的特長進行定位，選擇適合自己發展的行業。

只有妳的性格與所從事的職業相符，工作起來才能得心應手、心情舒暢，也容易取得成功。

「性格決定命運」，但是性格是後天養成的，是可以改善和改變的。妳也能透過自身的努力，充分發揮自己的性格優勢，避免或減少自己性格中的劣勢對事業的影響。但是性格是接近天性的東西，很難改變，所以，還是建議什麼性格的人適合做什麼樣的工作。職業只有順應了自己的天性才能肩負起上蒼所賦予的使命，才能開啟通往成功的大門。比如妳性格內斂，那妳就適合做些辦公室的文職類工作，比如編輯、統計、會計、程式設計等；如果妳性格活潑外向，妳就適合做哪些開拓性的工作，比如推銷員、市場人員、經紀人、股票分析師、編導等。

為什麼世界上有那麼多平庸的人？就是因為有近一半多的人正在從事著與自己性格格格不入的工作。儘管他們兢兢業業、任勞任怨，儘管他們不畏艱險、百折不撓，但是平庸還是伴隨其左右。他們無法改變自己的性格，他們背離了自己的天性，所以他們被拒在成功大門之外。

星期一　沒有公主命，別有公主病

很多女孩的成功，都得益於對自己的清醒認知。如果只憑自己一時的興趣和想法，那麼定位就很不準確，就會有很大的盲目性。

如果一開始就對自己有錯誤的認知，那麼即使她勇於秀出自己，並且在某種程度上取得了一些成效，但她最後的結果也只能是「竹籃子打水一場空」。

因此，在選擇職業時需先做一番冷靜的思考，這對於二十幾歲的女孩來說尤為重要。

妳應該知道哪些是新興行業，然後再分析自己適合與否。還要看自己的特長，即自己的專業基礎是否堅實，這樣進入一個行業，做起來也會輕鬆許多。所以選擇和自己的專業或個性特質相符的工作和事業是很重要的。

那些在事業上取得成就的人，都有一個共同的特點，那就是充分認識自己後做最適合自己的事。

＊　　　＊　　　＊　　　＊

瓊瑤是備受全世界華人矚目的知名作家，著有六十多部膾炙人口的小說，且部部都經改編拍成淒美的電影或電視劇，盪氣迴腸，精彩絕倫，賺盡億萬華人的愛與淚。人稱有華人的地方就有「瓊瑤」。她的讀者群成功地囊括了幾乎所有年齡層的讀者，成為言情小說女王。雖然她僅有高中畢業，但她從那個時候起，她就知道自己以後的路了。那就是文學之路，因為她除了語文好之外，其他都不行。她是最知道自己特長的人，所以她的選擇是絕對正確的。

每個女性都有自己的特長，都有自己特定的天賦與素養。如果妳選對了符合自己特長的努力目標，就能夠成功；如果妳沒有選對，就會埋沒自己。所以最先埋沒自己的人是自己。

當然，客觀地認識自己並不是一件容易的事情。人的一些複雜品質，是目前還沒有辦法或工具可以直接衡量的，於是人們就得經常利用間接的方式來獲得一些對自己的印象。身為女性，一般的方式就是利用和別人做比較或

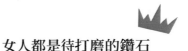

從別人的態度回饋中，以及在實踐中檢驗自己、認識自我。

如果妳找到了自己喜歡的，並且又能勝任、適合自己的職業，就馬上大膽地行動吧！相信那裡的天空一定會因為妳的存在而有所不同。

女人都是待打磨的鑽石

天生我材必有用 —— 李白

自己就是一座寶藏 —— 華人著名成功學專家、潛能開發及『NAC 神經鏈調整術』心理學家陳安之

每個女孩都有不同程度的自卑，不敢穿飄逸的裙子，因為沒有修長的腿；不敢穿緊身的衣服，因為沒有凹凸有致的身材；牙齒黃，所以不敢大笑；個子矮小，皮膚不白皙，家裡貧困，因為自己叫不出汽車、包包、衣服的牌子而不敢在人前說話，唯恐暴露自己的「孤陋寡聞」，所以就一直做個老好人或「隱形人」，一直自卑著、認命著。

我們沒有權利選擇自己的出身，可能我們剛出生時就已經「輸在了教育的起跑線上」，可能我們要比別人多付出 18 年的艱辛才能與別人一起喝咖啡，這些都是我們無法更改的，我們可以比拼的只能是我們的信念和心態，其實人比人，氣死人，合理的比較才是適宜的。周迅在電影《畫皮》票房大賣而接受採訪時曾說過：「我沒有挑戰者，只有我自己是我自己的挑戰者。」是啊，我們能比的人，在一定意義上只能是我們自己。我們今天比昨天進步一點點，今年比去年成功一點點，妳看本書的這一刻比上一刻有智慧一點點，這就夠了。關鍵的是，我們不能妄自菲薄，對自我評價過低，遭受一點挫折打擊，就頹廢不堪，要知道，我們身上有無窮的潛能，還沒有被自己完全開發出來呢？據說，正常人的腦細胞約 140 億～ 150 億個，但只有不足

10%被開發利用，其餘大部分在休眠狀態，即大腦有90%以上的區域是「荒蕪」的。更有研究統計認為人體有98.5%的細胞是處於休眠狀態，甚至有專家認為只有1%的細胞參加大腦的功能活動。即使像愛因斯坦這樣的科學菁英的大腦的開發程度也只達到13%左右。所以，我們都是待開發待打磨的鑽石，完全沒有理由自輕自賤。

＊　　　＊　　　＊　　　＊

　　女孩，每天早上出門上班之前，先在鏡子前面臭美5分鐘，對著鏡中的自己說：「妳是最棒的業務員（設計師、工程師等），今天妳就要證明這一點，明天也是如此，一直都是如此。」也可以讓妳的男友或者丈夫，或者室友、鄰居，在妳們出門之前，都以這一段話跟妳們告別：「妳是最棒的推銷員（設計師、工程師等），今天妳就要證明這一點。」自信是我們存活於世的根基，根基打牢了，我們就會成為堅強的人，成為有用的人，成為成功的人。

　　也許妳的相貌平平，也許妳一無所長，但妳不應該自卑，更不應該怨天尤人，也許在某方面妳存在著驚人的潛力，只是妳並沒有發覺罷了。正如一句名言所說：「他能夠，是因為他認為自己能夠；他不能夠，是因為他認為自己不能夠。」

＊　　　＊　　　＊　　　＊

　　在這個世界上，有太多人，總以為別人的種種幸福、種種榮譽等很多美好的事物是不屬於他們自己的，或者認為他們是不配擁有的，以為他們就是不幸的人，就是給人帶來噩運的掃把星，與那些好命的人不能相提並論。黑格爾曾說過：「人應該尊敬他自己，並且自視配得上最高尚的東西。只有尊敬自己，高尚的東西才會伴隨而來。」所以，女孩，我們要相信自己配得上一切美好而崇高的東西。因為我們本身是鑽石，只是待努力，待打磨罷了。記住：一切皆有可能。

相信自己

> 信心可以使一個人得以征服他相信可以征服的東西 —— 英國桂冠詩人德萊頓
>
> 我就是太陽 —— 尼采

在我們很小的時候，我們都知道小老鼠打洞的故事。

一隻小老鼠想知道世界上誰最厲害，就從自己的房子裡走出來，看到太陽高懸在天空中，並散發著萬丈光芒，就讚嘆太陽公公是世界上最厲害最偉大的人。太陽公公說：「烏雲姐姐來了，就會把我遮住了。」烏雲姐姐說：「我雖然能遮住太陽，但是一陣狂風就會把我刮散。」風姑娘悲傷地說：「但是我刮不倒一堵厚實的牆啊！」小老鼠走到牆邊，十分景仰地望著牆大哥。牆大哥無限感傷地說：「你們才最厲害啊，看我身上的洞都是被你們打的，我快支撐不下去了。」正說著，一隻隻活潑的小老鼠從這牆裡鑽出來。

小老鼠誇讚那個，佩服那個，唯獨忘記了自己的「能耐」。大名鼎鼎的柏拉圖也是這樣。

*　　　*　　　*　　　*

蘇格拉底在臨終前渴望尋找到一位優秀的閉門弟子來傳承自己衣缽，就把日常幫助他打理事務的助手叫到自己身邊，告訴他自己的想法。還說：「我的要求是這個人不僅要相當有智慧，還一定要有充分的信心與非凡的勇氣。到現在為止，我還未見過這樣優秀的人，你能幫我尋找一位嗎？」

助手尊重地說：「我必定竭盡所能，幫您找到這樣的人才，才不辜負您多年來的栽培與信任。」

蘇格拉底笑了笑，再沒說什麼。

星期一　沒有公主命，別有公主病

　　這位忠誠而勤奮的助手，為了能給恩師蘇格拉底尋找合適的閉門弟子，不辭辛勞透過多種管道四處打聽。但是，他每帶來一位，蘇格拉底還是不滿意。

　　後來蘇格拉底的病情加重，癱軟無力地躺在床上，忠誠的助手走到他的身邊慚愧地低下了頭，此時蘇格拉底硬撐著坐起來，拍拍那位助手的肩膀說：「真是辛苦你了，但是，你找來的那些人，實際上還不如你。」

　　助手淚流滿面，慚愧地對他說：「我真的很對不起您，沒有完成您最後的心願，讓您失望了！」

　　「失望的是我，對不起的是你自己。你才是最優秀的人，只是你不能相信自己，因此才把自己給忽略了，你不明白怎樣去發現與重用自己……」說著說著，偉大的哲人永遠地閉上了雙眼。這個助手就是偉大的柏拉圖。從此柏拉圖在懊悔中度過了他的餘生。

＊　　　　＊　　　　＊　　　　＊

　　渺小如小老鼠，偉大如柏拉圖，都逃不出自卑的陰影，都認為他人的才能比自己高，他人的小宇宙比自己強大，而忽略了自己的光熱、自己才是最優秀的。那麼我們一般人又該會是如何的自卑呢？

　　說到這裡，又想起了自信藤的故事：

　　據說在終南山下水草豐美的地方有一種自信藤，凡得到此藤的人就可以忘掉自卑，得到自信。所以很多人都不惜跋山涉水，去找這種藤。有一個人費勁千辛萬苦找到了自信藤，但是他依然不自信。他在晚上借住在山下一位老人的家裡。面對皎潔的月光他不由得仰天長嘆：「為什麼得到了自信藤，自己還是不自信呢？」老人聽見就笑了。對他說：「其實，自信藤並不在終南山，它也不在別人的眼裡，而是在每個人的心中。只要你心中有自信的根，無論走到天涯海角，你都能夠得到自信，而我們每個人的心就是自信的根。」

＊　　＊　　＊　　＊

　　所以，女孩，自信在我們自己的心中，只有妳在心裡肯定自己，為自己加油，就能找到自信的根，別人也才可以相信妳。

　　自信是慢慢養成的，展現在妳生活的一點一滴中。二十幾歲的女孩，可以沒有美貌，但萬萬不可沒有自信：自信可使我們內心飽滿豐盈、神采飛揚，渾身散發著獨特的吸引力和魅力，外表也會變得光彩照人；自信可以激發出我們身體的各種潛能，像太陽一樣閃著光發著熱。

　　自信就是這樣，它能讓女孩在人生舞臺上煥發出一份獨特的魅力光彩。

女人要做自己情緒的船長

> 情緒這種東西，非得嚴加控制不可，一味縱容地自悲自憐，便會越來越消沉。 —— 亦舒
>
> 接吻可以選錯對象，發脾氣則不可。 —— 亦舒

　　有一對年輕人，新婚後不久，年輕的太太難產而死，遺留下一個孩子給他。做父親的既當爹又當媽，既要忙於工作，又要照顧孩子，找個人幫忙照看孩子就成了一直困擾他的問題。所以他訓練了一隻狗，那隻狗很通人性，能聽懂人話，還有一個絕技，就是可以咬著奶瓶給孩子餵奶喝，幫助父親撫養那孩子。

　　有一天，主人要出門，吩咐狗照顧孩子。他到了其他地方，因為突降大雪，當日不能趕回。第二天才趕回家，他像往常那樣推開房門，發現家裡到處是血，抬頭一望，發現床上也滿是血漬，孩子不見了，卻見狗趴在地下，嘴邊沾著鮮血。主人看到這種情形，很生氣，斷定是狗的野性發作，把孩子吃掉了，盛怒下的主人，拿起菜刀向著狗頭猛劈，把狗活活地砍死了。

這時，神智已經有點清醒的他突然聽到床底下有聲音，只見小孩從床下爬了出來。做父親的連忙將孩子抱起來，仔細觀察才發現孩子雖然身上有血，但並未受傷。他很奇怪，不知這究竟是怎麼一回事，再仔細看看狗的屍體，才發現狗受了傷，腿上的肉殘缺不全，旁邊有一條狼屍，口裡還咬著狗的腿肉。原來，一條惡狼進屋要吃小孩，狗捨身救了小主人，想不到最後自己卻被主人誤殺。

這是個多麼可悲的誤會。人與動物之間，人與人之間之所以有重大誤會的出現，往往是人在喪失理智的狀態下做出的行為或者決定。一個人遇事倘若不能平心靜氣，任由自己如火般的情緒蔓延，最後的結果只能是把自己燒得片甲不留，使親人離去，好友遠去，自己變成孤家寡人，與合作夥伴散夥，與直屬上司鬧僵，自己也離被炒魷魚走人不遠了。所以，無論做什麼事情，做什麼決定，我們都要冷靜別衝動，就算對方千錯萬錯，我們也要給自己留點餘地，不要弄到不可收拾、無法挽回的地步。

學會寬容

> 世界上最寬闊的是海洋，比海洋更寬闊的是天空，比天空更寬闊的是人的胸懷。—— 雨果
>
> 不會寬容別人的人，是不配受到別人的寬容的，但誰能說自己是不需要寬容的呢？—— 屠格涅夫

感激傷害妳的人，因為他磨煉了妳的心志；

感激欺騙妳的人，因為他增進了妳的見識；

感激鞭撻妳的人，因為他清除了妳的業障；

感激壓制妳的人，因為他拓展了妳的心胸；

感激身邊的小人，因為他讓妳學會了生存；

感激曾經的男人，因為他讓妳學會了保護；

感激嫉妒的女人，因為她讓妳學會了包容；

感激愛妳的人，因為他讓妳懂得了什麼是愛。

感恩的心，感謝有妳，感謝所有的好人、壞人，男人、女人，老人、小孩。

＊　　　＊　　　＊　　　＊

人活於世，就應該自強不息，厚德載物。感念父母，感恩別人，即便那個人是傷害、打擊、報復妳的人。因為正是他們，讓我們敏銳地看清了自己，是他們讓我們變得強大，成就了現在的自己。我們要有容人的雅量，有海納百川的氣度，這樣我們才是一個成熟、心智健全的人。

但是，20 幾歲的女孩大多是不成熟的，不成熟就會表現得幼稚、任性、耍小性子，這樣一來在人際關係的處理上就很容易出現紛爭與矛盾，因為 20 幾歲的年輕女孩通常還沒有多少容納人的胸懷。但是，女孩，要知道只有容納才是強大的。當容納未曾在心中留駐時，世界對妳是狹小而封閉的。只有打開心扉，容納別人，包括妳令妳不悅的人，妳才能領略到許多遺失的美好，就如同承載萬物的大地。心胸可以決定未來，而唯有容納才能成就妳的如海心胸。

一部《培根隨筆》，讓培根的名聲響徹全球，成為文藝復興時期的大文豪，也成為後世永遠景仰的文學巨匠。他廣為人知的《論讀書》，300 多年來，照耀著一代又一代人，但是還有一篇，或許較不為人所知，但是讓人感悟很多，即他的《論強國之道》。下面我們節選一段與讀者分享。

＊　　　＊　　　＊　　　＊

那些對異族臣民的歸化持開明態度的國家都很容易發展為帝國。因為不難想像，一個小民族即便因其智勇絕倫而獲得廣闊的疆土，它也只能維持一時，不久就會驟然崩潰。斯巴達人在外族人歸化問題上持歧視態度，所以當

他們固守本土時能堅不可摧，但一旦對外擴張，其樹幹就不堪承受其枝葉，到頭來終於像風吹果落一般突然消亡。在接納外族人入籍這一點上，任何國家都比不上古羅馬開明，因此羅馬人一帆風順，漸漸成了世界上最龐大的帝國。他們的做法是授予外族人羅馬國籍（他們稱之為公民權），而且是最充分的授予，相當於最惠國待遇，即不僅授予財產權、通婚權和繼承權，而且還授予選舉權和被選舉權，這種公民權不止是向個人授予，同樣還授予整個家庭、整座城市，有時甚至是整個民族。加上羅馬人慣於殖民，把羅馬的秧苗種入異國他鄉的土壤，並使不同的習俗合二為一，因此可以說並不是羅馬人向世界擴張，而是世界向羅馬蔓延，這正是最穩妥的強國之道。

　　世界走進了羅馬，羅馬也走進了世界，所以古羅馬成為當時最強盛最龐大的帝國。一個國家只有兼收並蓄、容納了異族才能強大自己，就像今天的美國。美國是全球文化最多元的國家，幾乎囊括了全球各地的移民。同時美國也是全球經濟最發達的國家，其國內生產總值占全球生產總值的23%。國家追求強盛，我們則追求成功和內心的安寧，所以，女孩，學會容納別人、寬容別人吧，這樣我們才能成為強者，成為成功的人。

　　寬容無疑會帶來良好的人際關係，自己也能生活得輕鬆、愉快。缺點是每個人都有的，寬容別人無心的過失，因為那常常也是他們不能主宰的。

　　寬容使妳學會了如何去欣賞別人，也讓別人學會了如何來欣賞妳。

　　寬容賦予女孩美麗的內心，寬容讓女孩心平氣和、純淨安寧。寬容讓女孩知道自己應該做正確的事情，而不是整日為一些閒言碎語瑣事而鬱悶、惱火，總是去找人訴說，與對方辯論，甚至總想變本加厲地去報復，這將會耽誤自己的事業，失去更多美好的東西。

　　所以，女孩，拋開好勝和計較的狹窄心胸，對於世事和人都多一些豁達大度，笑對人生吧！唯有寬容，才會融化寒夜的冰冷；唯有寬容，才能讓幸福來敲門。

＊　　＊　　＊　　＊

　　一位老婦人在她 50 週年金婚紀念日那天，向眾人解密她保持婚姻幸福的祕訣。她說：「從我打算嫁給他之日起，我就決定原諒丈夫的 10 條缺點，為了使自己幸福，我向自己承諾，每當他犯了這 10 條錯誤中的任何一項的時候，我都會說服自己，原諒他。因為這是自己的選擇，選我所愛，愛我所選。」眾人都好奇這 10 條錯誤一定包括花心、懶惰、自大等。她打破了眾人的喧嘩，平靜地說：「老實說，其實剛結婚的時候，我根本沒有把這 10 條缺點具體地列出來，直到現在，50 年過去了，我也沒有列全。每當我丈夫做錯了事，讓我很生氣時，我就會深呼吸，在心裡暗暗提醒自己：『算他好運吧，他犯的是我可以原諒的那 10 條錯誤當中的一個。』」

　　從這個故事中，我們可以感受到老婦人寬容的智慧。正是她的這種智慧讓她擁有了一生的幸福。漫漫人生，學會寬容其實是人生的大智慧。所以，二十幾歲的女孩，學會寬容和忍讓，妳就會發現，幸福其實就在身邊，機會也會來敲妳的門。

幽默是生活的潤滑劑

> 人只能活一次，千萬先娛己，後娛人。── 亦舒
>
> 幽默就是潤滑劑，是一種生活的態度和方式。能讓人們更有力量，看透世界的本質。── 朱德庸

　　有人說：與漂亮的女孩交往養眼，與聰明的女孩交往養腦，與健康的女孩交往養身，與快樂的女孩交往養心。

　　所以，幽默的女孩，才是真正快樂的女孩，這樣的女孩才是最「養心」的。

星期一　沒有公主命，別有公主病

　　擁擠的公車上，男人踩了女孩一腳，男人趕緊道歉，女孩風趣地說：「不，是我的腳放錯了地方。」這樣的女孩是不是更可愛？

　　幽默的女孩很可愛，她總是能適時地在一汪清水之中激起點點漣漪，為平日裡瑣碎的生活增添幾分韻味與情趣。

　　幽默的女孩人見人愛，不但能吸引異性，也能感染同性。開心果般的女孩，誰不喜歡呢？

　　楊瀾在主持節目時，語言風趣幽默，很受觀眾好評。有一次，她的一位搭檔誇張地說：「只要提到位於北極圈的加拿大，身上就會冷得直髮抖。」楊瀾接過話，更加具體、形象地說：「我也聽說，有兩位加拿大人在室外說話，因為那裡天氣冷得出奇，話一出口就凍成冰塊了，所以他們很快地用手接住，進屋用火烤了才聽見說了些什麼……」

　　楊瀾的幽默說笑，使演播廳的氣氛更加輕鬆、活躍，電視機前的觀眾聽了也禁不住捧腹大笑。

　　一個幽默的女孩，也會是一個熱愛生活的女孩，有著淡淡的從容和優雅，會用帶笑的心去體會生活、感受生活，去化解生活路上的一切問題。

＊　　　＊　　　＊　　　＊

　　一次，有一位將軍與士兵們一起開慶功會，在與一個士兵碰杯時，那個士兵由於過於緊張，舉杯時用力過猛，竟將一杯酒潑到了將軍的頭上。士兵當時嚇壞了，可將軍卻用手擦擦頭頂的酒笑著說：「年輕人，你以為用酒能滋養我的頭髮嗎？我可沒聽說過這個偏方呀！」說得大家哈哈大笑，這令這個士兵對女翻譯充滿了感激和崇拜。

　　幽默風趣的語言，於輕鬆嬉笑之間就把問題迎刃而解了。女性朋友們，給枯燥的生活加點調味料吧！學會幽默，人生將充滿自信和樂趣；釋放妳的幽默，妳身邊的人也會因妳而快樂，因妳而改變。

＊　　＊　　＊　　＊

三順是宿舍裡最胖且不愛打扮的女孩，但是寢室室友都喜歡她，與她交流的人都喜歡她，她是怎麼做到的呢？我們來看看她的幾個生活片段分享，探究緣由。

有一日天風很大，車庫的腳踏車倒了一排，三順找半天才找到她的車，正被另一輛腳踏車壓著，她很生氣，於是狂吼：「誰的賓士壓了我的寶馬？」她的室友聽後無語。

隔幾天，三順過生日，約寢室的人去學校附近一家大的餐廳，那服務生看她們是沒錢的學生，就一副看不起她們的樣子，對她們邊翻著白眼，邊記著她們要點的菜名，三順怒不可遏，就高喊：「我要吃番茄燉番茄！」

畢業前夕，三順順利考上一所藝術學校表演系。同學們都很好奇面試考什麼了，三順說：「主考官讓我裝白痴。」同學們又問：「那妳是怎麼裝的？」三順說：「我沒裝啊，我就這麼走了一圈就選上了。」

這就是可愛的三順，幽默的三順，不僅征服了周圍的同學和朋友，還征服了主考官。

所以，幽默是一味產生輕鬆和歡樂的添加劑，不僅使人擁有一顆快樂大度的心，更會使人在各種場合中應付自如，左右逢源。

所以，女孩，做個人見人愛的幽默天使吧！可以先從培養自己的幽默感開始做起，下面幾項是妳要慢慢修練的：

1. 要累積多點幽默素材。看得多了，聽得多了，擁有的幽默資料多了，運用幽默語言的能力自然會提高。

2. 多學學別人是怎麼利用幽默活躍氣氛的，從而提煉出對自己有啟發意義的幽默技巧和方式。

3. 多說點笑話、俏皮話和自我解嘲的話。

4. 勇於表達自己的幽默。多實踐，才能把幽默練到爐火純青的地步，從而有效提高使用幽默語言的水準。

5. 幽默要分時機和場合，否則反而會弄巧成拙。

打開自己的心窗

> 開朗的性格不僅可以使自己經常保持心情的愉快，而且可以感染妳周圍的人們，使他們也覺得人生充滿了和諧與光明。── 羅蘭
>
> 青春活潑的心，絕不作悲哀的留滯。── 冰心

一個小女孩，她開了一扇窗，看見一個小男孩正在埋葬他養了多年的貓，女孩子覺得很可憐就開始哭泣，她爸爸過來關上了那個窗戶，打開了另一扇窗，窗外是一個充滿玫瑰花和陽光的花園，女孩子聞著花香，看著嬌豔的花朵就立刻忘記了之前的痛苦，開始微笑了。

所以，有時候，我們是不是開錯了窗戶？我們為什麼要打開那扇風景陰暗的窗戶，而不打開鳥語花香的那一扇明窗呢？

生活如一枚硬幣，總有正面和反面，總有快樂和悲傷。在一扇「窗戶」前，我們常常把痛苦無限制地放大，讓痛苦長久地占據我們的心靈，甚至成為一生的負擔，卻不願到另一扇「窗戶」前，去感知幸福。其實，幸福並不像我們想像得那樣遙不可及，一個美美的懶覺、一段美麗的回憶、一段深刻的友情……都可以成為我們幸福的泉源。我們從來都不缺少幸福，而是缺少發現幸福的心靈。我們四肢健全，我們有愛我們的父母，我們有時刻分擔我們喜怒哀樂的朋友，我們有我們可以安身的工作，我們還有我們的戀人，我們可以吃美食，我們可以穿漂亮衣服，這些難道不是我們的小幸福嗎？但是貪心的我們總是看到事情的陰暗面，總是想到最壞的事情，而不往好的積極的方面想，就如

同我們總是開錯「窗戶」一樣。下面的故事更讓人驚心，回味無窮。

醫院狹小的病房裡躺著 2 個病人，新來的病人的床緊挨著窗戶，他可以輕而易舉地看到外面的世界，而另一個病人，因多年生病，病魔一直折磨著他的身心，使他對生活早已失去了信心，他苟延殘喘地在醫院裡度過他認為的最後的時日。這樣，靠窗戶的病人就成了他的眼睛。他每天都會把外面的世界詳細地描繪給這個絕望的人。「一棵挺拔的大樹在我們的窗戶外，它的綠葉在陽光下閃著光亮，不遠處是醫院的花園，那兒有開滿各種顏色的花，還有幾隻蝴蝶在上面翩翩起舞呢！」、「有隻小鳥在樹上築巢了，牠每天飛來飛去，吱吱喳喳的，外面好熱鬧啊！」這樣，外面發生了什麼事，靠窗戶的病人都會對絕望的人一一訴說，不久後，這個絕望的人就展露了久違的笑容，而每天聽靠窗戶的人講外面的世界已經成了他們倆每天的唯一話題。漸漸地，這個簡陋的病房就充滿了歡聲笑語。一個冬天過去了，這個新來的病人突然在一個晚上暴病身亡。原來這個新來的病人患有絕症，但他仍然用自己的樂觀感染著絕望的人。而絕望的人本身的病也不是什麼絕症，經過新來病人的寬慰，心情好轉，病情也好轉起來。新來的病人走了後，他傷心難過了很久，支撐他活下去的唯一心願，就是去親眼看一下新來的病人所描述的那個窗外的世界。他積極配合醫生的試驗、化療、吃飯、打針，終於有一天，他可以起來行走了。但是當他走到窗前，發覺窗外其實什麼都沒有……

這個新來的病人的「心窗」可謂明媚至極呀！

在人的一生中，每個人都不能保證事業上一帆風順。二十幾歲的女孩，剛剛步入社會，自身的經驗、才能都尚在成長之中，加上社會上競爭激烈，各個企業公司對人才的要求不盡相同，這期間面試遭淘汰，或者工作不適被辭退，這都是很正常的事情。妳不必為此屈辱不堪，耿耿於懷。生活中誰都難免遭遇到挫折，只要妳堅強樂觀，樹立信心，繼續努力，生活中，肯定會有「柳暗花明又一村」的新景象。

路就在腳下，積極樂觀地思考問題，明媚自己的心窗，我們就不會被打敗，我們只有被毀滅，否則沒有人能將我們打敗。

不一定做女強人，但是要做堅強者

> 對於不屈不撓的人來說，沒有失敗這回事。—— 俾斯麥
>
> 強者容易堅強，正如弱者容易軟弱 —— 美國散文作家愛默生

　　對於二十幾歲的女孩來說，我們不一定要做女強人，只需用女人的方法在這個世界上占有一席之地即可，但前提是自主，不依附男人，從而去開創一份屬於自己的事業，創造自己的未來。在這個世界上人若是為了自己活著，那麼女人便有了成為強者的資本！

　　當一個男人和妳說分手時，妳只要面帶笑容說「好啊」，轉身就離開，不要問他為什麼。當一個男人的心不在妳身上了，說什麼都是多餘的，問得再清楚也挽不回已經厭倦妳的他的心。總結戀愛經驗的話也無需他當面傳授給妳，妳可以用心感受妳們交往的每一個細節就足夠了。在他面前妳沒有必要放下自己的尊嚴，這樣妳就不能做回自己的主人。有句話說得很好：女孩，只有找到自我，才能找到真愛。妳要做自己的主人，而不是男人的附屬品，要堅強地告訴自己：分手有什麼了不起的，沒有妳我一樣可以活得很好，我是我人生小船的船長，我知道我自己將要去哪裡，怎麼過。

　　其實，女孩很容易失去自己的強勢地位。愛一個男人越多，在感情裡的地位就會越處於劣勢。從男人緊跟在妳後面走，到妳跟在男人後面走，從驕傲的大小姐淪為貼身丫環，這種關係的轉變很容易把女孩推到危險的境地，並且最終讓女孩成為他人的附屬品。

　　女孩，不要把自己打扮得清湯素面，不要被瑣碎的生活俘虜，不要每天

圍繞著鍋碗瓢盆打轉，生活裡自己完全成了這些東西的附庸，完全顧不上為自己充電。也別讓自己蓬頭垢面，每天忙裡忙外，一到晚上倒頭就睡。有時間一定要多充實自己，哪怕只是去得到一點點和老公作為話題的談資。別讓自己成為出土文物，什麼新鮮事物，什麼新聞，什麼時代語言，都成了化學方程式，一點也不懂。

妳可以試想這樣一個場景：當他和妳談到某個問題時，妳那滿嘴頭頭是道的言論，妳比他分析得還深刻、還到位，妳甚至比他的思維還要開闊一點，這時妳就會看到他眼睛裡放射出的光亮，看到他仰望妳的那種欣賞的神情，這時妳再去感受自己的心情，那種志同道合、與時俱進，與時代一起往前走的成就感，比穿 N 件時髦衣服都讓妳舒心。那時候妳就會明白，做自己主人的女人，是沒理由能被淘汰的！

因為，當妳指望著別人時，妳就是別人的奴隸了。我有我自己的心靈世界，我有我自己的心靈家園。在這個家園裡，我想寫什麼，就可以寫什麼，想給誰看，就給誰看，當然有理解妳的人，也會有曲解妳的人，都無所謂。我想做什麼就做什麼，我有我的愛好，我有我的追求，我有我的生活夢想。在我自己營造的天空中我可以自由地飛翔。我是我自己靈魂的船長，而不需要把自己的靈魂交給他人，即便自己的老公。

在這個世界上，沒有誰可以是誰的主宰，也沒有誰可以是誰的永遠。女孩要做自己的船長，不要成為別人的附屬品。當妳成為一件附屬品，就預示著一場悲劇正在慢慢拉開序幕。女孩，只有做妳自己的主人，駕馭自己的思想，把握自己的人生，幸福才能走近妳。

真正的強者，在感情上失戀而不失志，在工作上越挫越勇，會不時地掉轉自己的船頭，尋找到能發揮自己優勢的舞臺。這才是真正的強者。

星期一 沒有公主命，別有公主病

*　　*　　*　　*

　　欣怡和佳能是市場行銷系的應屆大學生。一起到了一家私人企業做銷售助理。欣怡的性格內斂，而佳能是個很活潑開朗的女孩子。半年過去了，佳能已經成功的簽下了幾個大客戶，被公司擢升為銷售主管，而欣怡因為不善溝通，還在原地踏步。心裡很不舒服，就約佳能聊天，希望看在同學的面子上，佳能能為自己指點迷津。佳能笑著對一身學生打扮的欣怡說：「妳看妳，都畢業半年多了，還和上學時一樣，穿著休閒服、運動鞋，還梳著馬尾。這都顯示妳還沒有進入社會，還沒有進入妳的角色。」欣怡看著一身職業裝扮的佳能陷入沉思。佳能繼續說：「以前有聚會，我還約妳，但是妳認為聚會就是閒聊，其實聚會是我們建立人脈的場所，我們做銷售的做的也是與人溝通的事情，妳今天最大的失敗就是妳拒絕這種溝通，拒絕與人交流，妳到現在估計還沒有做銷售的感覺吧？妳現在估計還把自己當學生看待呢？」過一週後，欣怡就向公司遞交了辭呈。經過筆試、面試，她成了一所國中的國文老師。憑著自己扎實的文史知識，欣怡的教學成績特別好，也正式納入了學校的編制。再幾年，欣怡就成為學校的主任，被晉升到了學校的管理階層。而佳能在銷售行業也做到了行銷總監的位置。

　　每個女孩都有不同的優勢，不能因為剛開始的幾年落後而判定誰強誰弱。雖然人生並沒有想像中那麼漫長，但是人的命運是很難說的。我們只有找到了自己的所長，選擇對了適合自己的路，然後不斷往頭腦中注入新知識，做出超過別人期望的事情，讓自己變得足夠優秀時，幸運和優秀男士自然會來敲我們的門，到那時，妳這只普通的醜小鴨也能變成白天鵝飛上青天！所以，強者到什麼時候、什麼地方都是受歡迎的。女孩，更要做生活的強者！

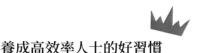
養成高效率人士的好習慣

> 我從未見過一個早起勤奮謹慎誠實的人抱怨命運不好；良好的品格，優良的習慣，堅強的意志，是不會被所謂的命運擊敗的。—— 富蘭克林
>
> 不良的習慣會隨時阻礙你走向成名、獲利和享樂的路上去。—— 莎士比亞

　　成功人士與我們最大的區別是什麼？除去野心一說外，就是他們都是高效能人士，他們為自己的行為及一生所做的選擇負責，他們自主選擇應對外界環境的態度和應對方法；他們致力於實現有能力控制的事情，做那些重要的事情，而不是被瑣事纏身；他們透過努力提升效能，從而成為成功人士。

　　美國暢銷書作家史蒂芬‧柯維的《與成功有約－高效能人士的七個習慣》暢銷全球超過億冊，連續34次印刷，無疑說明了書中內容對千萬讀者思考方式和做事方法的改變。書中介紹了高效能人士的7個好習慣，即積極主動、以終為始（自我領導）、要事第一（自我管理）、雙贏思維、知彼解己、統合綜效（創造性合作）、不斷更新。在這裡，我們只簡要的說幾種對於20幾歲女孩更有價值的最基本的習慣。

▶ 積極主動

　　積極主動是著名心理學家維克托‧弗蘭克在集中營所創造的。他的父母、妻子、兄弟都死於納粹魔掌，而他本人也在納粹集中營裡受到非人的折磨。但是就是在崩潰的邊緣，他猛然警醒：「即使是在極端惡劣的環境裡，人們也會擁有一種最後的自由，那就是選擇自己態度的自由。」即一個人即使是在極端痛苦、無助的時候，依然可以自行決定自己的人生態度。他沒有悲觀絕望，而是一直幻想自己獲釋出獄以後該如何站在講臺上，與自己的學生一起分享這一段最黑暗、最痛苦的常人很難想像的苦難經歷及自己的人生感悟。

他在獄中感悟到的積極思考法則，正是每一個追求成功的人應具有的人生態度 —— 積極主動。沒有人會推著妳走，上司也不喜歡凡事都要自己交代的下屬，下屬只有積極主動，才會有更多的升遷機會，也才能讓自己的能力得到全面提升。

世上沒有什麼移山大法，山不過來，我們就自己過去。熱情是我們的另外一個主人，凡事都保持積極主動的熱情，我們的能力會提高，我們也會距離成功更近。

▶ 知彼解己

獅子是大家公認的百獸之王，大到虎豹豺狼，小到兔子、狐狸都是獅王的口中之物。但是獅王有個小毛病，就是有潔癖，特別愛乾淨。在吃動物前，一定要清洗多次才能入口，唯恐有不乾淨、汙濁的東西被吃進自己的肚子裡而傷害脾胃，所以經常有動物看見獅王在河邊洗食物。獅王也一直以這種方式堅持著自己的養生之道。

有一天，一頭豬領著一群豬經過獅王的領地。獅王很生氣，咆哮著要與為首的豬王決鬥。但是為首的豬一點也不慌亂，氣定神閒地應戰了。但是牠要求穿上牠的鎧甲。

獅王聽了差點笑破肚皮，一頭蠢豬竟然口出狂言敢跟萬獸之王決鬥，還要去穿什麼鎧甲，於是就答應豬的要求。

豬王立刻跳進附近的一個糞坑裡，打了個滾，就威風凜凜、很有派頭地朝獅王走去。獅王早就被臭味熏瘋了，兩眼迷離，只能捏著鼻子揮手放豬群通過。

原來，在來獅王的領地之前，豬王就對獅王做了深入調查，了解了獅王的「養生之道」。而自己的習性，也就是不怕髒，已經習慣了在糞坑裡摸爬滾打的生活。正好以自己的優勢抵禦強敵的弱勢，這樣就順利達成了自己的目的。

女孩也應該這樣，若想促成一件事情的成功，或在談判桌上取勝，破解對手給自己製造的困擾，就要先了解對方，對對方的殺手鐧和致命的弱點要心中有數，然後輪到自己出牌的時候就能做到一招制敵，完成我們的工作。這也是一個成功辦成事的好習慣。當我們知道了周圍人的性格和愛好，我們就能親近他們，從而營造自己的人脈資源。這樣我們的事業也會越來越蒸蒸日上，人生路也會越走越寬闊，也不會感到無邊的寂寞。

▶ 不斷更新

對於 20 幾歲的女孩來說，我們要養成創新的習慣，讓自己的大腦時刻感知新鮮的事物，對任何好的新鮮的事物都抱持開放和放手去做的態度，培養自己敏感的嗅覺，勇於嘗試，勇於發揚「敢為人先」的精神來做事情，這樣就會有源源不斷的創意從妳的大腦中汨汨流出。

好的習慣可以幫助我們成功，少走彎路；壞的習慣卻是我們事業的攔路虎，使得我們離成功人士越來越遠。所以，20 幾歲的女孩，如果妳希望出類拔萃，也希望生活方式與眾不同，那麼，妳必須明白一點：妳的習慣決定著妳的未來。不良的習慣會如水滴石穿般的隨時阻礙妳走向成功、獲利和享樂的路上去。記住：約束我們的往往不是外界惡劣的環境，而是我們自己用壞習慣建築的牢獄，用慣性打造的枷鎖。所以告別懶惰、拖遝、浮躁、過分依賴、不能自我控制和管理等壞習慣，擁有越來越多的好習慣，就能成就我們的美好人生！

星期一　沒有公主命，別有公主病

星期二　隨時保持最佳狀態

上帝創造了滿天亮晶晶的星辰：提升自己的女人味

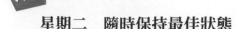

沒有醜女人，只有懶惰和自我放棄的女人

> 我會老去，但不會變醜 —— 亦舒
>
> 世界上沒有醜女人，只有一些不懂得如何使自己看起來美麗的女人。——
> 英國作家毛姆

從美學的角度來說，美麗的女人會產生一種強烈的吸引力，這種光彩不僅使男人為之歡欣鼓舞，女人也一樣心曠神怡。美麗的女人有著天然的優勢，她能夠滿足人們愛美求美的心理，使人樂於與她們交流。外貌是天生的，但儀表卻可以後天修飾，一個注意形象並自發地保持美好形象的人，總能在人群中得到信任，總能在逆境中得到幫助，也必定能在人生的旅途中不斷找到發揮才幹的機會。

在現代這個社會，美麗已經成為女人立足社會的一項重要資本。美麗的女人很容易得到好的回報，而忽視外表，不修邊幅的女人則不容易被人重視。

那麼，想要變得美麗很難嗎？

＊　　　＊　　　＊　　　＊

筱雨和麗美是國中時的同學，那時的麗美是同學眼中的仙女，白白的皮膚，長長的睫毛，令很多男生魂牽夢縈，而坐在麗美旁邊的筱雨則恰恰是「以醜襯美」的典型代表。筱雨圓乎乎的小臉蛋，胖嘟嘟的嘴唇，男生們見了她總會哄然大笑地打趣道：「小胖妞，今天又帶什麼好吃的啦？」筱雨便會難為情地別過臉去。

時光飛逝，一轉眼十多年過去了，昔日的「小胖妞」已經出落成亭亭玉立的小美女，在一家大型企業擔任高級翻譯。她優雅得體的裝扮、溫文爾雅

的談吐，為她贏得了無數的鮮花、掌聲和很多機會，還有一大批「慕名而來」的追求者們。

春節時，國中同學聚會，當筱雨和麗美出現在眾人面前時，大家都「大跌眼鏡」，驚嘆當年的小胖妞變成今日的淑女，當年的仙女，今日卻……

原來，麗美國中畢業後讀了幾年高職就回家嫁人了，每天從早忙到晚，在勞累之中便失去了打扮的雅興，長長的頭髮隨意用橡皮筋綁起，皮膚整天蒙著粉塵也顧不得擦一下，早上匆匆洗把臉就出門，晚上懶洋洋地擦一擦臉了事，日子久了，再美的容顏也就這樣被「摧殘」壞了。而筱雨就不一樣了，考上大學後，她意識到外表是女人的名片，她開始減肥，除了控制飲食外，每天還做大量的運動。同時，她還重視保養皮膚，每天將洗臉護膚執行得一絲不苟。她還專門「進修」了一些美容課程，一到重要場合，必定「精雕細琢」閃亮登場。當然，若想擁有整體和諧的形象，服裝也是重點，筱雨在這方面也花了不少心血，平時逛商場並買時尚雜誌潛心鑽研，就連衣物的保養也得占用大量時間。但筱雨堅持下來了。精益求精的追求，讓她的品味與技藝越來越高，透過年年月月的「更新換代」，如今的筱雨，走在大街上的回頭率是「百分之二百」── 這並不是因為筱雨天生麗質，而是她懂得如何揚長避短，在勤勞地裝扮護理中，找到了最能彰顯自己的方式。

筱雨透過自己的努力實現了從「醜小鴨」到「白天鵝」的蛻變，生活中像她這樣的人還有很多很多。

有些女孩會自卑，為自己又黑又黃的皮膚著急，為自己嬌小的身材傷神，但是要知道三分靠長相，七分靠打扮，長相普通的女孩子透過化妝，也可以不比明星差。電視上的明星光彩照人，國色天香，其實那都是化妝、包裝出來的。要是讓卸了妝的她們走在大街上，也會變成路人甲乙丙丁，說不定還沒有我們清秀可人呢？

星期二　隨時保持最佳狀態

＊　　　＊　　　＊　　　＊

　　看過一期吳宗憲的《我猜我猜我猜猜猜》節目。有 3 個長相平凡的女孩參加比賽，化過妝之後誰的反差最大，誰就是當期節目的贏家。有幾十個人作為評委，還有現場嘉賓和主持人做見證。3 個女孩先是素顏與現場觀眾打招呼、說話、做遊戲互動，然後 3 個女孩自己給自己化妝，化妝的用具也是簡單的睫毛膏、粉底、眼影、腮紅，時間是 5 分鐘。這樣既方便自己上班，也便於約會。更便於電視機前的女孩子快速學會和模仿。最後 1 號女孩勝出。她的化妝前後變化反差最大。用她自己的話講：「我去男友的 party，男友的朋友見了我，還以為他換女朋友了呢！」

　　瞧，這就是化妝的魔力，它能把一隻麻雀裝扮成一隻美麗的孔雀。

　　很多姐妹說：「我失戀了，感覺自己蒼老了很多，變醜了很多。」其實，何必呢！吃虧的還是自己。讓沒有眼光的男人見鬼去吧！那不值得的男人已經放棄了妳，難道連妳自己也要放棄自己嗎？難道妳把自己弄得凌亂不堪，變成醜女人，他就會心疼，就會回來嗎？女孩，清醒點吧！男人更不會在意醜女人。因為妳是自己醜化自己的，妳自己遮住了妳天然的美麗光芒。所以這世界上沒有醜女人，只有懶女人和自我放棄的女人。

　　二十幾歲的女孩，美麗是上帝賜予女人的天然資本，那麼，還等什麼，讓我們積極加入「美麗女人」的大軍之中，做個由內而外的美麗女人吧！

保持良好的形象

> 妳可以先裝扮成那個樣子，直到妳成為那個樣子。 —— 西方諺語

英國的一位形象設計師說過：「這是一個兩分鐘的世界，妳只有一分鐘展示給人們妳是誰，另一分鐘讓他們喜歡妳。」

倫敦大學一位系主任在談到一位博士講師時說：「從她一進門，我就感到她是我所渴望的人。她身上散發著某種氣質，把她那莊重的外表襯托得越發迷人。因為只有一個有高度素養、可信、正直、勤奮的人才有這樣的光芒。30 分鐘之後，我就讓她第二天來系裡報到。她沒有讓我失望，現在她已是最優秀的講師了。」這個激烈角逐的位置就這樣由於一個迷人的形象落到了這位女博士的手中。

古代哲人曾說：「良好的形象是美麗生活的代言人，是我們走向更高階梯的扶手，是進入愛的神聖殿堂的敲門磚。」

同是女人，有的女人富有魅力，人見人愛，而有的女人卻哀嘆自己滿腹才學，無人賞識；有的女人能夠展現真我，活出精彩，也有的女人卻怨蒼天無眼，命運不濟。為什麼同樣的人生，卻有著不同的境遇、不同的結果呢？

生活經驗告訴我們，雖然每個女人都想追求完美的人生，但很少有人真正去注意自己在生活中、社會交際中的社會形象。一個注重自身形象並自動自發地保持好形象的女人，總能在逆境中得到幫助，也必定能在人生的旅途中不斷找到發揮才幹的機會，最終做到時刻用自己的魅力影響別人，活出真正精彩的人生。

所以說，魅力的外表是女人一生的資本，充分利用它不僅能為妳的日常生活添加色彩，更有助於提升妳的個人魅力及影響力。所以，女人從二十幾

歲就應該打造自己的魅力外表。這樣，妳才可以把美麗進行到底，讓自己活得更精彩。

每個人的形象，無論好壞，也都是充滿著獨特影響力的。因此，形象是每個人向世界展示自我的窗口，向社會宣傳自我的廣告，向別人介紹自我的名片。別人從我們的形象中獲取對我們的印象，而這個印象又影響著他們對我們的態度和行為。同時，每個人都在這個最基本的互動過程中追逐著自己人生的夢想，實現著生命的價值。

有位主管曾說一位下屬的故事：

佳怡工作能力很強，與同事相處得也都很融洽，唯一美中不足的一點是：她的外表實在是有點邋遢。她不愛乾淨，一件衣服一穿就是半個月。頭髮長了也不剪，平時也不化妝。她常常搞不懂為什麼自己工作認真努力，升遷卻總也輪不到自己？對此心生抱怨。

主管向另一個同事說出了實情：其實誰都看得出這是因為她的外表，而不是工作能力的問題，可是誰又能開口告訴她呢？每當遇到重要的事情主管想讓她接洽，卻總會擔心客戶以貌取人，認為這是一家不注意形象、不專業、不敬業的公司，所以好好的機會就給了別人。

生活中像佳怡這樣的女孩還有很多。她們只埋頭培養自己的能力，死守著樸素無華就是美的過時理論，而對自己的裝扮從不上心，或者不以為然，其後果必定會影響自己成功的速度。如果她們能靜下心來，認真地想想美的定義，把自己打扮得漂亮一點，成功的機率就會大一點。其實打扮自己，既是對自己的負責任，也是對別人的尊重，還能夠讓人更加信任和看重妳。這不是一舉三得嗎？在生命歷程中，我們經營美，就是經營自己，就是從容地經營人生，從而從容地成就人生。

二十幾歲女孩的人生事業之路剛剛開始，更應該明白：對女性而言，外

表是很重要的。特別是在面試和接洽客戶的過程中，良好的外表會使人眼前一亮，為妳的綜合實力加分。二十幾歲，就要隨時打造自己的魅力外表，打造魅力外表不需要花費妳多少金錢和時間，只要妳有這個心思，妳就會閃亮一新，永遠記住這句話，沒有醜女人，只有懶女人，和自我放棄的女人。

化點淡妝，氣色更好

> 對化妝來說，簡約最好。重要的是要知道什麼時候該停止。當化妝已經完成時，我認為有時候再繼續下去，只能破壞完美。 —— 日本化妝大師植村秀
>
> 化妝後經常會有那麼一瞬間，模特因為看到一個新的自己而眼睛發亮。我經常把化妝描述為「再生」，化妝師這個職業的魅力就在於能夠分享「再生」帶來的歡樂。 —— 日本化妝大師植村秀

在社交、職場中，出門前，我們都會不自覺地美化自己一番，為的就是給別人留下一個美好的印象，或者讓別人看我們至少舒服和順眼點。這就如同一個化了妝的女性和一個沒化妝的女性去競爭一個職位，在同等條件下，我們都會把這個機會留給前者。美好的事物大家都喜歡，所以化了妝的女性會更受歡迎，發展空間也會更大。可見化妝是影響女人外表美麗的仙女棒。妝扮自己也是女性積極過生活、智慧過人生的展現。

所以，二十幾歲的女孩，化個美麗的妝，呵護妳的容顏，展現妳賞心悅目的氣質之美，是值得妳一輩子學習的功課。

有些女性會說：看到某些女性的化妝包如百寶箱一樣，看到那麼多瓶瓶罐罐，那麼多不同品牌的化妝品，就感到頭大，感覺化妝是門很難的事。其實妳想要美麗，一切都不難，只要妳願意花時間在妳的臉上。

學化妝前，先聽聽化妝師對化妝的理解。一位有名的女化妝師說：

「化妝的最高境界可以用兩個字形容，就是『自然』。最高明的化妝術，是非常考究的化妝，也是最自然的化妝，並能與主人的身分匹配，能自然表現主人的個性與氣質。

「次級的化妝是把人凸顯出來，讓她醒目，引起眾人的注意。

「拙劣的化妝是一站出來別人就發現她化了很濃的妝，而這層妝是為了掩蓋自己的缺點或年齡的。

「最糟糕的一種化妝，是化過妝以後扭曲了自己的個性，又失去了五官的協調，例如小眼睛的人竟化了濃眉，大臉蛋的人竟化了白臉，闊嘴的人竟化了紅唇……」

可見，化妝的最高境界就是要回歸自然、塑造個性，達到「無妝」的境界。

那麼，如何才能做到回歸自然，達到「無妝」的境界呢？要領就是妝一定要淡雅、乾淨，絕不能拖泥帶水。可參考以下步驟：

1. 打底妝的化妝品就像愛情，將就不得。選一款適合自己膚色的隔離霜或粉底打底。粉底可以改變皮膚的顏色並掩飾臉部的缺點，從而強調臉部的輪廓，增加臉型的立體感。有斑點的皮膚可選用綠色隔離霜，泛黃的皮膚可選用紫色隔離霜。塗過隔離霜後，膚色會變得更均勻、更自然，看起來有種透明的感覺。取適量粉底塗在額頭、鼻尖、下巴及兩頰五個點上，然後用棉撲稍加壓力地輕彈塗抹，一定要塗抹均勻才行。可別小看底妝，它就像房子的地基一樣，若打不好，上面的彩妝就會「倒塌」。

2. 眼妝能否與整個臉部的妝容協調，取決於眼影的選擇。好的眼影顏色搭配，不僅能突出眼部的特點，更能增加眼部立體感，起到錦上添花的作用。首先選用略有光澤感的淺藍色或接近透明的淺膚色或者適合自己膚色的顏色。然後，用淺色眼影大範圍暈染眼窩。也可以只暈染上眼皮前三分之二的部分。再用深色眼影「從上眼皮後半部往前」暈染。新手要

特別注意，中間的深淺眼影交界處需格外細心暈開，才不會有尷尬、明顯的交界線。

需要注意的是，塗眼影時不要一次塗得太多，可多塗幾次。

3. 為了達到透明無妝的效果，可以省略眼線步驟，直接塗上黑色睫毛膏。先用睫毛夾把睫毛卷翹，然後取適量睫毛膏將上睫毛由內往外輕刷一次，再從下睫毛根部刷向睫毛末梢。重點：睫毛末梢部位不可刷得太濃太厚，要細長才能達到清新、自然的效果。最後再用小梳子從睫毛根部梳向睫毛末梢，防止沾黏結塊。

4. 完美和諧的眉形，可令整體的美感有耳目一新的變化，使眉、眼、唇相得益彰，魅力四射。

首先確認眉頭、眉峰及眉毛的位置，用眉筆在上面點上三個小點，難以「駕馭」的眉部化妝就容易多了。眉頭要平和自然；眉尾要纖細，長短適宜，否則會顯得生硬；眉峰的修飾直接影響眉形，是眉妝的重點部位。若妳的眉毛很濃密的話，妳只要用眉刀或眉毛夾及修眉剪理出乾淨俐落的眉形即可得到脫胎換骨的效果。

5. 嘴唇是臉上開出的紅玫瑰。首先用沾滿口紅的刷子從上唇的唇角刷向唇峰，塗口紅時要小心謹慎。塗下唇時要注意上下唇的寬度，先用唇刷確定下唇中央輪廓線，再從中央塗向唇角，最後用吸油面紙吸去多餘的油脂，就會使唇部更自然。

6. 刷腮紅。自然妝的成敗就在此一舉了。20 幾歲女孩，可選用橘紅色或玫瑰色的透明色彩，這樣能馬上令妳的俏臉變得生動、可愛。

毫無疑問，女孩的美是用時間和卓越的智慧換來的，若不想動腦筋，不想下工夫，就別想成為儀容俏麗的女孩。如果女孩本身姿色並不出眾，又想引起別人的注意，試試以上 6 個步驟，讓化妝使自己更美麗是一個不錯的選擇。

愛化妝、會化妝的女性，不僅懂得追求生活的美，也懂得把握藝術的美。無論如何，天使皆愛美麗，女性是離不開美的。記住：一個對自己容貌都敷衍了事的人，命運也絕不會給她更多的空間。所以，女孩，趕緊準備好妳的「化妝箱」，「妝」扮妳的美麗吧！

挑一種適合妳的髮型

> 換個髮型贏人生。── 希拉蕊

　　每個女性都能透過合適的髮型實現自己的夢想。髮型不必過於計較長短、顏色之分，只要能展現個性、大方、自然、有內涵、生動、有氣質、有信心，展現自己的身材並與之相呼應，能展現一種不同年齡段的神祕感，真正適合自己，有一定的時代感及美感，能被眾人所接受，有流行性與觀賞性就好。比如說超長捲髮、短而幹練的髮型都可以展現性感，但要由不同內涵的人物來展現。

　　那麼，要怎麼找一款適合自己的髮型呢？

　　首先，妳的身高決定妳秀髮的長度。

　　一頭很香、軟滑柔亮的長髮，是傳統男士內心的最愛。當我們與男生說話時，不經意地貼近他，讓披散下來的一縷縷秀髮輕輕滑過他們的手臂皮膚，讓他不酥麻也難。所以，長髮是女性很好的一件武器。但是如果妳的身材嬌小，就不適合長髮，而是應增加頭髮的高度，若選擇燙髮則不適合大波浪和過於細小的綿羊捲；身材嬌小且豐滿的女性，可選擇有層次感的頭髮，看起來較為飄逸。如果妳是個高個子、長臉型、身材較瘦的女孩，那麼可選擇長捲髮，適當地剪出瀏海，借助其身高，可展現出妳嫵媚的外表。無論是順滑的披肩直髮，還是溫柔的波浪捲髮，不一樣的髮型跟服裝搭配在一起，

都能完美地詮釋一個女人的萬千風情。

其次，順著臉型剪最適合妳的髮型。

辨別妳的臉型時，最好用毛巾或髮帶把所有的頭髮都梳到腦後，然後面對鏡子，仔細端詳自己。一般來說，人的臉型可以分為如下六種。

1. 圓形臉：圓形臉的女孩會顯得小孩子氣，如果妳想顯得成熟大方一些，可以把額頭充分顯露出來，這樣能加長臉型，瀏海分兩邊，會使臉感覺窄長許多。頭髮最好有一點彎曲，但是不要向外彎成弧形，那樣只會使臉更圓。燙髮可以模糊這個圓臉型。分線中分，亦可側分。

2. 方形臉：與圓形臉很像，但四面有「角」，給人一種比較剛正、不夠柔和溫潤的感覺。髮型可以部分遮擋一下額頭，以減弱臉方的感覺。比如前額的頭髮可以斜斜地蓋下來，遮掉一角額頭，而另一邊頭髮下擺可以技巧性地遮擋住一角頰面。整個髮型可以是有點波紋狀的，這樣可以增加女人味。要避免短髮及直直的的線條，髮尾可以長一些，並左右不對稱。髮根不要太貼頭皮。

3. 長形臉：長形臉的女孩給人比較成熟理智的感覺。一般適合於採用自然又蓬鬆的髮型，這樣可以顯得溫和可愛一些。可以將頭髮留至下巴，額前可留瀏海，兩頰頭髮剪短一些，這樣可以縮短臉的長度和加強臉的寬度。也可以將頭髮往兩邊梳飽滿一點，使臉看起來有圓潤的感覺。還可以將臉部兩邊的頭髮梳得蓬鬆翻翹，使臉看起來寬一點，捲髮可以減少臉的長度。如果說頭髮側分有一種純情的感覺，那麼，頭髮中分則有一種冷傲感。

4. 三角形（瓜子臉）：瓜子臉的女孩形象很古典很秀氣。臉型是上寬下尖。這種臉型的女孩可以做緊貼頭皮的直髮髮型，比如梳辮子盤髮髻。燙髮亦適合，做髮型時要注意頭頂上不要過於蓬鬆、擴展，盡量使單薄的下

巴和雙頰立體起來。可採用將頭髮側分，較長的一邊做成波浪式掠過前額，髮長宜齊下巴，讓頭髮自然垂下內捲，但要遮住兩頰及下巴，以免顯得更尖。

5. 倒三角形（梨形臉）：梨型臉的女孩常常為自己的大腮幫、額窄而煩惱。其實梨型臉的女孩很適合肩部以上的中長髮燙髮，頭髮的上部要蓬鬆，下部要收縮。髮型可以多變化、多層次，可以達到忽視臉部細節，提升整體效果的作用。千萬記住，頭頂的頭髮不能用慕斯始知緊貼在頭皮，不能梳得又緊又光滑的。要有一些瀏海，但別吹成那種雞冠形的高瀏海，那會使額頭更尖了。最好選擇能讓頭髮的外輪廓看起來圓一點、蓬鬆一點的髮型，因為頭髮蓬鬆會把頭部的整體線條拉寬，再將前額瀏海修剪的略長一些，可以達到調整臉型的作用。

6. 菱形（鑽石形臉）：菱形臉的女孩額頭尖，下巴也尖，顴骨高高的，看上去很厲害的樣子，也較容易顯得年齡大。這種臉型的女孩若想給人一種溫柔的形象，就必需燙髮，用大的波浪或小的波浪來去掉臉部的尖尖的稜角感。瀏海要遮住額頭，這樣可以遮掉頭頂的尖，而且會顯得年齡較小。頭頂要蓬鬆一些，頰部的髮型也應蓬鬆，不適合梳高瀏海。

此外在選擇髮型時，要結合自己的生活狀態、身分、預算，是否便於打理等，正確選擇造型工具（吹風機、捲髮器、電熱髮捲和圓木梳等），更不要一味模仿明星髮型，我們既不要低估時尚潮流的力量，也不要做潮流髮型的奴隸，還要注意髮飾（各種髮夾、時尚頭巾等）對髮型的點睛作用。

最後，向髮型設計師學藝。

女人準確定位自己的髮型很重要，髮型定位主要依靠自己，還可以諮詢專業人士，比如髮型師等。

在剪髮前一定要與髮型師溝通，溝通內容應該包括自己的定位，還要考

慮到自己出現的時間、地點、環境、光源，自己頭髮的長短、受損程度、三庭五眼（「三庭五眼」是人的臉長與臉寬的一般標準比例，不符合此比例，就會與理想的臉型產生距離，各個部位皆符合此標準，即為美人）的比例、膚色、身材、服裝的顏色、服裝的質感，飾品等。要注意只有適合自己的才是最好的、最時尚的，不要一味追求潮流和時尚，染髮更要根據自己的膚色、氣質和之前的髮型來定位，突出自己頭髮的髮質，使髮型層次分明，並增加亮色，起到畫龍點睛的作用。既要具有時代感，又要突出重點。造型完之後和妳的設計師多學幾種整理頭髮的方法，學會在各種不同場合的應用，以便用一個髮型做出百變造型。

保養妳的三千髮絲

美麗從頭髮開始。

護髮從給頭髮「喝水」開始。── 美容師

我們有了好的髮型，接下來的工作就是該怎麼護髮了。女人們天生愛漂亮，愛不同的造型，所以，我們會不斷地剪、燙、染、拉直頭髮，希望能像女明星般閃亮迷人，但接踵而來的問題就是頭髮會變得越來越乾枯、分岔、易斷了。每天要變換不同造型的女明星們有她們御用的造型師、美髮師等專業人員，而我們是沒有的，所以，我們要保護好自己的頭髮。讓自己擁有一頭柔滑美麗能擠出水分的秀髮，才能吸引異性的目光，也傳達著自己的身體很健康。明星最愛的造型師曾建議女孩們，一年做一次燙、染、拉直頭髮最好，做多了對頭髮損害很大。他還透露：「美容教主」大Ｓ很少戴帽子，就是為了使自己的秀髮不被「擠壓」。其實，只要掌握正確的護理方法，不必花太多時間，每個女孩都能擁有為自己造型加分的美麗秀髮。

星期二　隨時保持最佳狀態

▶ Step1：學會正確梳頭

愛漂亮的女孩每天出門前都要梳理幾次自己的頭髮，就像可愛的鳥兒啄理自己的羽毛那樣用心，她們捨得為自己買最好的洗髮精、護髮產品，但卻未必知道正確的梳理方式和梳頭的多功能妙用，結果還可能給秀髮造成了不必要的損害。

醫學上說，梳頭除了有整理凌亂頭髮的作用之外，還有清潔頭皮、按摩頭部的作用。不僅使頭皮做個「深呼吸」，還促進了血液循環，所以古人有「千過梳頭，頭不白」的句子流傳於世。但是，對待頭髮要輕梳輕放。不能太用力或者胡亂地梳髮，太用力，頭髮會折斷；勉強梳開打結的頭髮，會損傷毛髮；引起靜電時，可能造成分岔或斷髮。

所以，正確的梳髮方法是：必須先將頭髮沾濕，用溫水或冷水都沒關係。乾燥季節時，可滴上數滴嬰兒油或純橄欖油，放入小噴霧器內，供梳髮時隨取隨用。用噴霧器將水噴滿全髮，沾濕後再輕柔地梳髮。這樣就能夠順利地梳通髮絲，也不需要買專用的護髮噴劑。

梳髮的手法是：要從頭皮處往頭髮的下端，緩緩地移動。太用力或太急都會產生靜電而損傷頭髮。如果是長髮，應先由下面的髮尾開始，先梳開髮尾糾結的頭髮，再由髮根向髮尾梳理，這樣可以防止頭髮因外傷而分岔和斷裂。遇到頭髮糾結在一起時，要擦上少許的潤髮霜或者橄欖油，再一次細心地梳開。

早晚一定要梳頭。在洗髮前，也一定要先梳頭，這樣可以使汙垢浮上來，較容易洗掉。白天的時間也可以勤梳頭，促進大腦的血液循環，舒緩妳的疲憊。另外梳頭的時候，我們可以一心兩用，放點或輕柔和緩，或開心的曲子，比如莫札特的《土耳其進行曲》、《搖籃曲》、《小夜曲》等，讓自己的三千煩惱絲在音樂聲中舒展。

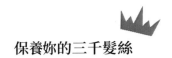

▸ **Step2：正確的洗髮**

　　女孩，妳知道正確的洗頭方法嗎？這個問題似乎很傻。但是洗髮如同梳頭，也有著大學問！先把頭髮用溫水徹底浸濕，水溫依照自己的舒服度決定；將洗髮精擠在手上，雙手將洗髮精搓出泡沫，再抹到頭髮上，用指腹輕輕按摩頭皮，千萬不要用指甲，如果指甲過長，可以用專業的手套來洗頭。由頭部按摩，順勢向肩膀延伸。這樣可以讓我們享受洗髮的悠閒和放慢生活的腳步，釋放我們的壓力。

▸ **Step3：正確的護髮**

　　護髮是洗頭過程中必不可少的部分，美女們可不要嫌麻煩哦！只要一分鐘就搞定了，將護髮乳抹到洗乾淨、擦乾不再滴水的頭髮上，注意從頭髮尾部向根部塗抹，不要塗到頭皮，然後用同樣的方法按摩頭皮，使護髮乳充分接觸頭髮約一分鐘，再用清水沖洗乾淨即可。

　　健康的頭髮表層有一組完整的毛鱗片，用洗髮精洗髮，會使頭髮表層的毛鱗片張開，這樣可以使藏在毛鱗片內部的汙垢得以徹底清潔，但是毛鱗片呈現打開狀態的話，會讓人感到很乾澀，這個時候的頭髮最脆弱，最容易受損傷。而使用護髮乳，可使頭髮的毛鱗片閉合起來，令秀髮絲柔滑順，便於梳理。所以，強烈建議愛髮的女性，每次洗髮時，一定要洗髮精和護髮素一起使用。塗完護髮素後，最好用梳子梳理一下，這樣護髮素就能均勻分布在頭髮上了，在稍微按摩後，用毛巾包裹或者再罩上浴帽，等待 5 分鐘後，再沖洗乾淨。這樣整個頭髮的 SPA 就結束了，不用去理髮店，也能在家做美髮。另外，在洗髮的過程中，水溫最好由溫熱、中溫到頭皮可適應的冷水，因為冷水可閉合毛細孔，使頭皮顯得更健康。

▸ **Step4：正確地吹乾頭髮**

輕柔地洗乾淨頭髮後，要用毛巾輕輕吸乾頭髮水分，不可用力以免弄傷髮絲。想要省事的女孩就要選擇溫度適中的吹風機，以免使髮絲受傷。從髮尾向髮根吹，然後自然風乾就行了。等待頭髮自然風乾的時候，可以繼續聽輕音樂，或者泡一杯香濃的咖啡，或者品一杯花茶，怎麼能虧待自己呢？

▸ **Step5：梳頭的循環**

風乾後的頭髮，就要再梳理了。步驟如第一步。

呵護自己的肌膚

> 美麗妝容始於完美肌膚。── 日本化妝大師植村秀
> 女人前半生的美麗是與生俱來的，後半生的美麗是來自呵護的成果！──
> 某位藝人

美麗出眾的肌膚誰都想擁有。「吹彈可破」這個成語更是把任何一個女人都想擁有的平滑、細膩、粉嫩、光潔而富有彈力的肌膚囊括其中。但是，縱是如花美眷，也抵不住似水流年。女性隨著年齡的增長，皮膚會走下坡路，一些不討人喜歡的色斑、皺紋將毫無聲息而又萬分執著地爬上那經過歲月洗禮的皮膚。

如果妳不想過早地失去青春，不想衰老得那麼快，想留住自己吹彈可破的皮膚，在視覺上向別人傳遞一種自信、美好、新鮮、健康的感覺，同時也為自己營造一種自信、愉快的心情。那就要做肌膚護理了。越早護理，越延遲皮膚的衰老。

若想護理好皮膚，首先要清楚自己的皮膚類型。

▶ **了解自己的皮膚類型**

很多女性對自己的皮膚一無所知，就只會買昂貴的化妝品。殊不知，了解皮膚類型才能找對化妝品和進一步的美容。否則，不僅起不到保養皮膚的作用，還能使自己陷入戰「痘」和抗「斑」的困擾中。所以，在對皮膚精雕細琢前，了解自己的膚質最重要。

1. 乾性皮膚：看不清楚皮膚毛孔，皮膚無光澤無彈性，表皮薄，細紋多；早上起床臉部無油脂光澤，化妝後長時間不見油光；洗髮一週後，頭髮既不黏膩也無光澤；耳垢為乾性；用手撫摸皮膚感覺粗糙。如果是這樣，妳就是乾性皮膚。這種皮膚如果保護不好，容易出現早期衰老的現象。此類皮膚要使用鹼性小的香皂，否則會使皮膚越洗越乾，洗後要擦一些油脂類的護膚化妝品以滋潤皮膚。

2. 中性皮膚：皮膚毛孔不太明顯，皮膚細膩平滑，富有彈性；早上起床時察看臉部皮膚油脂光澤隱隱顯現，化妝後近中午時刻浮現油光，臉部 T 字區（額頭、鼻子及下巴）有出油；洗髮三、四天後頭髮會輕微黏膩，並易隨季節變化，天冷變乾性，天熱變為油性。如果是這樣，妳就是中性皮膚。

3. 油性皮膚：皮膚毛孔十分明顯，大多數時間油膩光亮，早上起來臉部油光浮現，而且需要用香皂才易洗淨；臉部易生粉刺、暗瘡，化妝後不超過兩小時就臉部油膩；洗髮後第二天就有黏膩現象；耳垢為油性。若是這種情況，妳就屬於 油性皮膚了。

▶ **護膚幾部曲**

1. 潔面。只有把肌膚表層的油汙、皮脂和老化角質徹底清除，才是真正的清潔肌膚，毛孔也才能處於放鬆的狀態，肌膚才會吸收更多的營養成

分。春夏兩季,皮膚的毛孔開始疏通,新陳代謝加快,皮脂腺分泌旺盛。所以應該勤洗臉,這樣才能清爽宜人。而秋冬季節,皮膚的毛孔、汗腺閉塞,皮膚血流變慢,新陳代謝減緩,皮膚易乾燥、搔癢、生凍瘡,這個時候應該盡量減少用熱水洗臉的次數,改用冷熱水交替洗臉的方式,以便增強皮膚的彈性和抗寒能力,還可以預防感冒。

2. 補水。人要喝水,皮膚也要喝水。如果皮膚缺水,即使妳用再多美白、增白、除斑 消痘產品都不會起多大作用。只有讓皮膚喝飽水,才能使臉色潤澤細膩,面似桃花。

可以在肌膚仍濕潤的時候敷上補水面膜,這樣能確保肌膚最大範圍、最快速度地吸收面膜中的營養成分。也要根據自己的皮膚特點和氣候條件選擇最適合自己的保濕產品。歐美產的保濕乳霜,較多使用多元醇、甘油、蜂蜜等成分,更適合溫和氣候下的女性。日本產的保濕乳霜比較傾向於添加凡士林、礦物油等油脂,這些成分到了比較悶熱乾燥的地區,也許會導致痘痘的出現,就會適得其反。

因此,愛美的女性一定要了解什麼保濕產品最適合自己,選對護膚品,才能保證肌膚永遠亮麗。

3. 防曬。夏天的太陽熱情無限,防曬就成為魅力女人的必修課。以下幾個方面是妳必須注意的:

A. 注意臉部、臂部和手部的防曬保護。

B. 日光浴前半小時,千萬要記得塗抹最適合自己皮膚的防曬用品。

C. 不能高估遮陽傘和樹蔭的防曬功用,即使在多雲或陰天裡,皮膚一樣會被曬黑。

D. 耳朵、嘴唇、膝蓋後、腳背和脆弱的眼部周圍肌膚,應使用

新式的唇膏型防曬產品，這樣在塗抹時才更容易控制用量。

   E. 防曬指數越高的產品越易引起皮膚過敏反應，使肌膚有不舒適的感覺，一定要挑選適當的 SPF（Sun Protection Factor）指數防曬品並且定時補擦。

4. 除痘。臉上的斑點非常影響女性的美觀，所以愛美不止，戰「痘」不息。但是，用簡單的辦法，比如用手擠、摳、挑……只會讓一張本來就淒慘無比的臉更加慘不忍睹。最好的辦法還是飲食調理，少吃辛辣食物，少用磨砂膏和收斂水，以減少不必要的刺激。記住，溫柔除痘才能有好的效果。

5. 舒緩沐浴。不僅舒緩身心壓力，還可滋潤肌膚。以畫圈的方式在肌膚上輕輕按摩，既有舒緩作用，又有清潔效果。在沐浴後皮膚還濕漉漉的時候就要使用身體護理產品，這樣才能將水分封存在皮膚內，並在皮膚表層形成一層保護膜，保濕的效果會更好。

歲月無情催人老，我們縱然不能「返老還童」，但我們可以延緩衰老，贏取更多的寶貴時間去開創、去享受美好生活，從而讓青春的色彩駐留得更久一些，這絕不是天方夜譚。

從今天做起，從細節做起，做個擁有漂亮「臉面」的女人，讓歲月之痕跡盡可能晚一點到來吧！

面膜敷出妳的精緻水嫩臉蛋

> 用蛋白敷臉。—— 舉世聞名的埃及豔后。
>
> 去年今日此門中，人面桃花相映紅。—— 唐代詩人崔護

　　女人，生在快節奏的今天，我們無從選擇，但是，忙碌一天的我們想要善待自己，最簡單方便的方法就是敷面膜。有一定經濟基礎的女性可以去美容院諮詢，並做美容，「腐敗」一下，暫時沒有條件去的女性也不要煩惱，還是有方法的，我們可以自製面膜，即 DIY 面膜，在家裡做個美美的放鬆的 HOME SPA，也是呵護自己容顏的實惠妙招。

　　那麼我們來學習一下吧，就可以在家裡臭美了！

▶ DIY面膜

1. 黃瓜美白除皺面膜

   黃瓜酶有「廚房裡的美容劑」的美稱。黃瓜汁有潔膚作用，可以防止皮膚老化。黃瓜搗碎敷臉可以舒展皺紋，治療皮膚曬傷和炎症，用新鮮黃瓜做面膜還對皮膚有漂白作用，使皮膚變得有彈性。

   製作方法：把新鮮的黃瓜切成薄片，一片一片地貼在臉上即可。這是最簡單的面膜，誰都能學會！

2. 西瓜補水除痘面膜

   西瓜與黃瓜可能是最簡單的 DIY 面膜了。

   西瓜皮面膜製作方法：用刀將我們吃完的西瓜皮上面殘留的紅色果肉全部刮掉，注意要全部刮乾淨，因為紅色的果肉部分含有糖分，與皮膚親密接觸久了，有些人的皮膚會感到癢癢的。然後把西瓜皮切成很薄很薄的片（1 公釐左右）。我們洗完臉以後，將切好的西瓜片均勻地貼在臉

上，尤其是在有痘痘和痘疤的地方，敷 10 分鐘後輕輕拿掉，然後用清水洗一下即可。第二天就可以看到大的痘痘明顯變小了，而小的明顯平掉了，痘印也會淡掉很多。西瓜皮面膜貼完以後，我們有時會有緊繃感，建議擦一些不含酒精的爽膚水就好。

西瓜果肉面膜製作方法：將西瓜的四分之一的果肉壓成泥狀敷在臉上，但最好蓋上面膜紙。約 10 ～ 15 分鐘後，用冷水沖洗乾淨即可。此方法可以清涼、鎮靜曬後損傷和過敏的肌膚。

此外，西瓜還可以與牛奶、蜂蜜等共同配製成面膜。

3. 西瓜牛奶美白面膜

製作方法：將西瓜榨汁，加入牛奶和麵粉，塗勻整個面部，20 分鐘後洗淨，每週 1 ～ 2 次。

這種面膜可使較黑的皮膚變白，並收縮較粗的毛孔，亦對日光曬黑的皮膚效果不錯。

4. 西瓜蜂蜜補水面膜

製作方法：用西瓜皮汁混合蜂蜜做成面膜，直接敷臉約 25 分鐘後清洗掉。西瓜皮面膜可以針對臉部補水降溫，鎮定肌膚。

5. 西瓜蛋黃保濕面膜

製作方法：將西瓜肉搗碎，加入半個蛋黃拌勻；再慢慢加入少許麵粉，使其成為膏狀，敷在臉上 10 分鐘後洗淨。每週 2 ～ 3 次。

西瓜清涼，而蛋黃的滋潤效果佳，兩者配合製成補水面膜，保濕效果很好。

6. 紅茶紅糖補水面膜

製作方法：取兩湯匙紅茶和紅糖加上一定量的麵粉，加水煎煮，調勻後即可敷臉，15 分鐘以後用濕毛巾擦淨臉部。每月塗敷一次。即可達到美白、保濕補水的功效。

7. 豆腐蜂蜜補水面膜

  製作方法：取二大勺豆腐，加入適量蜂蜜。打碎攪拌均勻，越碎越好。放入一些麵粉，不要放太多。然後加入適量的純淨水。攪拌均勻，不要調得太稀。均勻塗沫到臉上，平躺 15 分鐘。即可達到補水保濕的功效。

8. 牛奶珍珠粉美白面膜

  製作方法：將牛奶和珍珠粉混合後，泡入面膜紙，敷在臉上即可。如果敷的過程中乾了，可以再淋一下。15 分鐘後拿掉，看看鏡子中白嫩的妳，妳自己也不敢相信自己的眼睛！

9. 雞蛋檸檬面膜

  製作方法：將雞蛋打散，加入半個檸檬的汁液、粗鹽、橄欖油一同拌勻，塗於臉上即可。一週敷 1 ～ 2 次，只要堅持不懈，不僅美白，還可以促進皮膚的光滑細緻，亦可防皺！

10. 番茄蜂蜜美白面膜

  製作方法：先壓榨番茄取汁，加入適量蜂蜜和少許麵粉調成膏狀，塗於臉部保持 20 ～ 30 分鐘即可。此面膜具有滋潤、白嫩皮膚的作用，長期使用還可以淡斑除皺和治療皮膚痤瘡等功能。

  女性皮膚最大的問題就是乾燥，所以，不管妳的目的是美白、除痘、控油，首先要做的就是補水，不分季節地補水，不管妳在南方，還是在北方，我們現在的工作幾乎都離不開電腦和紫外線的輻射，所以，女孩，把補水工作進行到底吧！然後才是美白、除痘等，否則皮膚底子不好，再怎麼美白，再怎麼除痘，都是作用不大的。

  市面上有很多款不同功能的面膜，雖然某些品牌的面膜效果不錯，但是小小一片就要幾十甚至百塊以上。普通上班族還是消費不起的，想不花大錢而又讓肌膚達到美容院的保濕效果，還是 DIY 面膜吧！純天然，無汙染，

最美味，最保養。既便宜又有效，而且天然健康，無任何添加劑。閒暇時間裡，自在地 DIY 一款面膜，營養的是肌膚，滋養的是心情！

▶ HOME SPA

女孩，敷完面膜，也不要忘了寵愛自己疲憊的身體。我們的身體也需要滋養。那麼 HOME SPA 就相當於對我們的身體做保養了。

Spa 一詞源於拉丁文「Solus Por Aqua」字首的縮寫，Solus ＝健康，Por ＝精油，Aqua ＝水，意指用水來達到健康。方法是充分運用水的物理特性、溫度及衝擊，來達到保養、健身的效果。故 SPA 意為「健康之水」。Spa 的美妙氣息蔓延了幾百年，現在的 Spa 包括人們熟知的水療、芳香按摩、沐浴、去角質等。現代 Spa 主要透過人體的五大感官功能，即聽覺（療效音樂）、味覺（花草茶、健康飲食）、觸覺（按摩）、嗅覺（天然芳香精油）、視覺（自然或仿自然景觀、人文環境）等達到全方位的放鬆，將精、氣、神三者合一，實現身、心、靈的放鬆，如今 SPA 已演變成現代美麗補給的代名詞。Home Spa 是 Spa 的一種新類型，強調是在家裡就可以完成的美麗補給。其中心思想是如何呈現自己內心深層的美麗。

女孩們在忙碌一天或者忙碌一週後，也該放鬆一下，給自己的身體敷個大大的面膜，尋找到自己內心深層的美麗。

做 Home Spa 的 7 個步驟如下：

1. 回到家，放下所有的雜事，讓自己有充裕的時間，來徹底放鬆自己。
2. 用溫水洗澡洗髮。可以事先把浴室裝扮一下，即有意營造一種溫馨、浪漫、放鬆的洗澡環境。可以放一盆鮮花或者插幾枝鮮花，點起香薰，放點輕柔的音樂。然後就是洗澡用品，準備好後，就可以好好享受有情調的沐浴了。

3. 用身體專用磨砂膏除去皮膚上積聚的角質層，使用時可在身體上打圈、按摩，幫助血液循環。

4. 最好用浴缸。這樣可以像影視劇裡那樣，在浴缸裡撒上浴鹽、香薰油或者花瓣。水溫調至自己喜歡的溫度，整個人躺進浴缸內，放鬆全身，大約泡 10 ～ 15 分鐘即可，太久會使皮膚皺起。

5. 做手部和腳部的護理。用小刷子磨去腳上的死皮，因為此時水已經浸軟皮膚，是去除死皮的最佳時候。

6. 洗完後，可用大毛巾餐乾身體，在身體上塗按摩油按摩，或直接用潤膚乳液塗抹全身。

7. 最後可噴上喜愛的香氛噴霧，若是馬上要入睡了，可噴上有助睡眠的薰衣草味，如果馬上要逛街，則可噴上有醒神作用的檸檬味。

巧笑倩兮，美目盼兮

> 一顧傾人城，再顧傾人國。── 《漢書》
> 眼明正似琉璃瓶，心蕩秋水橫波清。── 唐代元積
> 那雙眼睛，如秋水，如寒星，如寶珠，如白水銀裡養著兩丸黑水銀。── 劉鶚

「巧笑倩兮，美目盼兮。」每個女孩都想神采奕奕地笑，眼波流轉，顧盼生輝。神采飛揚的善睞明眸總能發射出魅人的光環，可惜不是所有的女孩都擁有一雙完美的電眼。沒有關係，我們可以找出自己眼睛的不足，然後逐個改善，最後我們還可以畫個明眸善睞的眼妝來補救。

「妳的大眼睛明亮又閃爍」，這是世人對眼睛的審美要求，然而眼睛明亮與否，與身體的健康、營養有密切的關係。我們可以透過下面幾個方法，使我們的眼睛明亮起來。

1. 食療。一般而言，眼睛出現混濁的人，大多是由於過分食用肉類、細糧類等食物，而含澱粉、鮮果、蔬菜等食物吸收太少。所以想一雙美目的女孩要多吃有利於眼睛的食物，例如魚類、富含維他命 A 的食物（各種動物肝臟、魚肝油、魚卵、蛋等；紅蘿蔔、菠菜、莧菜、苜蓿、紅心蕃薯、南瓜、青辣椒等蔬菜）、富含維他命 C 的食品（甜椒、番茄、檸檬、奇異果、山楂等新鮮蔬菜和水果）、鈣質（奶類及奶製品、蝦、骨粉、豆及豆製品、蛋黃和深綠色蔬菜等）、鉻（糙米、麥麩之中，動物的肝臟、葡萄汁、果仁）、鋅（牡蠣、肉類、肝、蛋類、花生、小麥、豆類、雜糧等）、珍珠、海帶等。

2. 要有充足的睡眠。睡眠充足，精神愉快，身體健康，自然有靈動的眼神之美。

影響一雙美目的還有它周邊的鄰居，相當於是美目的「殺手」。這些「殺手」是魚尾紋、眼袋和黑眼圈。我們當然可以透過化妝遮蓋它們。比如用粉底填塞魚尾紋，用蜜粉遮蓋黑眼圈，但這都是臨時的，經過洗臉，妳就會原形畢露。所以，我們必須堅持不懈地伏擊它們。對魚尾紋，我們可以晚上擦眼霜或敷眼膜，並堅持輕柔按摩，可以慢慢舒緩細紋，對黑眼圈不妨利用食物外敷，都有散瘀、促進血液循環的功效。

1. 冰敷。用冰敷墊或冷毛巾敷在眼睛上，令眼睛周圍的血管收縮，幫助眼周肌膚消腫，也能抑制充血。

2. 茶葉包敷眼。濾乾泡過的茶葉包，放入冰箱中，片刻後取出敷眼。但是一定要濾乾，否則茶葉的顏色會讓黑眼圈更加明顯。

3. 馬鈴薯片敷眼。馬鈴薯具有美白的功效，把馬鈴薯切成薄片，敷在黑眼圈處，可改善黑眼圈的狀況。

4. 柿子敷眼。柿子含豐富維他命 C，可以增強皮膚的更新能力。用湯匙挖出柿肉，搗爛。敷眼 10 分鐘，再用濕毛巾抹掉。

　　此外，還有一個消除黑眼圈的食補法，用黑木耳 50 克，紅棗 10 個，紅糖 100 克煎煮服用，每日 2 次。經常服用，有消除黑眼圈作用。這個方法學要持之以恆，偷懶不得。

5. 養成好的生活習慣，美目自然煥發光彩。每天喝一杯紅棗水，有助於加速血氣運行，減少瘀血積聚，亦可減低因貧血患黑眼圈的機會。早上喝一杯胡蘿蔔汁或番茄汁，其中所含的胡蘿蔔素具有消除眼睛疲勞的功用。多喝清水，有助於將體內廢物、毒素排出，減低積聚機會，亦可減少黑眼圈，最好每天飲滿 8 杯水。勿攝入過鹹的食物和刺激性過大的食物，勿過多抽菸、喝酒。溫水熱敷，促進眼部血液循環。用柔軟的棉質毛巾浸入溫熱的清水中擰乾後敷在上眼皮上，反覆 2～3 次；水溫不可太熱，因為眼瞼的皮膚很薄，過熱的毛巾敷眼會使皮膚鬆弛、起皺。

6. 徹底卸妝。一定要用眼部專用的卸妝產品清除眼妝，特別是眼線和睫毛液，不要讓化妝品的色素滲透入眼皮裡，平時應使用眼部專用化妝品，不可以用臉部化妝品代替。

7. 不要在光線不足的燈光下閱讀；在電燈下閱讀，應該選擇 80～100 瓦的燈光，建議使用對眼睛有保護作用的小檯燈。有些需要我們很專注的工作，如抄寫、打字、統計、速記、縫紉等，這類工作很容易使我們長時間保持一個姿勢，也容易使眼睛疲倦，所以做一段時間，應讓眼睛休息 2～3 分鐘。另外看電視時，屋子的光線不能太亮也不能太暗。點滴明目眼藥水。可以緩解眼疲勞和眼乾澀。

8. 勤做眼部運動。可以做眼部保健操，只要能堅持地做，就能緩解眼部的疲勞。還可以把眼睛盡量地睜大，然後又盡量地閉緊。反覆做眨眼運

動。也可以做轉眼球的運動。望著遠方，眼睛一眨不眨，然後再上下左右有規律地轉動。轉動 5 分鐘，就可以見效。

以上八個方法只要能堅持，就能還一雙如秋水的美瞳給愛美的妳。

最後一個步驟就是妝出明眸善睞。

每一個女孩都想擁有美麗迷人、會說話的眼睛。即使妳沒有眼如秋水，經過得當的化妝，也能使妳明麗動人。注意眼妝要分場合，約會眼妝、職業眼妝都需注意不同色彩的搭配。此處教給大家一個簡單的約會妝。

1. 用藕紫色或粉紅色塗抹眼角，增添秋冬氛圍，並起到放大眼睛的效果。
2. 用粉藍色描畫眼尾，賦予青春的氣息。
3. 用淺粉色打亮下眼瞼，增添可愛俏皮的味道。

眼妝畫完後，還要與相宜的腮紅和唇蜜相配才能相得益彰。所以，此眼妝配上中間略深、週邊淺的圓形腮紅和清澈亮彩的唇蜜，還有捲翹的可愛長睫毛，就將一個清純甜美女孩打造出來了。

而職業妝的話，就要用淺色眼影，自然色系列了。

每個女孩，都可以成為秋水伊人，只要用心學，多保養，成為電眼美女的日子就不遠了。祝願天下每個女孩都美麗飛揚。

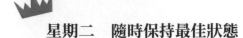

妳的衣櫥裡要有這些

女人的衣櫥裡永遠缺少一件衣服。

衣服是一種語言，隨身帶著的一種袖珍戲劇。

大多數女孩天生都有愛美的特質，她們每天早上打開衣櫃，總是會覺得「沒有合適的衣服穿」。衣櫃裡的衣服或許都很漂亮，但一件一件地試穿之後，才焦慮地發現，漂亮衣服只是死板地掛在自己身上，而自己還是原來的自己，並沒有令自己更出眾。到最後，她們終於明白了一個道理，誰都不缺衣服，缺的只是像林志玲那樣的風格。

風格決定一切。當時裝界為我們打出了「風格是必要的信仰」的口號後，人們對於時裝的追逐就變得越來越有選擇性了。

所以，女孩，妳需要有一個百變衣櫥、搭配好的衣櫥。什麼衣服上班穿，什麼衣服約會穿，什麼衣服逛街穿，什麼衣服居家穿，只要能突出妳的風格，凸顯妳的魅力，妳都可以購置在妳的百變衣櫥裡。只要妳喜歡，妳可以昨天還是運動健將，今天就是衣著素雅的淑女；也許明天又會變成張牙舞爪的小妖精……百變隨性，自由變化！

1. 套裝是職業女性少不了的衣著。穿上套裝，可以給人很精明幹練的感覺。不管是穿那套顯得莊重、知性、簡約的 Armani 套裝，還是性感些的 Gucci 收腰夾克和瘦腿直筒褲，套裝都賦予了女人一股嚴肅幹練的氣質。

2. 很多女孩也喜歡挑戰性感服裝，在戀人或者老公面前扮性感女神。這時，妳的衣櫥就少不了營造爆乳效果的緊身馬甲、超短裙、網襪與細跟高筒靴了。再加上妳的妝容和髮型，妳一定會成功蠱惑妳的男友或者老公。

3. 女人味的衣服也是女孩喜歡的著裝風格。妳的衣櫥裡一定會有很多女人味的衣服或者小飾物，比如上面有刺繡、流蘇、圖案紋理，天然的麻棉質感及印花、壓褶、輕紗、流蘇、鏤空、花邊等工藝製作的充滿民族風情的衣服；或者以綠松石和金銀材質作為裝飾品的衣服，配上舒適的麂皮低跟鞋，這是充滿異域風情的女人味裝扮；還有些蕾絲材質的襯裙和鑲珠片的紫色長裙及雪紡的罩衫，布料柔軟飄逸，工藝精細雋永，搭配精緻的手拿包和穿著女人味十足的高跟鞋，都會非常突顯妳優雅的女性化形象。

4. 經典白襯衫和百搭的打底衣是必須的。它們能配百種外套，針織外套，皮衣，夾克，女西裝等，能打造百變的妳。所以，打底的衣服是必須購入妳的百變衣櫥的。

5. 風衣。春秋季節，風衣可以為我們遮寒。而風衣是最容易搭配衣服的。下身搭配牛仔褲、長裙、短裙都好看，都能穿出不同的風格。

6. 披肩和絲巾。時尚女性的衣櫥裡，一定不會少了各種披肩和絲巾。因為它們可以輕鬆地「賣弄」各種風情。

7. 睡衣。穿上舒服的睡衣，可以幫助我們的睡眠。寬鬆舒適的棉質或者絲綢質地的睡衣是女孩的首選。當然睡衣款式和顏色眾多，女孩可以根據個人口味，好好做篩選，最重要的就是穿著舒服，可以放鬆我們一天的忙碌。

明星們大都是極有個性的時尚人士，這是她們的事業需要，也是她們的愛好，女人天生愛美麗。我們可能看到王菲第一天還穿著CK襯衫、牛仔褲，第二天就換上了野性十足的 Christian Dior 長禮服。她們都是自信的女人，她們很清楚什麼款式的服飾最能襯托她們的身材，哪一款太陽眼鏡適合她們的臉型和膚色，什麼樣的打扮會使她們感覺舒適自如。可以想像，她們的衣櫥裡會有多少種適合她們風格的衣服。

星期二　隨時保持最佳狀態

　　如果妳喜歡像赫本那樣穿著褲裝，那麼妳不要用褲子來掩飾妳的腿型，而應該盡量用它們來裝飾妳的一雙長腿。皮革的、細帆布的、性感的、莊重的，長褲成為一種代表，任何風格妳都可以放心地收藏。

　　流行風尚變幻莫測，什麼打扮才能不至於在人海中被湮沒？讓妳的心來告訴妳吧！如果妳認為自己很性感，又有穿短裙的自信，那何不多儲備幾條？如果妳迷上了復古服裝，那何不滿足一下自己的願望？如果妳喜歡一件飾品，或是圍在肩上的披巾，或是一個形狀古怪的手提袋，想買就買下，用它們來搭配妳愛的東西，只屬於妳的代表性風格便產生了。

　　雖然，樹立自己的風格是必要的，但是有一個前提是高於一切的，就是妳必須得覺得很自在。如果穿上 Max Mara 的雙排扣厚呢短外套、Gucci 拉鍊長褲，或 Prada 時髦的超短襯衫後你感到很不自在，那麼就不要買了吧！否則穿上了感覺只會更糟。想要擁有自己的風格，就要學會說「不」。

　　總之，作為一個現代女性，妳應該穿出自己的品味和風格，選擇適合自己的服飾充實自己的衣櫥，把學會穿衣打扮、塑造最迷人的外表形象當做人生中一件重要的事情來做。

如何挑選高跟鞋

　　美豔的高跟鞋是女人的魅力終極武器。

　　女人用鞋子征服世界。

　　高跟鞋是嬌小女孩的福音，可以增加嬌小女孩的高度，但如今滿大街高個子的女孩也穿高跟鞋，這樣豈不是沒有天理了？原來高跟鞋的妙用不僅在於增加海拔，還能增進誘惑力，搖曳出女人的萬種風情。高跟鞋使女性步態如伸展臺走臺步，使步伐減小，重心後移，腿部自然挺直，身體自然挺胸抬頭，收腹翹臀，這樣一穿，女人的站姿、走姿都富有風韻，嫋娜的韻致應運而生。

　　所以，高跟鞋是女性的最愛，也是女性必備的武器。每年每季度，女性都會挑選山適合她們的高跟鞋，無論是高跟靴，還是高跟涼鞋，那細細的根上都為女性帶來自信與風韻。

　　那麼，妳知道高跟鞋大家族裡的成員嗎？現在還活躍在時尚舞臺上的這個家族裡的成員有：

1. 包頭鞋（Pump）：多數為半尖頭或尖頭、薄底的標準楔形鞋，是女性在正式場合穿著最理想的一種。

2. 涼鞋（Sandal）：可以使女性足部顯得更加纖細性感，如果再配上不同顏色的指甲油，更能充分展現出女人的個性與品味。

3. 厚底鞋（Platform）：此種鞋坡度相對較小，穿著相對舒適，而且增加的相對高度要高於一般的高跟鞋，所以，一直是愛舒適女孩的首選。

4. 靴子（Boot）：它給女性帶來一種冷豔的美感。

　　高跟鞋家族的成員眾多，我們該怎麼挑選適合自己的高跟鞋呢？

　　首先，高跟鞋的色彩很重要，下面幾招教妳巧妙挑選高跟鞋的色彩規則。

1. 大原則是必須與服裝的顏色協調，不過，如果想適當「跳色」，也可以與服裝的顏色不一致，僅僅與妳的耳環或項鏈的顏色一致就可以了。

2. 黑色鞋子是經典鞋子，可以以不變應萬變，什麼衣服都可以與之搭配。金黃色鞋子，可以顯得有隆重感，紅色或青綠色鞋子可以使妳從眾人中脫穎而山。

3. 鞋子的顏色應該比服裝的顏色略深點為宜，不管兩者是否處於同一色系。

4. 如果想盡情地展示妳漂亮的服裝，就不要穿太閃亮太炫目的鞋子。

5. 穿彩色鞋子會讓妳的雙腳比穿黑色鞋子顯得略大。

其次是選擇高跟鞋的高度，因為高跟鞋的高度可以決定高跟鞋的穿著場合。

鞋跟高度在 3 ～ 8 公分左右的薄底高跟鞋，是女性經常穿的高度。上班或普通場合都可以穿著。

鞋跟高度在 9 ～ 12 公分左右的高跟鞋，就屬於派對、舞會、演出等特殊場合中穿了。高跟鞋的高度拔高了妳的身高，使得妳看起來更加高挑動人，魅力四射。所有的奧妙全在這一雙鞋上。

鞋跟在 12 ～ 15 公分左右的鞋，可以極度誇張地彰顯女性腳部的性感，對異性具有極強的吸引力，是女性可以穿著正常行走的高度極限。因此只在室內活動，或者出入都有車接送的女子最適宜穿著。

但是很多時尚女孩，都是人前歡笑，人後苦不堪言，白天盡情穿著高跟鞋，享受高跟鞋帶來的無可比擬的美麗，但是尖尖的鞋頭、又高又細的鞋跟也會使妳像《小美人魚》裡的愛麗兒似的，每多走一步，就如同受苦刑般痛苦。下面幾個小竅門可以幫妳從美麗的痛苦中解脫出來：

1. 在鞋尖處放一片小小的海綿，可以緩解腳趾被擠壓的疼痛。因為我們的腳趾頭一般都伸不到高跟鞋的鞋頭，而高跟鞋穿著穿著就會鬆弛起來，所以，在鞋頭在放點軟軟的東西會使腳更舒服，也會使高跟鞋更合腳。
2. 穿前先楦一下鞋尖，使它盡量寬鬆一點，便於我們的腳伸放自如。
3. 質地鬆軟的布料比質地堅硬的布料舒服，比如絲絨就比皮革穿著舒服，而軟牛皮也比硬牛皮舒服。所以，我們盡量不要買過於堅硬的皮質高跟鞋。
4. 6 公分下的鞋跟是常人都可以接受的，那些側面看上去窄窄細細而正面寬寬的鞋跟，就會看起來淑女味十足。
5. 嬌小女孩一般都喜歡買 10 ～ 15 公分左右的高跟鞋。這時，舒適度就要看鞋跟的寬度和鞋底的厚度了。如果鞋跟很細，穿著自然顯得風情萬

種，但是會很不舒服。如果鞋跟很寬，又會顯得笨重，穿著雖然舒服了，但是離美觀也很遠了。如果鞋底很薄，穿著就會磨腳，一定不會多舒服；如果鞋底很厚，就會顯得笨重，也不會多美觀。所以，女孩，買鞋子時，要注意鞋跟的寬度和鞋底的厚度或者高度，既要高度適中和美觀，也要舒服度。所以盡量買那些有一定厚度、鞋跟不過細也不過寬的鞋子。穿寬跟的高跟鞋也會加重膝蓋的承受力，所以，女孩，在一般場合，還是建議妳們多穿鞋跟在 5 公分下的鞋，這樣才不會對骨骼和膝蓋造成傷害。

要做到以上這些，女孩子需要練就一雙「火眼金睛」，不僅要能精確地目測高跟鞋的高度，還要感應到自己穿上後的舒服度，又要有對色彩的敏感度。這樣妳才是一個高跟鞋達人。記住：女性，永遠都少一雙鞋，那就是高跟鞋。一雙好的高跟鞋能將我們帶到一個美麗的地方，也能幫我們打開燦爛光明的職場之路。

用香水提升魅力

妳的香水多麼適合妳，妳太有魅力了。 —— 男性對女性的最美評價

法國時裝之母香奈兒女士說：「不用香水的女人，是沒有前途的女人。」把香水與女人的前途關聯起來，一般人都會認為有點小題大做。但是用香水的女人一定是愛惜自己的女人，一個愛惜自己的女人一定比不愛惜自己的女人會更有前途。香奈兒女士對香水的理念是：「香水要強烈得像一記耳光那樣令人難忘。」有時候我們記住某個女人的，往往不是她的長相，而是她獨特的味道，她的可愛氣息。或者循著某種味道，就能判定是哪個人了。這就是香味的魅力所在。男性會迷戀女性的體味，其次就是女性所用的香水。香

星期二　隨時保持最佳狀態

水最本質的功能就是能與女性自身的體味形成互補，產生更大的魅力。可愛迷人的女人香如果再加上女人可愛的形象和氣質，會使女性顯得更加完美。

香水會使二十幾歲女孩的打扮更趨完美，能曲徑通幽地抒發女性的「GIRL」情懷，也會使男人進入一種瑰麗的情境。一個男人對妳衣飾的讚美只是外在的恭維，如果一個男人已經注意到妳身體散發的香味時，就表示他從心理上了解妳，或者對妳有非常的好感了。

所以，二十幾歲的女孩應該感謝香水，可愛的香水使妳們更加有女人味。

女孩，以香水為自己的名片，為自己選擇一種最能表達自己個性特徵的香水，來展現自己獨特的魅力吧！讓自己玉體上的那縷芳香，分分秒秒與自己在一起，因為那是屬於自己的香豔人生。

下面我們簡單介紹幾款最著名的香水品牌。

1. Beautiful 美麗淡香精

   雅詩‧蘭黛夫人說：「美麗是一種態度。美麗沒有祕訣。為什麼所有的新娘都很美？因為她們非常在意自己在婚禮上的形象。世上沒有醜女人，只有不關心或者不相信自己魅力的女人。」「美麗」 —— 難以忘懷的極致溫柔，雅詩蘭黛賦予它浪漫、溫馨、高雅的全部內涵。

   「美麗」淡香精是世上最奇妙、最豐富、最和諧的千百種花香調集於一身的香水。對象為新娘級別的美女。

   如果妳是一位充滿幻想的「準新娘」或者打算送禮物給妳待嫁的朋友，那麼沒有什麼比「Beautiful」更合適的了。有誰不希望自己在人生最重要的那一刻渾身散發出迷人的女性魅力呢？

2. Red Door 香水。

   「每個女人都是一扇美麗而神祕的紅門，一定要打開了才能夠真正了解

她的內心。」就是這種隱喻，打動了眾多認為沒人了解她的女人。「紅門」香水的香味神祕、華麗，瓶身的設計概念來自雅頓的發跡地。紐約第五大道上的「紅門沙龍」，入口就因為聳立著一扇耀眼的紅門而成為一個精神的象徵。打開紅門，意味著妳已經進入了雅頓的殿堂。

「紅門」香水含依蘭、摩洛哥橙花、紫羅蘭、紅玫瑰、茉莉花等數種高貴的花香，將花香與女性的優雅風華發揮到極致，完美襯托出女人華貴性感與獨具品味的優雅氣質。

3. Poison 毒藥淡香水。

歷史記載，凱薩琳曾經獻給王儲亨利四世的母后一副由佛羅倫丁御用調香師大師精心薰香並抹上劇毒的手套。王儲的母后在戴用這一副香氣誘人的手套 4 天後，就身染怪病，高燒不退，不治而亡。凱薩琳順利地入主皇宮成為一國之后。這款毒藥處方箋從此束之高閣，但毒藥中這種任何人都無法抵抗的魅惑配方，卻從此流傳下來，配製成膾炙人口的經典香水。「毒藥」妖冶狂野，充滿著「詭異」的致命誘惑，是性感熱辣女人的最愛。

4. Chanel N° 5 香奈兒 5 號。

這是香奈兒品牌永恆的經典，2021 年是香奈兒 Chanel N° 5 香水誕生的 100 週年，因為瑪麗蓮‧夢露的一句「我晚上只穿著香奈兒 5 號睡覺」而名揚四海。它是一瓶不試圖重現花香的香水。

5. Paris 巴黎女性淡香水。

聖羅蘭的這款經典香水融匯了玫瑰的柔和、木質調的溫暖和琥珀與麝香的精髓，將妳引入對花香的無限幻想之中。聖羅蘭先生將這款香水獻給那些天生對玫瑰花有著感性嗅覺的女性，同時也獻給世界上最美麗、浪漫的城市——巴黎。它也是全世界唯一獲准以巴黎這個浪漫之都命名的香水。

6. 「一生之水」L'Eau D'Issey 女性淡香水。

　　對於三宅一生而言，水其實變化萬千，它可以是奔騰的瀑布，亦可以是平靜的湖泊，同樣是水，每個人都可以在其中尋找到屬於自己的節奏與和絃。一生之水的外形簡潔，它純淨的線條、透明的瓶身，完全符合三宅一生所說的：「我想要以最少和最單純來表現美感，但與抽象藝術無關。」

　　了解著名的香水品牌後，我們也要量力而收藏。

　　下面告訴妳幾個買香水的小訣竅：

· 一定要忠於自己的鼻子。香水在接觸皮膚後散發的香味，只能維持 10 分鐘左右，隨後的味道才是持續伴隨我們的味道，所以，我們最好是在不同的時候去，多聞幾次再決定購買與否。不要相信最初的感覺，那不是真正散發給別人的代表妳的味道。

· 先買小瓶裝的。用得合適了再買大瓶裝的也不遲。

出門九件事，樣樣都不能少

> 每個女人出門應該帶上兩樣東西：一是溫柔，二是包。
>
> 女人與包，一場沒有終點的戀愛。

　　我們都知道開門七件事，柴米油鹽醬醋茶，但是出門也有九件事呢！男孩可能會覺得女孩事情多很麻煩，但是子非魚，焉知魚之樂呢？女孩事情多，但是女孩樂此不疲。女孩出門，百變隨身包是必須的，就像哆啦 A 夢的四次元口袋。夏天的時候，遮陽帽、太陽眼鏡、遮陽傘這三件物品是必須攜帶的；冬天的時候，也有溫暖三件組，即帽子、圍巾、手套；還有堵住女孩子嘴巴的零食。想想幾米漫畫裡的一個場景：一個圍著長圍巾的女孩，提

著一個時尚包包，餓了的時候，從包裡取出巧克力或者棉花糖，然後戴上耳機，聽聽音樂；或者取出化妝包，對著鏡子旁若無人地補補妝容，逛超市刷卡的時候，取出別緻的錢包優雅地刷卡……女孩的世界就是這麼的美妙，而女孩出門隨身帶的「世界」就是包包裡的大千世界。

女性大多依戀包包，因為它的實用性。它能承載起女性的小小世界，還會使大大咧咧的我們不忘記帶東西。況且現在超市也不免費給購物袋了。所以，隨身包對女孩來說真是太重要了。

男人可能會好奇，女人的包裡到底都裝了些什麼啊？其實打開女性的包，就相當於打開了女性的一扇門。透過女人的包，妳可以看到一顆最真實的女兒心。

1,000 個女人的包包裡，會有 1,000 種不同的寶貝；而 1,000 個女人的包包裡，也會有一些共同的小東西。現在就讓我們來解密一下：

1. 鑰匙、手機、化妝包。錢包，錢包是女孩的最愛，因為女孩愛購物。錢包的顏色和品牌要依照各個女孩的愛好而定。有些女孩鍾愛紅色、乳白色，有些女孩鍾愛橙色或浪漫的紫色，有些女孩喜歡卡通圖案，有些女孩不喜歡用皮革的錢包了，就開始自己手工製作，自己繡的十字繡錢包。不過，錢包的質地也能反映出一個女孩的品味，所以，女孩使用錢包也要分場合，見重要人士，比如客戶、身分高的人，我們盡量買些能反映自己身分的錢包，這樣不至於讓專業人士看輕，對自己工作形象的塑造也有益處。

   以上這些是女孩必帶的，否則女孩出門會很不安心的。

2. 金融卡一大疊。悠遊卡、信用卡等。提醒女孩，要記住卡的密碼，不要弄錯了，省得鬧笑話。

3. 會員卡、貴賓卡一大疊。美容卡、健身卡、俱樂部卡、超市會員卡。與美容、健身、生活用品相關的會員卡幾乎都可以在女孩的錢包中找到。

4. 各種照片。這是女孩性格的表現。自己、父母、朋友、同學、戀人、老公、孩子的照片，凡事讓女孩動情的人的照片，感性可愛的女孩都會收藏。

5. 原子筆、小筆記本、耳機、手機、眼藥水、消炎藥、梳子鏡子、行動硬碟、口香糖、小說、雜誌、報紙、髮夾、防狼噴霧、吸油面紙、濕紙巾、備用絲襪、假睫毛、護身符、名片等。

6. 不同季節，女孩的包包裡會變出不同的三件套。

首先是炎炎夏季的清涼三件組。

歡樂夏季，太陽的熱情最高，但是女孩的嬌嫩皮膚在太陽紫外線的熱情下會發紅，毛孔會增大，表皮會變粗糙，所以，我們只能做好夏季的防曬工作。防曬乳，隔離霜，不管 SPF18 還是 50，我們都會如救命稻草一樣抓住，用在自己的臉上、身上，但是這樣還不夠哦！帽子、遮陽傘、墨鏡、手套、防曬披肩……這些都要上，愛漂亮的就不要嫌麻煩。因為暴露在陽光下的臉部、手臂、美腿等是我們無法完全遮蓋的地方，所以，我們需要用炎炎夏季清涼三件組來武裝自己。

A. 遮陽傘

亮麗的遮陽傘，不僅為女孩阻擋太陽，還為女孩增添了一份魅力，花花綠綠的遮陽傘也點綴了城市，成為城市的一道美麗的風景線。但是不是所有遮陽傘都具備抗紫外線的作用。

我們要選擇正規廠商生產的合格遮陽傘，然後可以根據傘面的織物性質初步判斷其防紫外線性能。一般來說，棉、絲、尼龍、黏膠纖維等材料防紫外線性能較差，而聚酯纖維較

好。在顏色上，顏色越深抗紫外線性能越好，黑、藏青、深綠等顏色的防曬性能好過淺藍、淺粉、淺黃；從紋理上來看，緞紋織物最好，其餘依次是斜紋、平紋。銀膠傘面的抗UV防護效果很好，但銀膠層容易老化發黑，影響美觀。

B. 太陽眼鏡

多一層保護，多一層安心。選墨鏡也要選品牌，選有100%防紫外線標誌的。再者，要盡量選擇大鏡片的太陽眼鏡，遮陽的面積大，才可以更好地保護自己。最後，就是根據自己的臉型、膚色選擇適合自己的太陽眼鏡，彰顯自己的時尚度了。

C. 遮陽帽

遮陽帽與太陽眼鏡一樣，不僅防曬，還可以起到修飾的作用。一些寬邊帽就很不錯，可以把女孩的臉全遮在帽簷下，有些帽子雖然好看，但不能全遮住自己的臉，這個時候只要與太陽眼鏡配合就 OK 了。

然後就是冬日溫情貼心三件組。

同熱情的夏天相比，冬天就含蓄內斂了許多。我們若要做好保暖的工作。帽子、圍巾、手套就不可缺少，它們既能保暖，還能達到裝飾自己、使妳的潮流感直線上升的效果。

A. 帽子

戴帽子是時尚風情女性不可或缺的元素之一，如同夏季的太陽帽一般，冬季的帽子也能別具一格，秀出與眾不同的妳。帽子有很強的裝飾性能，可以修飾臉型，搭配服裝。我們一

般看人，都是從上往下看，所以，帽子是最先被人看到的裝飾品，所以要精心挑選帽子，才能打造完美的妳。

穿著亮色衣服的妳，可以搭配百搭色系的帽子、圍巾，比如白色、灰色、黑色，比較醒目的就是寶藍色帽子，但是如果妳喜歡穿深色系的衣服，妳可以選擇亮麗的薔薇紅或鵝黃色之類的顏色來提亮整體色調！針織帽最保暖，也能彰顯妳的可愛。如果妳是短髮女孩，那麼鴨舌帽是妳不錯的選擇。此外韓版、日版帽子也是女孩喜歡的款式。

B. 圍巾

到了冬天，纏繞在女孩脖子上的東西由飄逸的絲巾變成了暖暖的圍巾。作為冬季的必備單品，圍巾早已變成可以用來炫耀的點睛之筆，無論長短、材質，都是頸間的一道風景。圍巾的款式和顏色眾多，今冬開始流行豹紋圖案寬圍巾、骷髏圖案圍巾、布料拼接圍巾、波西米亞時尚印花圍巾等，超長圍巾更能顯得女孩個性十足。

C. 手套

最能表現女孩個性、氣質的當屬纏繞在纖纖玉手上的保暖又時髦的手套了。無論是極具手感的絨布手套、優雅婉約的皮手套，還是搖滾味十足的露指手套，都能成為妳最時尚的配件。妳想給別人留下深刻的印象，不妨在手套費點心思，比如超短的別緻手套，或是如明星帶的四指手套，還有長手套。

7. 零食。誰也說不清女孩與零食的關係，就像女孩喜歡手鐲、項鍊、香水、口紅等，讓異性感到匪夷所思，但是女生天生就喜歡親近這些瑣碎的東西。走在大街上，累了就拿出巧克力，補充能量，無聊了就嚼口香

糖，渴了，就買包杯飲料，太累太餓了，就走進街頭小吃店或者咖啡廳坐坐。女孩說：「愛零食，就是愛自己。」根據統計，女生最愛的十大零食是話梅（刺激生活的味蕾）、巧克力（絲絲柔柔，貼近心靈）、瓜子（不少女孩是磕瓜子高手）、牛肉乾（肉類零食的精華）、蛋糕、軟糖、果凍布丁、地瓜片、香蕉片。

如果非要找出一個女性愛零食的理由的話，那就是女生怕寂寞，所以，需要讓嘴巴做咀嚼運動，可以封住寂寞的嘴巴，也可以解釋為消遣、發洩。不高興的時候，或者受了上司的氣，或是與男友吵架了，就在吃零食的過程中，享受發洩的快感，仿佛零食就是一個個敵人似的，吃完了，敵人也消滅乾淨了。所以，零食是女孩無聊時的首選消遣，主要是為了解悶而非解饞。

總之，女孩的包包就是個百寶箱，而女孩就像個玩轉生活的魔術師。這樣的女孩也是懂生活、愛生活的。

逛街達人

逛街可能是女人的最大嗜好和享受了，幾乎所有的女人都愛逛街。特別對於愛美的女人來說，逛街中收獲的不僅僅是美麗，還有對生活的享受、對時尚的追求。

與逛大型購物中心、百貨公司相比，經濟實力一般的女孩，還是更願意逛些街頭小店、批發市場之類的買得起的地方。因為我們在去那些大地方，提高了我們的時尚品味和審美能力後，就需要去街頭小店，或專賣店，或者是批發市場挖寶了。要知道這些小地方，由於地理位置的關係，租金比較便宜，而且很多衣服、配飾都是仿照大型購物中心、大品牌的款式和顏色做的，雖然在做工和質料上，不及大品牌，但是囊中羞澀的我們也可以來個以

星期二　隨時保持最佳狀態

假亂真，貴重的行頭、飾物有一兩套就足夠我們出席重大的場合了，一般情況下，我們是不需要買很多貴重的東西的。

愛漂亮的女孩天生就愛逛街。工作忙碌的現代女孩，會選擇在某個傍晚或者週末，沿著街頭小店、專賣店、商場轉一圈。出店門的時候，手裡就會憑空多了幾個大包小包，有時雖然手裡空空如也，但是也面露喜色，一掃進門時的工作疲憊相。整個小店或者小商場都因女孩的加入而頓時充滿生機。所以，女人和小孩子的錢是最好賺的。

一個女性朋友週末本想出去逛街，去外面呼吸一下新鮮空氣而已。她經過一家新開張的美髮店，看著美髮店門外喜慶的花籃和打折海報，就被吸引進去了，她給自己找的理由是：因為自己的頭髮 2 個月沒整理了。洗了頭髮，熱情的髮型師又是幫忙設計髮型，又是建議她燙髮會更好看，等她出來的時候，已經像換了一個人。其實她原本就是想修剪頭髮而已。

總結女孩閒暇逛街愛去的地方或者到了就走不開的地方如下：

1. 美髮店。美髮店是愛美、愛打理自己的女孩常去的地方。她們可能 1 ～ 2 個月就去一次，她們秉持的真理就是：時刻保持美麗才能得分不被判出局。
2. 街頭小服裝店、小飾品店、專賣店、小商場。女孩永遠嫌自己衣服少，永遠都不滿足百變衣櫥裡的已有的衣服，所以，隨時逛街，隨時補貨。
3. 服裝批發市場。像五分鋪、西門町、士林夜市等都是美女們愛去的地方。那裡滿眼都是琳瑯滿目的衣服、鞋子、小飾品等，價格也比較便宜，最適合挖寶。記住，要學會殺價，練就優秀的殺價本事，方能買到物美價廉的「性價比」高的東西。
4. 電玩店，有很多種類豐富的電玩，幾個女生花幾百元左右就能玩個遍。
5. 電影院。電影院環境很好，全是最新熱映的大片。所以，有些愛看電影、覺得在電腦上看電影不過癮的女孩，或者女學生就愛去電影院。只

要選擇打折優惠的時間來看就很划算了。

6. 特色小吃街。街上的小店價格可以接受，通常比去必勝客之類的還要便宜。去必勝客，兩個人要想吃飽，沒有幾百元是出不來的。

7. 速食店。因為迅速和實惠被一般人所喜愛。不過吃多了，也覺得沒有滋味了。

8. 西餐店、烤肉店。這些地方是外國人們的最愛，但是我們也可以嚐嚐鮮。

9. 酒吧、咖啡廳、KTV 之類的娛樂場所。去這些地方消費可能會高點。但是女孩，若想知道外面的花花世界，若想見識一下不同的風景，就要親身去體驗一下。可以邀約多人一起去，這樣就安全一點，分攤下來費用也少一點。酒吧是青年人的天下，次文化的發生地。經常去泡吧的人主要是：在臺的外籍人士、留學生、生意人、白領階層、藝術家、大學生、娛樂圈人士及有經濟能力的社會閒散人士等。酒吧一般裝飾講究，服務周到，其經營方式更是形形色色，各有特色。從音樂風格，裝飾風格的區別也決定了消費對象的興趣選擇。咖啡廳則帶點小資色彩，那裡的環境優雅，氣氛超級好，燈光迷人，還有夢幻的音樂……品著濃濃的咖啡，看著喜歡的圖書，或者與朋友聊天，都能放鬆自己的神經，也可以約客戶，在這樣宜人的氣氛中，很多公事也能順利地談成。在 KTV，可以 K 歌，飆歌，一圓自己的歌手夢，釋放自己的種種壓力。總之，都是不錯的地方。

當我們悠哉遊哉地走在街上，穿行在熙熙攘攘的商業街中，心情會沒來由的輕鬆，那種感覺就像是一條小魚，離開了被困的魚缸，自由自在地悠遊在湖泊裡，那真是愜意極了。

女孩，逛街可以逛出見識和情趣，可以逛出殺價本領，可以逛出文化，可以逛出時尚，可以逛出品味，可以逛出人生百態，可以逛出人情世故，讓我們擁抱生活，做個逛街達人吧！世界就在我們手心裡。

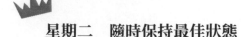

色彩搭配學

> 學習美麗從學習色彩搭配學開始。恰到好處地運用色彩，不但可以修正、掩飾身材的不足，而且還能強調突出妳的優點。

世界因為色彩而美麗，無論是自然界各種事物，還是人類社會，都是由斑斕的色彩構成的，二十幾歲女孩的美麗也是透過色彩展現出來的。

每個女孩都有自己獨特的色彩，這種色彩與她們各自所具有的特質密不可分，它包括膚色、膚質、髮色、身材、個性、氣質等諸多要素。恰當地使用色彩可以充分展示女孩的魅力，使她們變得更加美麗、動人。反之，會使她們變得庸俗乏味。那麼，如何運用色彩來裝扮自己呢？

首先要找出膚色的基調。

每個人的膚色都有一個基調，有的顏色與某些基調十分搭配，有的卻不合襯，反而會使妳的臉色顯得暗淡無光。所以一定要找出妳膚色的基調，才能穿對顏色。膚色基調基本上可分為四種：

1. 白皙皮膚。經太陽一曬，若妳的面頰會發紅，那麼無疑妳是幸運兒，妳屬於白皙皮膚。大部分顏色都能使妳的皮膚更亮麗動人。黃色系與藍色系最能突出潔白的皮膚，令妳顯得更加明豔照人，其他諸如淡橘紅、檸檬黃、蘋果綠、紫紅、天藍色等明亮色彩也非常適合妳。

2. 深褐色皮膚。茶褐色系適合皮膚色調較深的人，它會使妳看來更有個性。墨綠、棗紅、咖啡色、金黃色會使妳看起來自然高雅，而藍色系則與妳格格不入，最好不要穿藍色系的上衣。

3. 淡黃或偏黃皮膚。這種皮膚的人宜穿藍色調服裝，例如酒紅、淡紫、藍紫等色彩，能使面容顯得白皙。但顏色飽和的黃色系如褐色、橘紅等最好能不穿則不穿，以免使面色顯得更加暗黃無光彩。

4. 健康小麥色。這種肌膚色調的女性給人健康活潑的感覺，黑白這種強烈對比的搭配與她們出奇地合適，深藍、炭灰等沉實的色調，以及桃紅、深紅、翠綠這些鮮豔色彩最能突出其開朗個性。

其次，要會調配屬於自我的色板。

每一種顏色都有其自身的內涵，每一組色系都有其巧妙的組合，每一個女人都有屬於其自身格調的獨特色彩。

若想學會巧妙利用深淺色系來搭配服飾，妳需要了解一些色彩調和的補色與配色方面的技巧。

補色關係是指每一色相與相對色相之間的關係。靈活運用補色關係是色彩搭配成功的重點。一般人只需記住五大色相的基本補色關係，即紅的補色是藍綠、藍的補色是黃紅、綠的補色是紫紅、黃的補色是藍紫、紫的補色是黃綠。根據上述的配色原則給服裝配色，就能避免色彩不協調的弊病。

有些女人喜愛紫色，但不想以一身純紫色來打扮，那麼首先可以分解一下紫色。紫色是由藍綠色與紫紅色混合而成的，因此，可以選擇一條藍綠色的裙子，配上紫紅色的上衣，二者顏色雖然比較強烈，但因其混合色是紫色，故仍給人高雅的感覺。如果用接近白色的淺紫色來搭配紫紅色的上衣，則可顯出一種柔和別緻的色調。兩種顏色配置的比例不同，也會形成特殊的補色效果。如一位處於豆蔻年華的少女，穿一件藍上衣，配一條橙色或黃色的裙子，會在整體上給人青春活潑的感覺。如果在淺褐色的套裝上，配上深褐色的皮帶、皮鞋及帽子，則可使服裝看起來具有活力。

妳也可以利用同色系明暗對比的方式配色。如果妳穿了一件灰黑色的套裝，為了避免顯得太老氣，可用一條接近白色的淺灰色裙子來搭配，這種同色系明暗對比方式的配合，無論何種年齡，均可產生輕快明朗的生動感。

顏色還具有矯正身材的作用，如深色能使臀部和大腿粗胖的人看起來更苗條，橫條紋可以使瘦削的人顯得略為豐滿。

女人只要巧妙地運用服裝色彩，就可以揚長避短，表現自己的「美麗」，掩蓋缺點。

一個懂得裝扮的氣質女人，在打扮自我的時候，不但重視自我存在，同時也會留意周圍的環境條件，依照情境做適當的調整，這樣才能用色彩打扮出真正的自我，使魅力得到充分展示。

最後，妳要懂得色彩搭配學。

五彩繽紛、五光十色、流光溢彩，這些都是描寫色彩的詞語，這幾個詞語可以概括我們所處的世界：藍色星球，加勒比海藍，一望無際的碧海晴空，青青草坪，梔子花開，漫無邊際的薰衣草，爭奇鬥豔的鬱金香，空中飄揚的七彩氣球，人群中的霓裳魅影……這就是我們所處的可愛的世界，這就是自然界的顏色。那色彩學妳知道多少呢？

▶ 色彩的基礎知識

1. 色彩一般分為無彩色和有彩色兩大類。無彩色是指白、灰、黑等不帶顏色的色彩，即反射白光的色彩；有彩色是指紅、黃、藍、綠等帶有顏色的色彩。

2. 色彩三要素：色相、明度、彩度。

   色相，顧名思義，就是各類色彩的名稱，如大紅、普魯士藍、檸檬黃等，是顏色的基本特徵，反映顏色的基本面貌。

   彩度，也叫飽和度，指顏色的鮮濁程度，即色彩的強弱、鮮濁、飽和程度。混入無彩色，彩度就會降低，混入白色，明度越高，彩度越低；混入黑色，明度、彩度均降低。

   明度，也叫亮度，展現顏色的深淺。不過三要素毫無差異的同一色彩會因所處位置、景物不同而給人截然相反的印象。

3. 色彩的冷、暖感。人對色彩的冷暖感覺基本取決於色調。色系一般分為

暖色系、冷色系、中性色系三類。暖色系：人們見到紅、紅橙、橙、黃橙、紅紫等色後，馬上聯想到太陽、火焰、熱血等景象，產生溫暖、熱烈、危險等感覺。冷色系：人們見到藍、藍紫、藍綠等色後，則很易聯想到太空、冰雪、海洋等景象，產生寒冷、理智、平靜等感覺。

▶ 關於色彩與性格的介紹

明快而活潑的色彩：黃色系

親切而自然的色彩：米色和象牙色系

深沉而富貴的色彩：深藍，灰黑色系

熱情而時髦的色彩：紅色系

浪漫而柔情的色彩：粉紅，粉綠，天藍色系

典雅而高貴的色彩：棕色，深橄欖色系

根據他人身上的色彩，我們還可以分析別人的性格。

喜歡紅色，表示他的性格衝動，精力旺盛，具有堅定的自強精神；喜歡橙黃色，說明他對生活富有進取心，開朗，和藹；他喜歡黃色，說明他胸懷遠大理想，有為他人獻身的高尚人格；如果他喜歡綠色，說明他不以偏見取人，胸懷寬闊，思想開放；如果他喜歡藍色，說明他性格內斂，責任感強，但偏向保守。

▶ 色彩搭配學

原色：紅、黃、藍

複色：紅＋黃＝橙、紅＋藍＝紫、黃＋藍＝綠

間色：黃＋橙＝橙黃、橙＋綠＝棕

身上的顏色最好不要超過 3 種，不然就會顯得很亂，像是個小丑。

星期二　隨時保持最佳狀態

星期三　懂人情世故，事業一帆風順

上帝創造了陸地與海洋：女人的祕密武器

聲音是女人裸露的靈魂

> 聲音是女人五官、身材以外的另一件犀利武器，如果聲音柔美，哪怕是嗔怪、訓斥，都有一番天籟般的美感。

聲音是女人裸露的靈魂。

很多女孩會打扮，懂得穿衣之道，善用香水，但不懂得善用聲音，或不知道聲音的奧妙。心理學家認為，聲音決定了妳 38% 的第一印象。當人們沒有看見妳時，會透過妳的音質、音調、語速的變化和表達能力判斷妳說話可信度的 85%。聲音是女人渾然天成的樂器，是女人撥動自己身體、穿越男人靈魂的旋律，美妙與否，就看妳如何把握和駕馭了。

塞蓮是希臘神話中人首鳥身的美麗海妖。她用天籟般的歌喉誘惑過往的水手，使他們傾聽失神，從而使航船觸礁沉沒，成為塞蓮的腹中餐。塞蓮的迷音術是蠱惑人的迷魂計，但是她美妙的聲音的確是很悅耳動聽的，使人難以抗拒和無從招架，從中可見聲音的魅惑力。

低沉、溫婉的聲音，讓人產生信任感；甜美的聲音，讓人樂於傾聽；有些女性的聲音還很性感。人際交流中更多更深的交流是依賴語言的，若妳能夠懂得聲音的重要性並努力地調整和改變，生活會順利和愉悅很多。

下面是練就美妙柔和聲音的小訣竅：

1. 盡量壓低聲音說話，不要高分貝、尖叫式說話，但前提是能讓人聽清楚，要充滿自信，不要給人唯唯諾諾的感覺。
2. 語氣不要生硬，盡量輕柔。如果無法控制自己過度激動的情緒，就暫時不要說話，或者先躲避起來，以免說出讓自己後悔的話，給自己造成無法彌補的損失。

3. 一定要有自己的真情實感，把自己的真切感受傳遞給別人，這樣才能交到真心的朋友。

4. 最有魅力的聲音也要恰如其分和因地制宜地使用。有些人講話「慷慨激昂」，有些人「潤物無聲」，關鍵要考慮到受眾群。如果對犯人、小偷輕柔，那就助長了壞人的囂張氣焰。如果對上司、同事、戀人、孩子委婉輕柔，有禮貌，就會推動自己的事業和幸福。

輕柔而親切的聲音能傳遞關懷和溫暖，會舒緩緊張的氣氛，就像妳在他們的心靈深處「安慰」他們似的，再加上娓娓道來的語速，更能達到取得對方信任和溝通的效果。

5. 聲音不是先天的，是可以訓練和改變的。我們可以去聲樂班、聲音培訓機構等包裝一下自己的聲音。或者自己可以把自己的聲音錄起來，自己一遍遍地聽，一遍遍地改正。也可以買童話書、兒童讀物，最好是帶有注音的，自己慢慢讀，慢慢自我練習。

6. 表情、態度和聲音是三者合一，相輔相成的。妳的表情要生動，妳的態度要積極，妳的聲音要充滿熱情。這樣的妳才能最大程度地感染別人，帶動交談的氣氛。說到興奮開心的話題時，妳完全可以手舞足蹈；說到憂傷傷感的話題時，妳的音調也要放低些，語速放慢一些。總之表情、態度和聲音一定要配合好，才能相得益彰。

除了聲音的好壞，女性說話時要注意自己的遣詞造句。女性要優雅地遣詞造句，配上自己輕柔、清脆的聲音魅力，一定可以吸引人繼續聆聽。

女人優雅的聲音就像一曲優雅的歌曲，令人神往。愛打扮化妝的女孩，也要注意自己的聲音了，聲音是妳展現給人的感性靈魂，透過妳的聲音，別人就可以認識妳。所以，用美妙、輕揚、自信的聲音裝扮自己，妳會更美麗、更受歡迎的。

星期三　懂人情世故，事業一帆風順

笑容是天下最美麗的表情

> 妳的臉是為了呈現上帝賜給人類最貴重的禮物 —— 微笑，一定要成為妳工作最大的資產。
>
> 人格中一種最可愛的因素，就是那令人傾心的微笑。 —— 戴爾・卡內基

　　世界名模辛蒂・克勞馥說：「女人出門時若忘了化妝，最好的補救方法便是亮出妳的微笑。」古龍也說過一句妙語：「笑得甜的女人，將來命運都不會太壞。」古希臘哲學家蘇格拉底亦有類似的語錄：「在這個世界上，除了陽光、空氣、水和笑容，我們還需要什麼呢？」微笑是人類最好看、最有味道的表情，是人類最基本的動作，是一句不學就會的世界通用語，如果世界上的每個人都擅長運用這個通行天下的世界語，那麼人與人之間就會再沒有心的沙漠、愛的荒原，人間將充滿春風，世界將變得更加美麗。

　　二十幾歲笑得甜的女孩，如初綻的蓓蕾，也似一杯滋潤別人乾涸心田的熱茶，更似一縷陽光，給別人生活的勇氣和信心，也會加重自己成功的機會。因為她的吟吟笑容就是她傳遞善意的信使，她的笑容可以讓所有人看到她的誠意，並樂意與她交流。

＊　　　　＊　　　　＊　　　　＊

　　詩韻的皮膚黝黑，身材微胖，可以說長得實在有點抱歉。但是她開的奶茶店生意卻出奇地好。她的金字招牌就是微笑，隨時隨地那發在內心的微笑，讓勞累的顧客放鬆，卸下他們一天的疲勞，使失意的人重拾對生活的信心，使成功的人更覺生活的美好。開心果似的女人誰能排斥呢？詩韻大方有禮，開朗活潑，笑聲如銅鈴般清脆，感染了顧客，征服了所有的人。真應了那句古話：「笑口常常開，財源滾滾來。」微笑還使她擁有很多朋友，無論生活中、生意中，還是虛擬的網路上。

有一位男網友慕名而來，果然網路上古靈精怪的詩韻現實中也同樣熱情洋溢，他成了奶茶店的忠實顧客。他對詩韻說：「我每天來妳這奶茶店坐坐，就是喜歡看妳笑！」、「網路上視頻上的微笑迷人，但是現場版的微笑更嬌羞！」

　　可見，微笑在社交中發揮的作用超乎想像。據說世界上最偉大的推銷員在剛入行的時候，每天都會在清早洗漱時，花兩三分鐘時間，對著鏡子訓練微笑，甚至將之視為每天的例行工作。

　　很多女藝人在她們的唱片公司培訓得最多的也是微笑，而不是舞技和唱功。可見造星公司深諳微笑的商業之道。公司要求女藝人不管遇到什麼情況，都要在一秒鐘內恢復笑臉，她們必須全天候保持微笑。皇天不負有心人，她們臉上的甜美微笑為她們贏得了忠實的歌迷，改變了她們先前暗淡的命運，也為自己贏得了巨額的財富，更為她們帶來了巨大的成功。

　　所以，女孩，請學會微笑吧！向所有的一切微笑。

　　一位智者對憂鬱者曾經說過這樣的話：「第一次對人微笑，不需要任何理由」、「以後，微笑的理由會按它自己的理由來找妳」微笑就像一個充滿魔力的魔法棒，它能在生活的湖泊中點起一圈圈的漣漪，使生活充滿源自於生命深處的美感。

　　微笑是人際交流的「潤滑劑」，愛情的「催化劑」，家庭的「凝聚力」，也是治癒委靡不振的「良方」。

　　古時候有一位巡撫患病多年，一直被病魔纏身，所以他從來就沒有笑過。他辦案路經一小村莊，聽人說有一位老中醫，醫術精湛，能妙手回春。所以　向性格抑鬱沉悶的巡撫大人就去拜訪了這位老中醫。老中醫什麼話都沒說，就寫了張單子拂袖謝客了。巡撫回去攤開單子，狂笑不止。最終連連罵道：「庸醫，真是庸醫。」之後他每次心情不好時，就會想到這個老中醫的單子，抑鬱的病情也一天天減輕了。大家知道那單子上寫的是什麼嗎？只有四個字：「月經失調。」

美國心理學家保羅‧艾克曼研究得出，悲哀能使人心率變慢、體溫下降，而微笑卻能使人心率加快、體溫上升……鬱鬱寡歡、空虛緊張、委靡不振的情緒，透過微笑都能得到化解。所以，老中醫真是巡撫大人口中的「庸醫」嗎？非也。老中醫就是要讓巡撫大人多笑，笑一笑，病情就會減輕，身體各功能就能調節好，可見老中醫的用心良苦和高尚的醫德。

那麼，女孩，妳願意微笑嗎？試試看，它可能會改變妳的整個生活。

精通各種禮儀

生活裡最重要的是禮貌，它比最高智慧，比一切學識都重要。── 赫爾岑

禮貌是兒童與青年所應該特別小心地養成習慣的第一件大事。── 約翰‧洛克

禮貌使有禮貌的人喜悅，也使那些受到人家禮貌相待的人們喜悅。──孟德斯鳩

我們都想成為最受歡迎的人，我們都想擁有一種讓我們脫穎而出的競爭力，那麼，女孩，學點「禮儀」，做職場上的「禮儀」俏佳人吧！因為良好的禮儀修養是女人美麗、優雅的呈現。

禮儀，是一種行為規範。「禮」，指的是尊重，即在人際交流中既要尊重自己，也要尊重別人。這是待人接物最基本的要求。「儀」，指的是儀式，即尊重自己、尊重別人的表現形式。兩字合二為一，就是人尊重自己、尊重別人的表現形式，即以最恰當的方式表達對他人的尊重。更進一步講，就是一種人際交流的藝術。它是人在社會交際過程中表現的溝通技巧和展現的良好形象和自我修養，在現代的社會生活與工作交流中起著越來越重要的作用。所以，無論何時何地，我們都要以最恰當的方式去待人接物。

　　禮儀，其內容十分豐富，包括禮貌、禮節和儀容、儀態美兩個部分。比如儀表整潔大方，待人有禮貌，談吐文雅，舉止端莊，服飾得體，尊重他人等。總之，只有自己儀態舉止合乎文明禮儀，才能使人樂於與妳交往，人與人之間的關係才會融洽。任何一種人際關係之所以能夠維持，其重點都是雙方在心理上能夠得到滿足。讓對方感到一種被尊重感，取得一種心理愉悅，自然能夠為打造良好的人際關係鋪平道路。

＊　　　＊　　　＊　　　＊

　　在公司附近的一條街上，有很多家餐廳，但是紫娟和曉鈴會經常光顧一家小速食店。同事們不明白為什麼她們兩人會經常光顧那家速食店，因為每天都是那十道菜，同事們早就吃膩了，難道就是因為速食店老闆是個23歲的酷似林志穎的帥哥嗎？紫娟向眾人解開了謎團。她說：「這個店老闆每次都雙手遞給我們他要找的零錢，還雙手遞給我們餐巾紙。曉鈴只要打個噴嚏，他就會馬上遞上紙巾。什麼時候都是微笑的，語氣輕柔，讓人感覺很舒服，很有被尊重的感覺。」

　　是啊，這個店老闆就是注重禮儀的典範。小小年紀就這麼深諳禮儀之道，如果在國外，或者在高級場所，紫娟估計還要給小費呢！

　　禮儀就像一座橋梁或一條紐帶，使彼此間的陌生感和距離感瞬間消失，在這裡，禮儀就起了溝通的作用。禮儀的不同形式就是各種「溝通語言」，它比一般的溝通語言更顯得高雅、含蓄，更能讓人接受。

＊　　　＊　　　＊　　　＊

　　侯佩岑擁有「臺灣第一美女主播」稱號，她不僅美麗、優秀、出色，還是個有教養、內涵，深諳禮儀之道的女人。在一次訪談節目中，她身著白色洋裝、銀色高跟鞋坐在嘉賓位置上，她的腰桿筆挺端正，笑著面向數家電視臺架起的攝像機。主持人拋來一個個問題，她幾乎都是對答如流，脫口而

出。柔柔的句句珠機使人覺得舒服，也不會有生分的感覺，反而覺得她很有親和力。對於現場熱心觀眾送來的飾物、食品、自製相框等禮物，她都一一鞠躬答謝，還熱情擁抱上臺來的觀眾。對娛樂記者拋出的「私人話題」，她也沒有顯露尷尬之態，也沒有說國際通用的「無可奉告」，而是用簡單的話語非常誠懇地有問必答。她時時刻刻保持她的風度。她的一舉一動充分彰顯著她的魅力，直到節目結束，臉上都是明亮的笑容。難怪她有這麼好的人緣和成千上萬的支持者。

她對禮儀的充分領悟令她看上去文雅動人，富有親和力；她的禮貌，她的大度，她的智慧給人留下了深刻的印象。

作為一個有理想、有追求的二十幾歲現代女性，若想魅力四射，就要熟知各種禮儀，如社交中的風度與儀態，包括坐、站、行、衣、吃、舞和談話等社交禮儀，精通各種禮儀可以為女人的成功交際打下良好的基礎。同時也是自我修養的美好呈現。所以，女孩，學學交際禮儀和職場禮儀吧，這會使妳的事業得到長足的發展，也會使妳的魅力無限地展現。

好口才決定妳的未來

> 長得漂亮，也要說得漂亮。

社交中，什麼樣的女性最受歡迎？職場中，哪些女性人見人愛？是漂亮的女性嗎？是性感風情的女性嗎？這些都不對，是舌燦蓮花、言談中閃著智慧光芒的聰明女性。

好口才助妳成功。這些聰明的女性深諳語言藝術在社會交際中的重要性。美國人類行為科學研究者指出：「說話的能力是成名的捷徑。它能使人顯赫，令人鶴立雞群。能言善辯的人，往往使人尊敬，受人愛戴，得人擁

護。它使一個人的才學充分拓展，熠熠生輝，事半功倍，業績卓著。」他甚至斷言：「發生在成功人物身上的奇蹟，一半是由口才創造的。」美國著名的政治家、外交家富蘭克林也說過：「說話和事業的進步有很大的關係。」無數事實證明，說話水準是事業成功的重要因素之一，口語表達的好壞會影響到事業的成敗。

女性要想在交際、職場中占據優勢，好口才是一大武器。好口才是什麼？是得心應口的說話水準，是抓住時機，抓住對方心理的談吐，這樣就能夠引起別人的興趣，吸引他們的注意力，並自然地使他們聚集到妳的周圍。

*　　　*　　　*　　　*

美國女記者芭芭拉‧華特斯奉命採訪美國航空業界巨頭亞里士多德‧歐納西斯，但是他一直都在與同行們熱烈討論貨運價格、航線、新的空運構想等問題，芭芭拉始終插不上一句話。再這樣下去，芭芭拉今天的採訪任務就不能完成了。一上午就這樣過去了，芭芭拉沒有提一個問題。在共進午餐時，芭芭拉靈機一動，趁大家談論業務的短暫間隙，趕緊高聲提問：「歐納西斯先生，您不僅在海運方面，甚至在其他工業方面都取得了偉大的成就，這是令人震驚的。請問您當初的志向就是航空業嗎？能講講您公司創辦之初的事情嗎？」這個話題撥動了歐納西斯的心弦，使他撇開其他人，同芭芭拉單獨侃侃而談起來。可以想像，下午的時間就被芭芭拉爭取到了。她不僅漂亮完成了自己的採訪任務，還現場分享了成功人士的閱歷和寶貴經驗。

這位女記者善於運用語言的藝術，她先是很得體地讚美了對方在海運及工業方面取得的偉大成就，使對方的榮譽感和自豪感得到了很大的滿足，而後又拋出了很容易親近別人的「私密問題」，繁忙的成功者正好借機回顧了自己或辛酸或溫暖的早期奮鬥生活。

在職場上，得心應口，可以讓妳輕鬆應對諸多瑣事，贏得老闆依賴、同

事敬佩。在談判桌上，舌燦蓮花，可以讓妳輕鬆獲勝，巾幗不讓鬚眉。在情場上字字珠璣，可以讓妳魅力四射，占得先機，也能贏得戀人的尊重和欣賞。在家庭生活中，妳能言善道，智慧過人，就能相夫教子，闔家歡樂，其樂也融融。在朋友中，金口玉言，為朋友們排憂解難，使他們茅塞頓開或者一時快慰，妳就會收獲很多朋友，很多思想交流，也抬高了自己的身分，成為眾人矚目的核心人物。就連那些知識水準不高的女性也往往因為能說會道而贏得不少人的信賴和歡迎。能說會道能使妳在與親朋好友聚會時成為中心人物，因為妳的談話使他們開心，使他們受益匪淺。

所以，女孩，要改進自己的口才，錘煉自己的語言藝術。讓我們立志做舌綻蓮花的女人吧，談吐自如，妙語連珠，在談笑風生中盡展我們的風采和魅力。這與每個女性的出身、成長環境和閱歷沒有多大的關係。有句話說得好：「沒有醜女人，只有懶女人。」同樣的，這個世界上沒有不會說話的女人，只有不願意「修練」口才的女人。會說話，將令女人一天比一天生活得更自信、更精彩。

我們可以多閱讀些關於口才的文章書籍，也要鍛鍊自己在人多場合的「賣弄」的膽量，把每一次與別人說話都當成演講和辯論吧！要給別人一杯水，妳自身的杯子首先要滿，很可能妳需要十杯水儲量才能給別人一杯的啟發。所以，多學習，多累積資源，多鼓勵自己，多與人分享，妳的說話水準會如魔法般增進的。妳的前程建立在妳的嘴上，妳的幸福也建立在妳的嘴上，好口才會將妳帶入一個嶄新的世界。

讚美是一種人情投資

> 要改變人而不冒犯或引起反感，那麼，請稱讚他們最微小的進步，並稱讚
> 每個進步。—— 卡內基

人都喜歡聽好話、順耳的話，女性更是把聽好話、耳朵軟演繹到了極致，不僅戀愛中的女人，一般的女人也是如此。女人是聽覺動物，她們的聽覺異常敏銳，愛聽甜言蜜語、海誓山盟，這是女人的軟肋。文學天才馬克·吐溫也說過：「只要一句讚美的話，我就可以充實地活上兩個月。」可見喜歡聽好話、愛受讚美是人的天性。

每個人都會因來自社會或他人得體的讚美，而感到自尊心和榮譽感得到滿足。當我們聽到別人對自己的讚賞，並感到愉悅和鼓舞時，不免會對說話者產生親切感，從而使彼此之間的心理距離縮短、靠近。讚美的話猶如一滴露珠滾入了別人薔薇花蕊般震顫的心房。己之所欲，不妨施於人。所以，聰明女人要學會像男人那樣用甜言蜜語「哄」別人，用甜言蜜語打動別人，用蜜語甜言贏得別人的心。

*　　　*　　　*　　　*

1960 年法國前總統戴高樂訪問美國，尼克森為他舉行宴會。這可把尼克森夫人忙壞了。她絞盡腦汁地想給戴高樂留下一個好的印象，最後費了很多心思布置了一個美觀的鮮花站臺：在一張馬蹄形的桌子中央，鮮豔奪目的熱帶鮮花襯托著一個精緻的噴泉。精明心細的戴高樂將軍一眼就看出這是女主人為了歡迎他而精心設計製作的，不禁脫口稱讚道：「夫人布置的噴泉真漂亮，讓夫人費心了。」尼克森夫人聽了，十分高興。事後，她說：「大多數來訪的大人物要不是沒有注意到，不然就是不屑為此向女主人道謝，而他

總是樂於表達自己的謝意和講到別人。」並且，在以後的政治歲月中，不論美法兩國之間發生什麼事，尼克森夫人始終對戴高樂將軍保持著非常好的印象。

可見，一句簡單的讚美他人的話，會帶來多麼大的反響。

在美國商界中，年薪最早超過 100 萬美元的管理者叫查爾斯。他 38 歲被安德魯・卡內基選拔為新組建的美國鋼鐵公司的第一任總裁。他說，在鋼鐵是如何製造上，他手下的許多人都比他懂得多。但是，「我有自己獨特的能力，即我有那些能夠鼓舞員工的能力，這是我擁有的最大的資產，而能夠讓一個人發揮出最大能力的方法就是鼓勵和讚美。」

記住：只要是人，無不希望得到別人的讚美與重視，沒有人會喜歡受到指責和批評。讚美是一種美德，它如同微笑，都是不需要付出很多的代價和力氣，就能讓人感到舒服和享受的。它給一種精神上的支持和力量，讓絕望失意的人重新鼓起勇氣，克服困難，建立自信心。一句讚美的話勝過一劑良藥，不僅能給對方帶來好運，而且可以使自己心情舒暢。

人世間最需要的是讚美，但人世間最缺乏的也是讚美。很多年輕女孩想到最多的都是自己，而忽視了別人，或者只看到自己的優秀，而對別人的優點和進步「視而不見，聽而不聞」。這種女孩是不會收獲到良好的人緣的。

讚美是只需動動嘴巴的最便宜的人情投資，它投入少、報酬高，是一種非常符合經濟原則的行為方式。任何人身上都可能擁有妳所欣賞的人格特質。瑪格麗特・亨格佛曾經說過：「美存在於觀看者的眼中。」

對上司進行讚美，上司會更加賞識與重用妳；對同事進行讚美，能夠聯絡感情，使彼此愉快地合作；對下屬進行讚美，能贏得下屬的忠誠，激發他們的工作積極性和創新精神；對商業夥伴進行讚美，能贏得更多的合作機會，賺得更多的利益；對男友或丈夫進行讚美，能使兩人更加甜蜜；對朋友進行讚美，能贏得崇高的友誼。

讚美別人也要有技巧，有水準，講時機，這樣既得體恰當，又能讓人信服。比如，妳讚美一個托福滿分的人說：「妳的英語水準太高了，比我剛上高中的弟弟強多了。他到現在發音還不準呢？這無疑會讓對方哭笑不得。」如果對方的新衣服已經穿了兩週了，妳再去誇獎，會讓對方感到妳讚美得很做作，還有種被忽視的感覺。另外在背後讚美別人，比當面讚美別人會收到更奇妙的效果。因為好話會借著風，一路傳到當事人的耳朵裡，這樣當事人會覺得妳是真心誠意讚美他的。這樣一來妳既博得了他的好感，也贏得了大家的信賴。

＊　　　＊　　　＊　　　＊

寶玉有一次對史湘雲與薛寶釵生氣。原因是兩人勸他做官為宦，賈寶玉聽到這話就頭大，大為反感，便大嚷著對她們說：「如果林妹妹也像妳們說這些混帳話，我就和她生分了。林妹妹在我面前從來沒有說過這話。」

這時，黛玉湊巧來到窗外，無意中聽見賈寶玉說了自己的好話，不禁又驚且喜，又悲且嘆。原來寶玉一直把自己當作知己，從此後，兩人感情大增。

如果寶玉當黛玉的面這麼說，小性子、愛猜疑的林黛玉可能就認為寶玉是在打趣她或想討好她。所以背後多說人好話，是妳與那個人關係融洽的最有效的方法。如果有人在背後說妳是人才，是位很熱心的人，相信妳也會很感動的。

讚美昰一種氣度，一種胸懷，一份理解，一份關懷，更是　種智慧和境界。讚美讓我們平凡的生活變得更美麗，更有滋味，所以，女孩，學會讚美別人吧！這樣自己的世界也會變得魅力無限。

善意的謊言

> 有時人們也痛恨阿諛奉承，但只是痛恨阿諛奉承的方式而已。── 拉羅什富科
>
> 最成功的說謊者是那些使最少量的謊言發揮最大的作用的人 ── 塞繆爾‧巴特勒

從小到大，我們的父母、老師都教導我們：「說謊是不對的，說謊的孩子不是好孩子。」而別人說謊，尤其是對自己撒謊，我們會懷疑這個人的品質。但是，誠如一位作家所說的：「我們幾乎在會說話的同時，就學會了撒謊。」美國麻省理工大學的心理學家更是做研究後，得出結論：「每人平均每日最少說謊 25 次。」我們會發現，謊言根本不可能杜絕，好像還無處不在。大獲好評的電影《無間道》就是由一個又一個的謊言串連而成的。「謊言」其實是人類天生就會使用的一種手段。有些人說謊，是為了掩蓋某種真相，欺騙別人，保護自己；有些人說謊，是為了得到一些好處。但是，只要謊言說得得當、得體，它就能被我們所利用，而不涉及到道德，也會被人欣然接受，這時，謊言就變成了我們的一種「處事方法」。它能幫助我們親近別人，籠絡人心，鼓舞人心，擺脫掉一些較為瑣碎麻煩的事。這就是巧用謊言得到的正面的結果。所以，從某種意義上講，說謊，成了在競爭和淘汰都非常激烈的社會裡人們交流與溝通的一種生活必需。

我們都會碰到這樣的情況：別人買了新衣服，拿來向妳炫耀，讓妳猜衣服的價錢。這時聰明的我們都會故意說高它的價值，這樣別人就會覺得物超所值，喜笑顏開；而猜測別人的年齡時，我們會乖巧地故意減幾歲，這樣就是說別人比實際年齡年輕，這樣別人就會開心，從而也喜歡妳，拉近妳們之間的距離。其實這就是「遇物增值，遇人減歲」的說話絕招，這絕招在生活

中可以說屢試不爽。妳覺得自己這樣說，是虛偽的表現嗎？其實，這不是虛偽，而是尊重，符合人類的心理需求。

朋友新燙了頭髮，喜滋滋地來找妳，妳看了她的爆炸式髮型，還誇張地挑染了幾縷頭髮，妳看了說自己心臟承受力有限，這不是討打的話嗎？

如果是同事新染了髮，一向對色彩學頗有研究的妳一眼就看出她的髮色與她的膚色不符。但這時妳不妨誇幾句「不錯啊，改頭換面，氣象更新啊」就過去了，何必說實話，讓同事不高興呢？下次她再染髮時，妳可以建議更符合她膚色的顏色就行了。當面說「逆向的話」，別人會受不了，即便是自己親近的人，也要注意說話的語氣和方式。這些都是無傷大雅、善意的謊言，這樣妳們的關係才能更緊密。

有人將謊言分為兩種：黑色謊言與白色謊言。黑色謊言是面目猙獰的充滿欺騙、狡詐的謊言。這種謊言，我們不能說，我們也堅決抵制、唾棄這樣的謊言傳播者。白色謊言是在不傷害對方，為使事情控制在一定範圍和一定程度的前提下，來說的一些不含惡意的謊言。它是一種職場常用的手段和一種處事方法，它有時也是處理上下級關係的潤滑劑。只是在運用這一手段時，要注意尺度，更不要違背行業的商業規則和個人的職業道德規範。白色謊言多是善意的沒有虛偽成分的謊言。它是人際關係的潤滑劑。

在人際交流中，類似這樣的「白色謊言」是不可少的。白色謊言主要可分為四種：

1. 善意的謊言。就像醫生對患絕症病人的臨終關懷，戀人之間的相互誇獎一樣，這些都是善意的謊言。善意的謊言用在職場上，就是說些無傷大雅的讓別人聽著舒服的好話，增強自己的親切感，讓自己有一個好的人緣。

2. 應急的謊言。人在職場是非多，有時候我們不想捲進派系的明爭暗鬥中，也不想惹是生非，最好的應對策略就是裝傻，因為不管什麼時候，

裝傻總是最不易犯錯。比如上司問早退的同事去哪裡了，妳隨口說個「可能去洗手間了吧」就行了，沒有必要做老實交代的人，暴露同事的行蹤。別人向妳打探什麼事，涉及到別人的隱私或者評判管理層時，這時妳都可以回答自己不知道，讓很多謠言到妳這裡就止步，一笑了之就行了。畢竟學點真本事，累積足夠的經驗才是我們更應該關心的事。

3. 調侃的謊言。同事之間閒暇的時候，可以相互打趣、消遣對方，博得大家一樂就行了。因為誰都不會當真，這些調侃性質的謊言就是取樂而已，讓我們有一個歡樂的工作氛圍不好嗎？

4. 社交的謊言。25 歲的郝蓮娜在社交中經常顯露自己懂得很多。比如別人談到《菊與刀》，她就會馬上說自己對這本書也很有研究。然後就要求下次再詳聊這本書。其實，她還沒有看過這本書。接著她就會惡補這本書，等下次見面的時候，就能現學現賣了。社交中類似郝蓮娜的人還有很多。這種謊言其實並沒有很丟人，或者多麼不可饒恕。目的就是為了多結交朋友，多亮出自己的閃光點，擴大自己的朋友圈。只要能自圓其說，能下的了臺就行了。

但是，說白色謊言，還是要看對象，對那些愛猜疑的人還是盡量少說吧！他們會為妳貼上說謊話的標籤，而不考慮妳說話的動機。他們不知道妳的謊話是以成人之美、避人之嫌、寬人之心、利人之事為目的的。

最後，「謊話」的設計應該是自然可信的，任何造作和誇大其詞，都會引起聽者的懷疑和反感。使用頻率不要太高，更不能混合使用。否則，別人會認為妳是個虛偽的女人，即使是以利他為目的的那份情意，也將付諸東流。所以，白色謊言雖然無汙染，但也要慎而用之。

投其所好，打開對方的「話匣子」

> 打動人心的最佳方式，是跟他談論他最感興趣的、最喜愛的事物，即投其
> 所好。若這樣做了，勝利和成功就會光顧妳，「說別人喜歡聽的話，雙方
> 都會有收穫。」

　　從我們告別學校，我們就正式登上了社會這個大舞臺。我們的人生也發生了重要轉變，我們由象牙塔裡的校園人開始轉變為社會人。這種轉變是一個不斷學習、適應的過程，與破繭成蝶的艱難蛻變過程一樣，充滿著艱辛與無奈。因為社會要求我們馬上成為「熟手」，但社會給我們培訓、適應的時間不會多長，只要我們稍微掉以輕心，就可能會被判出局。這就是成人或者社會人世界的殘缺和殘酷。在與自己截然不同的人打交道的過程中，我們必須把自己心態歸零，我們必須「有意」打入別人內部，主動出擊，成為別人的「自己人」，我們的職場之路才能走得穩定，我們的事業才能一帆風順。

　　那麼怎麼打入別人內部，成為別人的「自己人」呢？在日常生活中，我們會遇到不同個性的人，有的人容易溝通，有的人就很「帶刺」，難以靠近，這類人：看上去或嚴肅，或內向，或不苟言笑，讓人不願意親近，只能敬而遠之。而這些人，可能是一個受人尊敬的長者；或許只是一個萍水相逢的陌生人；但也很可能就是與妳朝夕相伴的同事、上司；或者就是妳的上帝 —— 客戶……這時，為了我們的工作，我們必須接近這類人，我們要怎麼成為這些人的「自己人」呢？投其所好往往是重中之重。

　　所謂投其所好，就是從對方的興趣點、從對方關愛的對象出發，以這一點為契機，打開話匣子，從而為後面的談話開個好頭，為工作鋪平道路。

星期三　懂人情世故，事業一帆風順

＊　　　＊　　　＊　　　＊

　　阿雅在學校裡，是個很開朗很陽光的女孩，但是步入社會後，她變得憂鬱起來。她向朋友抱怨，覺得與同事或者客戶沒話聊，因為他們談的內容不是孩子教育、結婚買房之類，就是男人的話題，諸如時政、汽車、數位產品、體育賽事等。阿雅很難融入同事的圈子裡，忙碌的同事或者有自己圈子的同事們也不願意多與這個小女孩聊天，所以阿雅工作起來，也不順風順水。可以想像阿雅在公司的處境艱難。

　　而一起去的另外一個女孩篠蝶就是截然不同的風格，她知道怎麼去跟同事「打好關係」，她的戰術除了手腳勤快點、嘴巴甜外，還有一個百發百中的招數，就是投其所好，各個擊破。

＊　　　＊　　　＊　　　＊

　　會計是個上了年紀的中年女人。據公司其他同事講，這個會計在離婚後，性情大變，很少笑，對工作很苛刻。每次去她那裡結算薪水、報銷帳目，都能感到她冷漠的臉上的寒意。手續差一個，她就會不受理。總之，同事所描繪的會計簡直就是滅絕師太的翻版。但篠蝶有辦法，她打聽到這個會計張小姐與她的兒子相依為命，兒子馬上要升高中了。得到這個資訊後，篠蝶臉上就有了勝利在望的笑意。

　　她去報銷買電腦、書籍、辦公用品的費用的時候，也不再像其他同事那樣戰戰兢兢、速戰速決，她仔細打量了近 40 歲的會計，發覺她人也蠻漂亮的，就是多了歲月的風霜，她不覺脫口而出：「張姐長得真漂亮啊！」因為從沒有人這樣直白誇讚過她，所以，張姐皺了皺眉頭。篠蝶又說：「聽說妳兒子上國中，成績好嗎？」張姐知道這種私事就像不透風的牆，同事知道也無所謂。但是眉頭舒展了幾分，說「我兒子要升高中了，就是不愛學習，英語可差了。」談起了自己唯一的兒子，張會計就話多了起來，「國文也不好，

給他買了很多作文書，也不看，還報了很多補習班，都沒有多大用處，現在的孩子真難管啊！就知道整天玩電腦。」篠蝶曾是她們補習班的指考榜首，就自動請纓，自己願意輔導她兒子。張姐聽了喜上眉梢。她還握住了篠蝶的手，這就是同性間表示親密的方式。篠蝶的「投其所好」策略初戰告捷。其他同事們也對篠蝶刮目相看。因為篠蝶的熱心和「會看眼色」，她征服了公司的大多同事，工作起來自然暢通無阻。

*　　　*　　　*　　　*

　　其實，那些表面上令人望而生畏或者冷漠的人，並非妳想像中的那麼難以親近。只要我們用心，關心他們，留意他們的興趣愛好，就一定能找到一個不錯的話題。

　　當然，投其所好絕不等同於溜鬚拍馬。投其所好是為了找到一個說話的開端，拉近彼此的距離，而不是出於某種目的說著違心的話去奉承對方。

　　所以，在平時的閒暇時間裡，我們不妨多充充電，拓展我們的知識面。無論別人提起什麼，我們都能接得上話。不要小看平日裡那一點一滴的累積，關鍵時刻往往能助妳一臂之力。如果妳確實對對方的「所好」一竅不通，也沒有關係，只需一句「妳對這個很有研究吧？」接下來，豎起妳的耳朵，仔細傾聽就就足夠了，不要不懂裝懂，否則弄巧成拙，就會讓別人取笑了。

謹言慎行，勿做職場「大嘴巴」

> 一個機敏謹慎的人，一定會交一個好運 —— 培根
>
> 讓女人保守祕密非常難！—— 莎士比亞

蘿絲在深林深處，發現了一隻變色龍，那隻變色龍很友好、很可愛，牠主動與美麗的蘿絲搭訕。「女孩，妳想生活得幸福嗎？」變色龍閃著俏皮的大眼睛饒有興趣地看著蘿絲，又繼續說：「當我下定決心選擇了一個方向時，我從來不會再轉回來。在我看來，妳在生活中應該有一個明確的目標，並且當妳在朝著那些重要的目標前進時，什麼也不應該讓妳回頭。」

「當我好奇我的四周時，我只轉動我的眼睛，而非我的腦袋。我認為，妳應該了解妳所處的環境，用心地去觀察它，適應它，不要著急，也不要恐慌。妳要明白，妳可不是獨自一個人站在那片土地上。」

「我每到一個地方，就會換上和那個地方相同的顏色。因為我覺得，我們應當學會融入到我們所處的環境中去，即使有些事情在妳看來顯得幼稚可笑。這是一個關於寬容和生存法則的問題。面對環境或者困境，我們只有兩種處理辦法：改變它或者融入其中，顯然我們只能融入其中。」

「當我抬起腳要走路時，我必須首先確認要踩下去的地方是最好的落腳點。我相信，只要我們走路時保持謹慎，就能避免很多麻煩。」

「在我改變位置時，我總是讓我的尾巴纏繞在某些牢固的東西上，這樣就能確保自己的安全。我以為，循序漸進可以幫助妳順利地到達目的地。」

＊　　　＊　　　＊　　　＊

變色龍無疑是可愛的，並充滿了人生的智慧，牠的一番話教會了我們很多職場生存的智慧，但是有一點是很重要的，「我們走路時要保持謹慎」，

謹言慎行，勿做職場「大嘴巴」

即我們在職場中要謹言慎行，這樣才能融入所處的環境中，從而為自己塗上一層「保護色」。

女孩，我們只需管好我們自己的「大嘴巴」就行了。這是最容易的事，我們就從最容易做的事開始就行了。

身在職場的妳，經常或無意或有意的會耳聞公司的「八卦」，諸如公司某個職位的變動，競爭對手的某個新措施……這些「機密」情報，往往就在某個人的「大嘴巴」下或有意或不經意被爆料了。這些「免費」情報，尚還可以傳播，但是有些涉及到私人隱私，諸如某同事年齡、個人不幸等，或者對上司的評價、公司管理層的點評、對公司制度的合理度質疑等，這些都是我們需要三緘其口的。在紛繁複雜的職場生涯中，妳可以不聰明，但不可以不小心。不聰明的人，最多笨拙一些，事情做的差一些。這在職場上，不算很大的罪過。但不小心、不謹言慎行就隨時會觸犯到別人的利益，這是一個職場大忌。到那時，被人暗中使壞報復，我們都不曉得是被何人整的、為什麼被整的？所以，管牢自己的大嘴巴，多說些無關痛癢的事情，少議論同事，能說人好話時就別說壞話。這才是職場的生存之道。

也別聰明地自以為是，認為妳私下「大嘴巴」說的話老闆就聽不到。老闆能知道一切，這是真理。在職場上，只要妳不是一個人自言自語，就應該擔心談話對象會把話傳出去。到時候別人添油加醋，妳就遭殃了。所以在與人說話時，妳要好好想想，什麼該說，什麼不該說。不該說的絕對不說，可說可不說的盡量閉嘴。

偶爾與老闆交心是必要的，但是要有的放矢。多談工作上的事，少議論是與非。此外當別人問起一些緊要問題時，裝傻，顧左右而言它，不愧為一種很高明的生存術。

金庸也曾經說過，他年邁耳背後，該聽見的話就能聽見，不該聽見的話就聽不見。當公司存在派系之爭時，會有人要妳當面表態選邊站，要妳選擇事情

的方向，不管妳怎麼選都是錯的。那麼裝傻就是最好的選擇，這是沒選擇時最不易犯錯的方法。即使每個人都看出妳在裝傻，但他們依舊拿妳沒辦法。

在處理同事關係時，講心裡話也要把握一定的度，不要和同事關係過於疏遠，也不要過於親近。與同事關係處理得好，我們工作起來不至於那麼累，也能有愉快的工作氛圍，但是都要有一定的度，畢竟出了公司的大門，與同事的交集不會那麼多，忙碌的人們都有自己的圈子。所以，女孩，要習慣做一個中性的職場人，不要太天真和太幼稚，多做點有用功，多沉澱下自己，才是自己真正應該時刻關注的事。

吃小虧占大便宜

> 吃虧是福，占便宜是禍。—— 淨空法師
> 與人共事，要學吃虧。—— 左宗棠

占便宜是人的天性，只是不同的人占便宜的程度不同罷了。精明的商家就深諳吃小虧占大便宜的心理策略。商場、超市、大賣場逢年過節，或者不過節也要時不時做促銷優惠、打折活動，買 100 減 20，或持會員卡打 85 折，積點數換獎品，先品嚐後購買……這些都是商家在摸透人都有占便宜的心理後做出的舉措。很多家庭嚐了幾粒花生，就買了幾斤的花生；喝了一小杯優酪乳，就買了 1 箱的優酪乳；還有的顧客拚命地購物，就是為了積足夠多的點數去兌換某個獎品；或是舉行「再來一瓶」的活動，讓顧客拚命地去買他們的飲料；總之，商家會使出渾身解數，引誘、激發顧客的「占便宜」心理，從而達到自己賺錢盈利的目的。商家吃一點點「小虧」，就能使自己的營業額直線上升，可謂是吃小虧占大便宜的典範。

在人際交流中，我們也可以利用這個深層的人性，適當吃點小虧，比如

買點零食類的食物與同事分享,或者請同事喝茶或者咖啡,凡事大方一點就能打開對方的心門。據說章子怡在休息的時候,常常會把零食拿給其他演員和記者,還會素顏與人聊天等,這些她做得很自然。大牌明星也懂得做人的技巧,看來一個人被捧,不是沒來由的。所以,我們不要小氣了,滿足別人的占便宜心理,就能打好與他們的關係,從而有好的人緣。這樣妳在辦事的時候也能順利一點。畢竟拿人手短,吃人嘴軟。他們會在有好處可撈的時候,叫上妳,或者在妳有所求的時候,助妳一臂之力,或是放妳一馬。這也是屢試不鮮的交際法則。

✳   ✳   ✳   ✳

依晨是可愛的女孩,她新到一間報社工作。因為該報社很少徵人,所以她的同事人多都是 35 歲上的「老」同事。這些同事都是有老公有孩子的人,所以難免在審美觀念或處事上與 23 歲的依晨不同。

週末,一位同事約依晨一起去買衣服。依晨覺得正是打入同事圈子的時機,就很高興地應約了。可以想像的是,老同事的眼光很「土」,她作為職場上的老員工,一邊向依晨傳授工作的小技巧,一邊自作主張地以對待自己孩子的方式為依晨挑選衣服。當然挑的都是顏色老舊的衣服。她的理由是:穿深綠色裙子大方,而且很襯依晨白皙的皮膚。但是依晨喜歡穿亮色的衣服,雖然嘴裡不高興,但還是不想拂逆了同事的好意,就買了下來。隨後這件裙子在報社就亮過一次相,就被依晨束之高閣。但是在那以後,依晨很乖巧聽話的形象就在同事間傳開了。依晨也會買很多東西「獻媚」一下她們,這樣同事們都願意跟依晨說話,也都願意在工作上給予她指點,這樣一來在勾心鬥角的報社,依晨就穩穩地站住了腳。當試用期快結束的時候,上司向老同事們打探依晨的工作能力時,同事們當然都說好話了。而另一個女孩就沒有這麼好的運氣了,她工作能力不錯,但是與同事互動很少,而且性格很

「直」，也沒有依晨的「吃小虧占大便宜」心理，這樣在辦公室裡，就不討人喜歡了。所以，同事們給她的評語就可想而知了，結局也就可想而知了。

＊　　　＊　　　＊　　　＊

現在的社會懂得「人情世故」很重要，能力是其次的事情。只有會做人，才能使妳的能力得到最大程度的發揮，不會做人，妳的能力也很難展現。所以，不要在乎一時的「吃小虧」，要知道吃小虧能換回很多，換回別人的笑臉，換回別人對我們的幫助，換回別人的高抬貴手，還能在適當時候幫助我們躲過職場上的風雨。

所以，吃一點點的小虧，賺黃金般的大便宜是存在的事情。吃虧也是福，不僅可以磨練我們做事的能力和耐力，還能比別人多掌握點知識，比別人取得更大、更快的進步，這些都是無形資產，是用錢買不到的東西。

當然生活中，還會有些吃虧的事情，是我們無法抗拒的，與其生氣，不如愉快地接下來，因為從長遠的眼光看，對日後的我們說不定都會有巨大的幫助。

機會屬於性格好的人

人際關係最重要的，莫過於真誠，而且要出自內心的真誠。真誠在社會上是無往不利的一把劍，走到哪裡都應該帶著它。── 三毛

一個人的性格決定他的機遇。如果妳喜歡保持妳的性格，那麼，妳就無權拒絕妳的際遇。── 羅曼·羅蘭

哈佛大學請世界巨富巴菲特和蓋茲演講，學生問道：「你們為什麼比上帝還富有？」巴菲特說：「這個問題非常簡單，原因不在智商。為什麼聰明人會做一些阻礙自己發揮全部工作效率的事情呢？原因在於習慣、性格和脾

氣。」蓋茲對巴菲特的說法表示贊同。

尼克森說：「對一個人來說，真正重要不是他的背景、他的膚色、他的種族或是他的宗教信仰，而是他的性格。」他的話簡捷明瞭，且意味深長。

一次，投資銀行的一代宗師 —— 摩根舉辦金融知識講座，哈佛大學的一位學生問他決定他成功的條件是什麼？他毫不猶豫地說是性格。學生又問摩根資本和資金何者更為重要？他說資本比資金重要，但最重要的是性格。

性格是我們取得成功的核心因素。性格決定命運，性格成就一切。我們會發現，我們過去的所有經歷，無論是失敗還是成功，都與我們的性格有關。性格決定了我們的行為，我們的行為又決定了我們的人生。我們的性格如果堅韌頑強，我們的行動就會百折不撓，人生便會無往不利；我們的性格如果膽小怕事，那麼我們的行動就會軟弱可欺和優柔寡斷，人生便會安於現狀，難以上升到更高的高度；如果性格孤傲任性，我們的行動就會一意孤行，人生也會充滿失敗和挫折。

所以，對於成功的奮鬥人生來說，具備一種良好的性格比任何其他條件都更為關鍵。命運並非不可捉摸的東西，它只是性格的反光。若想改變自己的命運，必須首先改變、改善自己的性格。性格改變了，很多事情也會悄然改變，命運也就隨之改變了。

性格能改變嗎？很多人都說不能。可是如果妳連自己的性格弱點都改不了，妳和成功的距離就非常遙遠了。一個不能改變自己的性格的人，就不要奢談成功。

剛進入一家公司，陌生的環境，陌生的人事，陌生的流程和陌生的工作。我們迫切需要得到別人的幫助。如果妳性格內向，不願意主動向前輩請教，難道還能指望別人主動為妳講解嗎？別人的一句話，就可能指點不懂事的或者鑽牛角尖的我們，或許可以幫我們很大的忙。

星期三　懂人情世故，事業一帆風順

作為職場上的菜鳥，不管妳是剛畢業，還是已在工作上打拚了幾年的人，只要妳還沒有成功，還沒有實現自己的奮鬥目標，下面幾個職場上的好性格，妳就需要培養：

· 有好事先對大家說一聲。比如過節公司發東西了，有什麼公司趣聞了，妳都可以先說一下，這樣幾次下來，妳就會給大家留下陽光、開朗、合群的印象。

· 真誠和熱情。多做一點力所能及的勤快的事。比如來電話找一位同事，同事正好出差，或者臨時出去，妳可以先接電話，再把談話內容轉述給他。或者主動去找同事，或者問問別人同事去了哪裡，這種工作上的交集越多，越能打開雙方的話匣子，讓對方感受自己的熱情。如果妳知情，還佯裝不知，一旦被人知曉，那彼此就會有隔閡。

· 自己的動向要跟同事說一聲。比如妳外出，就算是離開辦公室半個小時，也要對上司或者同事說一聲。不怕一萬，就怕萬一。萬一正好有什麼要緊的事，妳不在，同事也不知道神祕的妳的動向，受到影響最大的還是自己。多創造點與同事的交集，既聯絡了感情，也表示妳對同事的尊重和信任。

· 有些私事說說也無妨。雖然是工作場所，但是人都是有感情的，或者好奇的，會有人關心妳的私事。這時，要記住多說點自己得意、陽光的事情，情感創傷、父母離異等很多灰色的事不要說，也為以後可能的翻臉少留下點「罪證」。妳少探聽別人的「家事」，別人也不會那麼好奇妳的「家事」了。

· 少說多聽。人都有愛說的欲望，所以，多傾聽別人就夠了，好的傾聽者能讓別人對妳充滿感激。

· 互相幫助。良好的人際關係是以互相幫助為前提的。妳幫助別人，就有

人回報妳，有事相求、有事相幫，是同事圈子穩固、擴大的好處之一，也是編織自己人際關係網的最直接方式。人脈就是我們的命脈。

· 與同事保持一定的「審美」距離。人與人之間保持一些神祕感，會覺得較有魅力。人際關係是微妙的，如果過於親近，就會夾雜個人感情，影響工作的正常進行了。

· 少挑剔別人，多找別人優點。人際關係中，我們之所以不受歡迎，就是因為我們有時會看不順眼別人。妳以挑剔的眼光放大別人的缺點，那別人怎麼可能不苛責妳呢？人際關係是互動的，妳喜歡別人，別人也會喜歡妳。要放大別人的優點，比如「某同事長得帥」或者「某同事很樂觀」等，找到別人身上一點優點就行了，多多打磨自己的個性才是重要的事。

· 低調做人，高調做事。做人要懂得放低姿態，學會讓步。有些同事喜歡站在「鎂光燈」下，成為大家的焦點，那妳最好把妳的風頭也讓給她好了。另外，在妳沒有成就以前，切勿過分強調自尊。我們要腳踏實地地做事，勿浮躁，多努力，能解決公司的核心問題，這樣妳就是老闆喜歡的能幹的人，老闆當然願意提拔妳了，老闆總是願意提拔性格好的又能幹的人。

社會喜歡什麼樣的人，老闆喜歡什麼樣的人，機遇會給哪種人，我們就做什麼樣的人，這樣我們就會少走彎路，離成功也會越來越近！

把與人溝通培養成一種貼心的默契

> 如果妳是對的，就要試著溫和地、技巧地讓對方同意妳；如果妳錯了，就要迅速而熱誠地承認。這比為自己爭辯有效和有趣得多。── 卡內基
>
> 講話氣勢洶洶，未必就是言之有理。── 中古波斯詩人薩迪

孟子云：「勞心者治人，勞力者治於人。」溝通是一門藝術，是一種態度，也是一個很複雜的勞心過程。妳要學會從對方的角度和立場考慮問題，才能讓對方認可妳；妳要經常反省、反思，措辭是否到位，是否容易產生誤解；妳還要與妳的團隊或者個人溝通，不僅讓他們接受妳的觀點，還要讓他們主動配合妳的工作，實現妳的目標……在溝通藝術、溝通能力、溝通技巧方面，有一個人不得不提到，這個人就是比爾蓋茲。

相傳比爾蓋茲還在哈佛大學讀法律的時候，他很迷戀電腦。他覺得自己再在這個頂尖學府讀法律無異於浪費自己的時間，就萌生了炒哈佛魷魚的想法。但是蓋茲的父母肯定是反對的。蓋茲的母親找到一位著名的商業領袖 ── 薩穆爾‧斯托姆，請求他說服比爾蓋茲放棄退學的念頭。但當比爾蓋茲侃侃而談自己的創業理念和偉大夢想的時候，斯托姆不知不覺地被這創業最初的熱情給感染了，他仿佛回到了自己白手創業的青年時代，那時他也是這般慷慨激昂和胸懷大志。所以，斯托姆被蓋茲成功說服了，他不僅沒有勸阻蓋茲，還鼓勵他好好地做。

從以上故事中可以看出，溝通是與人交流的關鍵。好的溝通，能使雙方有一種貼心的默契感，找到一個彼此都滿意的結果。每天，我們都要與人溝通，與同學、老師、父母、朋友的溝通，與同事、上司、客戶、媒體等的溝通……但是，有時未必能產生好的效果，不能讓雙方都滿意。所以，我們必須學會溝通，學會溝通的技巧和方法，在與人交流中就能做到從容不迫，盡善盡美。

把自己培養成貴人，妳的貴人自然就來了

> 燃燒吧，小宇宙！——《聖鬥士星矢》
>
> 太小心了，做人沒有意思。放鬆一點，讓人家利用一下，人家自然會拿東西來交換，彼此都得益。一定要板著臉孔等別人來真心奉獻，不問報酬，肯定活該失望，世上哪有這種事。——亦舒

「好風憑藉力，送我上青雲。」自己走百步，不如「貴人」扶妳走一步，有貴人相助，可以使我們盡快地取得成功，甚至可以使我們飛黃騰達、扶搖直上。所以，女孩，不要錯過生命中任何一個可以扭轉妳命運的「貴人」。貴人的指點遠比靠自己去領悟效率要高得多。

貴人就像揮動魔術棒的魔術師，指點一下妳，妳就能從迷霧中走出來，也能拓寬妳的思考，加速妳成功的步伐。但是別忘了，做過6年「家庭主夫」的李安的成功也只是因為他是李安，如果換做其他人，就算有高人指點，也有不開竅的，或是沒有悟性的，或是努力不夠的。所以，比靠山更重要的，是自己本身的價值。在職場中，和上司們打好關係是一門必修課，為自己找到好靠山也很重要。但比這些更重要的，是讓自己有足夠的價值，以至於每個上司都必須拉攏妳。讓自己有價值，做自己的或者他人的貴人是我們將來安身立命的資本，妳可以借此找到新的靠山，編織自己的人脈。把自己培養成貴人，妳的貴人自然就會來到妳身邊。

在職場中，我們不妨經常問一下自己：妳對別人有用嗎？妳能幫助別人什麼？妳無法被人「利用」，就說明妳不具有價值，就像對面試的公司而言，妳有多少被聘僱的價值一樣。現在社會，人們越來越現實，妳對人越有用，就越容易建立超強的人脈關係，就好像找另一半的遊戲規則是：妳有幾兩重，妳有多少價值，另一半就會有多重，就會有多少價值。這是妳對另一半的要

求，也是另一半對妳的要求。這是妳對別人的索求，也是別人對妳的索求。

　　一個老好人，固然有趣但毫無利用價值，他的身邊也只能是老好人雲集，他無法建立起牢固的有一定層次的有價值的人際關係網；一個自私的總不願被人利用的精明人，也難以建立真正的人脈關係。因此，自己首先成為可以被人利用的有價值的貴人，然後才能在人際交流中，向別人傳遞妳的「可利用價值」和「可追加價值」，別人才會更樂意與妳交流，從而促成交際機會，結成自己的人際網。想一想，在我們拒絕被別人「利用」的時候，不只是傷害了別人的感情，也斷絕了日後自己求助於他人的希望。在給予別人幫助之後，妳就會發現，最快樂、最充實的是妳自己，並且妳從中還會增強自己處理問題的能力，妳還有一種自信在心中飛揚的感覺，這種感覺會激勵妳不斷向前，走向成功。想要給別人一杯水，自己就必須有一桶水，而為了保持這一桶水，妳就得時刻努力，這就成為自己前進的動力。所以，妳給別人的越多，妳的收穫也就越大，妳的能力就會呈幾何級數倍增，妳成了別人的貴人，妳也成了自己的貴人。妳種下的可能僅僅只是幾粒花的種子，但妳收獲的將會是整個春天！

　　所以，尋找並且建立自己的價值，讓自己成為貴人，然後把自己的價值傳遞給身邊的朋友，並且促成更多資訊和價值的交流，這就是建立強有力的人脈關係的基本邏輯。而且貴人喜歡貴人，試想，若妳是一個什麼能耐都沒有的人，即便給妳一個接觸貴人的機會，這個機會妳能抓住嗎？

＊　　　＊　　　＊　　　＊

　　有一檔電視節目致力於為新聞人物、企業菁英、政府官員、經濟專家和投資者提供一個交流和對話的平臺。受邀嘉賓均來自世界政要、行業領先者、具有強勢話語權的代表性人物。很多年輕的創業者寫了自己的商業計畫書，以這種電視節目的方式結識成功企業家，讓他們分析自己商業計畫的可行性，

就算這個專案被當場否決了，也是他們結識菁英、歷練自己的重要機會。

試想，這些能上節目的年輕的創業者，他們是一般人嗎？他們的專案都不堪一擊嗎？能讓經濟菁英點評的這些人可能只是凡夫俗子嗎？他們都是精心篩選的，層層闖關才來到「貴人」面前的。

沒有人能隨隨便便成功，同樣的，大人物也不可能隨隨便便與妳相識相交。所以，一定要記住多修練、打磨自己，這樣能拿出手的東西才會多，給別人的東西也才會多，自己的可利用價值也會大。同時，也要做好持久戰爭的準備，貴人是自己尋找和長期經營得來的，要維護好與他們的關係，這樣妳的收穫才會比別人多，妳才能早點取得更大的成功。

抓住機會，像毛遂那樣勇敢地「秀」自己

> 好花盛開，就該儘先摘，慎莫待，美景難再，否則一瞬間，它就要凋零萎謝，落住塵埃。 —— 莎士比亞
>
> 一個人既有成算，若不迅速進行，必至後悔莫及。 —— 但丁

在很多行業、很多公司都會有這麼一類人，她們要不是隱形人，不然就是像老黃牛般「老實做人，踏實做事」，要不是老好人，包攬公司很多雜務，對同事的要求幾乎也有求必應，她們有時甘願做不起眼的「綠葉」，她們從沒有想過有朝一日能自己站在鎂光燈下風光一回。老闆或許都沒有和這些人說過話，開會她們也很少發言。

這些人認為「含而不露」是美德，「謙謙君子」會大受歡迎。這些人中，並不都是沒有優點、成績和才華的人，但是她們深受某些傳統美德束縛，不想顯露一點鋒芒，更不用說要顯得與眾不同、惹人注目了。人都有進取心，「不想當將軍的士兵不是好士兵」，她們也想出人頭地，做出一番大作為，但

是她們妄想繁忙的上司或老闆能夠慧眼識珠，發現她們，給她們一個更好地施展自己才華的舞臺。現在社會，人們都太忙了，尤其是對妳有影響的大人物，他們實在沒有充裕的時間去慢慢發掘妳或主動與妳交流。

要知道，今天的社會是高度競爭的社會，競爭就意味著不可避免地要與人一比高下。那麼多人在搶一個工作職位，那麼多人在排隊面試呢？所以要讓別人的眼睛注意到妳，為自己爭取一個好的機會，妳首先要有表現自己的意識，然後在適當的時候，才能把握時機，勇敢地「秀」出最棒的自己。

社會變革這麼快，知識更新也快，人的精力也有限，錯過了自己的黃金時代，就貽誤了自己的大好時機。即便有一天，伯樂發現了自己，也許妳的知識和特長早已成為過時的東西。也許妳現在才高八斗，學富五車，妳暫時處於優勢地位，但是也要及時找到施展能力的舞臺才不枉費自己的才學。現代社會人才濟濟，可供社會或者老闆選擇的人才太多了，如果妳扭扭捏捏，膽怯害羞，優柔寡斷，自卑怯弱，有誰願意給妳機會，有誰願意考察妳呢？所以，時不我待，要抓住機會，要捷足先登，這是決定妳成敗的關鍵。沒有人天生就有比別人更炫目的光芒，每個人都必須學會如何吸引別人的目光，特別是在我們剛畢業的人生的起步階段。我們要快速地讓大家都認識自己，給別人留下一個發光的深刻形象。這形象可以是只屬於自己個人風格的穿衣打扮，也可以是自己津津樂道的生活趣事，或者是自己由內而外散發的好性格特質，一旦我們在人群中建立了自己的良好形象，就能讓自己的才華如熊熊火焰般照亮世界，照亮別人，更照亮自己的前程。

下面是幾個「秀」出自己，不做隱形人，讓別人認識妳的幾個黃金法則，希望能對妳有所幫助。

1. 不懂什麼就問，別人說話要善於傾聽：新進一間公司，就要多向比自己優秀的或者早來的同事請教，並耐心傾聽他們的想法或煩惱。有很多知

識型同事都「好為人師」，他們樂於向妳展示了他們的知識和才華，而妳自己也會收穫良多，還能拉近彼此的距離，這樣循環往復，自己的知名度就可以在短時間內提高上去。

2. 不要總是做「被忽視的角色」：我們的性格可能天生內向，不善言辭，這個時候要不就找對適合自己的工作，不然就勇敢地與人說話，改善阻礙自己發展的性格。試想，當同事們興致勃勃地聊天，妳一人默默無語，這不是很掃大家興致的不禮貌表現嗎？要從簡單的「對」、「嗯」、「是嗎」的附和聲開始，然後慢慢地發表自己的真知灼見。一味沉默，就會一味地被別人忽視，也會被公司忽視。多妳不多，少妳不少，這樣妳就危險了。

3. 鎂光燈可以讓給別人，但自己也有適當的「出演機會」：有些同事喜歡讓別人前呼後擁，成為大家的焦點，牢牢占住鎂光燈下的舞臺，自己可以把風頭讓給這些同事，但是也要記住：有自己擅長的「出演機會」也要牢牢抓住。這樣才能讓別人眼前一亮，為自己贏得更廣闊的空間。

4. 隨時隨地推銷自己最美好的一面：那些對生活充滿趣味、對工作充滿自信的人在社會上更易於為人所接受，但一味謙虛就會被人忽視，從而讓許多本該屬於自己的機會白白丟失。因此，女孩，「我一向與世無爭，讓她們去爭吧！」、「我沒有中文系學生文筆好。」、「我不行。」等類似的話還是少說為好。

星期三　懂人情世故，事業一帆風順

星期四　十八般武藝樣樣精通

上帝在陸地上創造出草木和各種蔬菜：女孩完美一生的傲人資本

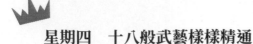

電影開拓我們的視野

> 我的電影從來無意寫實，它們是鏡子，是現實的片斷，幾乎跟夢一樣。—— 瑞典電影大師英格瑪·伯格曼
>
> 讓一個人置身於變幻無窮的環境中，讓他與數不盡或遠或近的人物錯身而過，讓他與整個世界發生關係，這就是電影的意義。—— 俄羅斯著名電影導演安德烈·塔可夫斯基

　　我們愛看電影，是因為電影能娛樂我們呆板乏味的生活。從小時候看露天電影，到長大後在寬敞豪華的電影院與戀人相擁而坐，或者是在自己的電腦上欣賞電影，讓大螢幕上的電影衝擊我們或寂寞或狂熱的心靈；從《羅馬假期》，到好萊塢的超人、蜘蛛人，再到迪士尼的公主系列，從魔幻電影《神鬼奇航》、《暮光之城》到《玩具總動員》、《花木蘭》等，主角跌蕩起伏的命運變遷和複雜多變的心情故事一直牽引著我們，讓我們忘記世俗的煩惱，讓我們進入一個新奇的世界，這就是電影的迷人魅力，電影一直以自己獨特的藝術魅力感染著、陪伴著我們，讓我們感覺到生活的豐富與美好。

　　電影的娛樂、休閒功能是主要的，但是電影也是社會的教科書，電影如人生，電影「融合中西特色，貫通古今技巧」，電影包羅萬象，不是讓我們大笑幾聲或者嗚咽一片後就完事，電影還有更重要的功能，它絕妙地帶我們進入一個更寬廣的世界，我們可以在電影中尋找自己的方向，它對我們的生存有很大的潛在利益和指引。從電影裡，我們會得到別人的經驗和親身體會，會得到很多對我們有用、有啟發的重要而全面的資訊，它的勵志元素會幫助我們調整我們的心態，端正自己生活與工作的態度，我們會模仿電影裡人物的一些行為，因為那樣我們才會成功。高內涵的電影總是會引發我們對人生、對人性、對當前困境、挫折的深層思考。看不同類型的電影，會讓

我們有不同的收穫。看愛情片的電影，會增加我們的愛情虛擬經驗；看喜劇片、搞笑片，會放鬆我們壓抑、麻木的心情，會減輕我們的生存壓力；看奇幻類電影，會調節生存於鋼筋鐵林裡的我們喧囂的心靈；看小人物奮發向上的電影，可以鼓舞我們的鬥志；所以一部好的電影，必須有很高的內涵和明確的主題，對人們眼界的拓寬、思考的拓展具有很大的幫助，這樣的電影才是票房的保證。

電影的魅力還在於對時尚界的深深影響。在這個時代，電影和時尚早已密不可分、相互影響。最受矚目的奧斯卡頒獎典禮的意義，與其說是哪部電影得了獎、哪個明星成為大贏家，不如說我們真正關注的是這一盛事背後的時尚盛景——紅地毯。奧斯卡的紅地毯就像一場全球關注的春夏時裝發布秀，模特兒就是電影界的當紅明星，所演繹的是當季最新最時尚的名牌服飾。所以，與其說奧斯卡頒獎典禮是電影界的一場盛會，不如說是時尚界的一個大比賽。大到一件衣服，小到一枚胸針都展現了設計師們的驚人創意與才華。我們會以電影裡的明星的穿著為時尚的指南，這麼一來滿大街就都是模仿明星們的打扮了，電影就是這麼可愛地時時更新著我們的服飾、流行用語。

電影是一條只有起點沒有終點的路。未來的路上，我們對電影仍是會有無止境的期待。

下面向女性推薦幾部電影，女性從中可以學到很多東西。

1. 《亂世佳人》。這部電影由文學名著改編，曾榮獲第 12 屆奧斯卡最佳影片、最佳導演、最佳女主角、最佳女配角、最佳改編劇本、最佳藝術指導、最佳剪接等七項大獎，這些獎項足以說明這部電影不亞於小說的出色。女主角郝思嘉那句「明天會是全新的一天」的堅強形象深入人心。所以女人要堅強，就要看看這部經典影片。

2. 《傲慢與偏見》。人與人的隔閡只是自己內心構建起的壁壘，如果將妳的內心真誠的付出，一切都會有新的改觀。

3. 《第凡內早餐》。該片女主角由奧黛麗‧赫本飾演，她在片中邊彈邊唱《moon river》的形象被評為是她最令人心動的形象。本片主題是反對「虛榮」和「金錢至上」，所以，對追逐愛情的女性來說，也有著廣泛而深遠的現實意義。

4. 《簡愛》、《鋼琴師和她的情人》。長相平平的女主角的經典臺詞深入我們廣大女性的心靈。她說：「你以為，我因為窮，低微，矮小，不美，我就沒有靈魂沒有心嗎？妳想錯了 —— 我的靈魂和你一樣，我的心也和你完全一樣……我們站在上帝跟前，是平等的 —— 因為我們是平等的！」長相醜陋、一般的女人也可以有很美的愛情，只要妳像簡‧愛那樣自立自強，不斷完善自己，妳也可以得到美麗的愛情，美麗的愛情也會使妳變得美麗可愛。後者榮獲第 46 屆坎城影展金棕櫚獎，第 66 屆奧斯卡最佳女主角、女配角，最佳劇本獎。女主角是個啞女，她完全靠動作和表情與周圍人溝通，這對現代不善與人溝通的我們具有很重要的啟迪意義。熱愛音樂的啞女艾達因為音樂萌發了對班斯的愛情，她無視自己的殘缺，冒著各種危險也在所不惜。這是沉默的女性覺醒的美學呈現。所以，女性應該相信：即使妳窮，低微，矮小，不美，殘疾，妳也一樣擁有靈魂和心。

5. 《白領麗人》。現代獨立女性都是職業女性，只要妳有才華就不會被淹沒，所以此片具有很強烈的女性勵志色彩。透過努力，女人必將收穫成功。

6. 《鴻孕當頭》、《親密關係》。前者是講女孩早戀、早孕的成長經歷，後者榮獲第 56 屆（1983 年）奧斯卡最佳導演，最佳女主角，最佳男配角獎。無疑是家庭教育、兩代人親情的故事。對兩代人的溝通有疑惑的女性或者一般的女性都有很大的借鑑意義。

7. 《末路狂花》。這部影片是一部典型的女權主義電影，所以，好奇的女性可以一飽眼福。

8. 《西雅圖夜未眠》、《麻雀變鳳凰》、《滾滾紅塵》。前者向觀眾演繹了一場離奇而又合理的邂逅，讓我們相信緣分就在我們身邊，沒有早一步，也沒有晚一步，就是會於千萬人中邂逅妳愛的人。中間一部是一部反映愛情浪漫史的電影，女性可以感受一下真正的浪漫。最後一部告訴女人：愛情不是女人的全部，不要為愛凋零和萎謝，失去珍貴的自我。

9. 《女人那話兒》。這部影片的製作班底全是女性，所以，它是一部完完全全的女性題材電影。它透過電影的形式，向男人講出了女性心裡的話，講述了女人對性愛、對愛情的觀念。

10.《麥迪遜之橋》。這是講述婚外情的倫理故事。女主角最終為了孩子忍痛選擇了與自己的 soulmate 分手，理智地回歸家庭。

舞蹈舞出自己的絕妙身材

> 舞蹈是有節拍的步調，就像詩歌是有韻律的文體一樣。── 培根
>
> 在我成長時期，感情和慾望都令我很難為情。而透過舞蹈，我終於可以對此應付自如，而不再覺得難為情。── 現代舞編舞大師崔拉‧夏普

舞蹈，顧名思義，即為手舞足蹈，是在音樂的伴奏下，做有節奏的人體動作。現代人們喜歡舞蹈，是因為舞蹈是一門才藝，同時也是一種鍛鍊身體的特別好的方式。試想一下：在精美的舞臺上，在人們的歡呼聲與掌聲中，妳閃亮登場，妳舞動著妳窈窕的身形，跳著或熱情或抒情的舞蹈，妳那婀娜的舞姿能給人帶來美的享受。這將是多麼愜意的事情啊！舞蹈可以曼妙地舞出我們絕妙的健康的身材，可提升我們高雅的氣質，還可以減肥，還可以長

身高（學舞蹈的人會給人感覺其比實際身高最少高三公分），所以，女孩，強烈建議妳學一種或者幾種舞蹈。

下面介紹幾種現在比較熱門的舞蹈類型，供感興趣的女孩們挑選。

1. 嘻哈（英文 Hip Hop）。最早起源於撒哈拉以南的非洲，是美國黑人由一種發洩情緒的運動演繹成的街邊文化，特色是爆發力強，在舞動時，肢體所做的動作亦較其他舞蹈誇張。最吸引人之處，是以全身的活力帶來熱情澎湃的感覺。它的動作是由各種走、跑、跳組合而成，極富變化。並透過頭、頸、肩、上肢、軀幹等關節的屈伸、轉動、繞環、擺振、波浪形扭動等連貫組合而成的，各個動作都有其特定的健身效果。因此嘻哈不僅具有一般有氧運動改善心肺功能、減少脂肪、增強肌肉彈性、增強韌帶柔韌性的功效，還具有協調人體各部位肌肉群，塑造優美體態，提高人體協調能力，陶冶美感的功能。

   嘻哈包括霹靂舞、放克舞、布加洛舞、波浪舞、動畫舞、閃舞、鎖舞、機械舞、踏手舞等。

2. 芭蕾。「芭蕾」起源於 15 世紀充滿著人文氣息的義大利，它是優雅與高貴的象徵，成型並興盛於 16 至 19 世紀上半葉的法國。其主要特徵是女演員要穿上特製的足尖鞋立起腳尖起舞。

   學習芭蕾舞，不但能幫助或影響骨骼的成長，提高身體的協調能力，塑造優雅和諧的體型，而且能增強音樂節奏感，訓練耐性、意志及對自信的培養也有好處。

   隨著社會的發展，很多人意識到體態美的重要性，成人芭蕾越來越受到青睞。

   芭蕾的美集中地展現在「開、繃、直、立」上。「開」是強調髖關節向人體兩側外開，舒展了人體的線條，增加了人體四肢的表現能力。「繃」

是指腳背的延伸，延長了腿的長度，並且使踝關節得到強有力的鍛鍊。「直」是指整個身體的體態是直立的，從上到下就是筆直的一條線，不可以塌腰凸臀，要挺胸縮腹。「立」是在直的基礎上的昇華，是形體美到舞蹈美的一種轉折，要求身體縱向伸展，出現一種輕盈敏捷的精神氣質的美。

3. 爵士舞。爵士舞是一種急促又富動感的節奏型舞蹈，是屬於一種外放性的舞蹈，不像古典芭蕾舞或現代舞所表現出的那種內斂性的舞蹈。爵士舞主要是動作和旋律方面的表演，主要目的是為了娛樂別人，也娛樂自己，可帶給自己與別人一段美好的時光，它的表現一點都不虛飾，舞蹈時所散發出愉悅的氣氛和那種快樂的精神非常具感染力。

4. 拉丁舞。拉丁舞是以運動肩部、腹部、腰部、臀部為主的一種舞蹈藝術。一曲拉丁舞，讓我們的腹直肌、腹內斜肌、腹外斜肌、豎脊肌、背闊肌等上百塊肌肉都加入了運動的行列。根據研究，平均每跳一曲拉丁舞，要扭轉 160 ～ 180 次，女子的最高心率可達一分鐘 197 次，男子的最高心率可達一分鐘 210 次。大約能量代謝為 8.5 以上，相當於運動員完成一個 800 公尺賽跑的熱能消耗量，大於網球和羽毛球的熱能消耗。減脂效果可想而知！

   拉丁舞中最具代表的舞蹈是被譽為「拉丁之魂」的倫巴。學習拉丁舞的人，一般會把倫巴作為入門的第一支舞來學習。倫巴是表現男女之間愛情故事的舞蹈，它的音樂非常柔美和纏綿，女伴的動作著重展現女性的柔媚和胯部、臀部的曲線美。所以一曲倫巴，讓我們感受愛情的纏綿，心生美好的情愛之心。

   而另一種具有代表性的舞蹈 —— 恰恰則起源於墨西哥。雖與倫巴有很多相通之處，但它俏皮歡快，動作瀟灑帥氣而又充滿活力，所以風格與倫巴迥然不同。

· 桑巴舞，起源於非洲。其熱烈的音樂，富有動感的舞姿，搖曳多變的舞步，讓它得到人們的鍾愛！

· 鬥牛舞，起源於法國，發展於西班牙。其音樂雄壯、舞態豪放、步伐強悍振奮，是人們對它情有獨鍾的原因。

· 牛仔舞，起源於美國。它是一種節奏快、耗體力的舞。它的音樂歡快、舞態風趣、步伐活潑輕盈的特點，使它得到了越來越多人的認可。

5. 肚皮舞。肚皮舞是一種帶有阿拉伯風情的舞蹈形式，其阿拉伯原名為「Raks Sharki」，意指東方之舞，因此又稱「東方舞蹈」。近一兩年，肚皮舞風靡世界，受到廣大健身愛好者的青睞。肚皮舞的練習者中女性占了絕大多數，她們大多都是為了減掉腰腹間的「游泳圈」而來的。

6. 社交舞。社交舞也是起源於西方的一種舞蹈形式，又稱交誼舞。主要包括華爾滋（慢三步）、維也納華爾滋（快三步）、布魯斯（俗稱慢四步）、狐步（俗稱中四步）、快步（快四步）、探戈、吉魯巴等。跳社交舞是健身的好方式。它融合「俏」、「跳」、「放」、「笑」、「嘮」健身五字訣於一體，是治病康復的良藥。堅持數年，必有好處，有利於延年益壽。

繪畫讓我們提升美學素養

> 在油畫的後面，跳動著畫家的脈膊，在塑像之中，呼吸著雕刻家的靈魂。—— 里爾夫
>
> 文學家是以抽象化的，即以觀念來表現自己。但是畫家是以素描和色彩把自己感覺和知覺到的具體化。—— 現代繪畫之父保羅‧塞尚

美術一詞，是二十世紀初由日本從西方轉譯之後傳入的。它是藝術家運用一定的物質材料，如顏色、紙張、畫布、泥土、石頭、木頭、金屬等，塑造的平面或立體的視覺形象，以反映自然和社會生活，表達藝術家的思想觀念和感情的一種藝術活動。它主要包括繪畫、雕塑、工藝、建築等類型。

繪畫是美術中最主要的一種藝術形式。它是運用線條、色彩和形體等藝術語言，透過造型、上色和構圖等藝術手段，在二維空間（即平面）裡塑造出靜態的視覺形象，以表達作者審美感受的藝術形式。

二十幾歲時提升美術素養、感受色彩的魅力對於女性是大有助益的。二十幾歲的女孩，若能在自己的言談舉止中融入繪畫的神韻，定能煥發出與眾不同的光彩，散發出超凡脫俗的魅力。

下面我們來簡單欣賞幾種畫。

▶ 中國畫

中國畫又稱水墨畫，簡稱國畫，是華人社會特有的畫種。其工具和材料有毛筆、墨、國畫顏料、宣紙、絹帛、硯臺等，題材可分人物、山水、花鳥等。它特別強調「筆墨」，講究形式美，要求作品「形神兼備」、「氣韻生動」。它的構圖不受時間、空間的限制，也不受焦點透視的束縛，畫面空白之處也獨具特色。國畫強調詩、書、畫、印交相輝映，這樣所構成的藝術整

體效果是完美的。我們欣賞國畫的時候，可從畫面的布局、留白處的詩句、印文結合畫家的學識才情以及人品來欣賞。

國畫按技法的細緻與粗放，分為工筆畫和寫意畫。

1. 工筆畫：它是中國畫壇的一朵奇葩，是中華民族傳承千年的傳統畫種之一。它的主要特點是用「盡其精微」的手段，以非常精謹細膩的筆法描繪景物。在工筆畫中，無論是人物畫，還是花鳥畫，都是力求形似。與水墨寫意畫不同，工筆劃更多地關注「細節」，注重寫實，不僅線條自然流動，色彩逼真，內容也充滿了詩情畫意。

2. 寫意畫：寫意畫的特點是用簡練的筆法描繪景物。它是融詩、書畫、印為一體的藝術形式。寫意畫多畫在生宣上，主張神似，注重用墨，強調作者個性的發揮。王維、徐渭、齊白石是它的主要代表人物。

▸ **西洋畫**

西洋畫，是指區別於中國傳統繪畫體系的西方繪畫。中國畫重意境，西洋畫則重寫實。它以透視和明暗方法表現物象的體積、質感和空間感，並要求表現物體在一定光源照射下所呈現的色彩效果。包括油畫、水彩畫、水粉畫、鉛筆畫等許多畫種。

1. 油畫：油畫起源於 600 年前的歐洲，大約 15 世紀時由荷蘭人發明。它是用快乾性的植物油比如亞麻子油調和顏料，在經過處理的布、紙板或木板上作畫的一個畫種。因為油畫顏料乾後不變色，能長期保持光澤，多種顏色調和不會變得骯髒，所以畫家可以創作出豐富、逼真的色彩。油畫顏料不透明，覆蓋力強，所以繪畫時可以由深到淺，逐層覆蓋，使繪畫產生立體感。最著名、最廣為流傳的就是達文西的《蒙娜麗莎》。

2. 水彩畫：顧名思義，水彩畫是以水為媒介調和顏料完成的繪畫作品。其特點是顏色透明，透過深色與淺色的疊加來表現物象。如果說油畫可能過於豔麗和跳躍的話，那麼水彩畫就如一股爽朗的清風撲面，它的清爽與濃淡相宜，都具備瀟灑風雅的格調。

3. 水粉畫：它是以不透明粉質顏料繪製完成的繪畫作品。水粉畫是以水加粉的形式來出現的，因此與油畫類似的地方就是也有一定的覆蓋能力，但是油畫是用油來做畫，顏色的乾濕幾乎沒有變化，而水粉畫的乾濕變化很大。水粉畫也可以畫出與水彩畫相同的酣暢淋漓的效果。但是，它沒有水彩畫那麼透明。所以，它的表現力介於油畫和水彩畫之間。

4. 鉛筆畫：即廣義上的素描，泛指一切單色的繪畫。它是用木炭、鉛筆、鋼筆等工具，以線條來畫出物象明暗的單色畫。它是一切繪畫的基礎，尤其是水彩，油畫，雕刻（浮雕），另外對於平面設計來說，也是畫草圖的必要基礎。

　　年輕女孩可以學畫畫。學畫自古就是修身養性的絕佳方式，況且，琴棋書畫幾千年來一直是衡量人是否有才藝的標準。我們沒有非要成為畫家，但在奔波忙碌中抽出時間來修習些高雅的技藝，對心靈無疑是一種洗滌。

學習一項才藝

> 藝多不壓身，總不會有壞事。——俗語
>
> 道德和才藝是遠勝於富貴的資產。墮落的子孫可以把貴顯的門第敗壞，把巨富的財產蕩毀，而道德和才藝卻可以使一個凡人成為不朽的神明。——莎士比亞

社會突飛猛進，人們的經濟水準普遍都比以前提高了，所以，人們就會學習各種自己喜歡的或者自己擅長的才藝來豐富自己的業餘生活。各種才藝比賽、才藝表演舞臺之類的節目就衝擊著人們的眼球。我們一般人沒有必要非要成為星光熠熠的超級女神，但是藝多不壓身，這句古語還是千年不衰的。會唱歌跳舞現在已經成了帶點普及意義的才藝了。有些女孩會說自己天生沒有音樂天賦、身體也僵硬，不急，總有一種才藝會適合妳，只要妳勤學苦練，有豐富自己生活的心願。

下面介紹幾種簡單的才藝，女孩可以從中挑選一種來學習。要知道，有點個人愛好，會讓自己不寂寞，也會讓自己少依賴別人，對自己性格的改善有益處；也會陶冶我們的情操，培養出不俗的氣質，增添我們的個人魅力，有利於我們的社交。比如公司舉辦團體活動時，妳施展一下妳的絕技，唱一曲好聽的歌曲，跳一段優美的舞蹈等，都會討得大家的喜歡，讓大家快速記住妳，從而贏得一個好人緣，自己的升遷之路也會順暢無比許多。

▶ 書法

書法，是中國特有的傳統藝術，伴隨中國文明的發展而演變。從甲骨文、金文演變而為大篆、小篆、隸書，到東漢、魏、晉時期，草書、楷書、行書、諸體基本定型，書法時刻散發著古老藝術的魅力，為一代又一代人們所喜愛。

中國文字的點畫、結構和形體變化微妙，形態不一，意趣迥異。這些都使書寫文字帶上了強烈的藝術色彩。所以，書法是民族藝術中一枝永開不敗的鮮花。我們現代人在欣賞前人書法的同時，不妨自己也鍛鍊一下書法。因為學習書法，可以修身養性，對我們的心理和生理都有一定的調節和鍛鍊作用，久而久之，可使人性格沉穩，注意力集中，益壽延年。歷史上的歐陽詢、顏真卿等大書法家平均壽命為 79.2 歲。只要持之以恆，鍥而不捨，便可化「書法」為美妙的「養生之道」。

▶ **會一種樂器**

科學家發現，只要學習同一門樂器超過 3 年，就能在聽覺辨別、手指靈巧、辭彙和非語言推理能力、認知能力方面優於那些沒有接受過樂器訓練的人。所以，學習一種樂器的好處多多！要根據自己的興趣選一種自己喜歡的樂器，然後要多學習一些樂理知識，比如學習五線譜是學好一門樂器的基本功。

1. 鋼琴：鋼琴因為體積最大、內部結構最複雜、優良全面的性能和廣泛的用途，被譽為「樂器之王」。鋼琴的世界，用行雲流水般的音符演繹浪漫情懷。完美的音效、精彩的演奏，給妳超值的音樂享受。聆聽鋼琴曲、彈奏鋼琴曲是一種生活方式。它可以讓我們忘卻不快，平靜我們浮躁的情緒，讓我們尋求內心最深處的需求，從而建立更高的自我價值。但是學鋼琴的投資大，所以女孩們要根據家庭條件而定。

2. 古箏：古箏是一件古老的民族樂器，聲音清脆，猶如高山流水一般，而且很有韻味，很適合女孩彈奏，會給人一種很柔美的感覺。使用簡譜，容易上手，投入成本相對不高，初學者買個 5,000 多元的就可以了，而且即使不會彈的時候也不至於像其他樂器一樣發出刺耳或如殺豬一般的聲音。

3. 小提琴：小提琴是一種四條弦的弓弦樂器，。它廣泛流傳於世界各國，是現代管弦樂隊弦樂組中最主要的樂器。它的音色優美，接近人聲，音域寬廣，表現力強，從它誕生那天起，就一直在樂器中占有顯著的地位，為人們所寵愛。如果說鋼琴是「樂器之王」，那麼小提琴就是眾樂器的「王后」了。

4. 吉他：吉他，又譯為六弦琴，是一種彈撥樂器，形狀與提琴相似，通常有六根弦。它在流行音樂、搖滾音樂、藍調、民歌、佛朗明哥中常被視為主要樂器。吉他還被用於古典音樂、室內樂和管弦樂中，因此被稱為樂器王子。

5. 爵士鼓：爵士鼓是一種打擊樂器，英文稱作 drum kit 或 drum set，集合許多打擊樂器為一體，基本的組合包括了爵士鼓的基本組合包括了大鼓（bass drum）、小鼓（snare drum）、兩個筒鼓（tom-tom）、一個落地鼓（floor tom）、腳踏鈸（hi-hat cymbal）和兩片銅鈸（cymbal）。其中銅鈸分為碎音鈸 (rash cymbal)、疊音鈸 （ride cymbal）以及發出效果音的中國鈸 （chinese cymbal）、水鈸（splash cymbal）和 crash ride（crash ／ ride cymbal）等。雛形起源於中國，是爵士樂隊中十分重要的一種無音高打擊樂器。這種樂器適合個性酷酷的像男孩子般的女孩子學習。

▶ **口技**

口技是雜技、曲藝節目的一種。運用嘴、舌、喉、鼻、等發音技巧來模仿各種聲音，如火車聲、鳥鳴聲等，表演時配合動作，可加強真實感，使人如身臨其境。女孩子可能認為這種技能適於男性，其實，這都屬於一種模仿技能，如果有這項天賦也可以鍛鍊。練好口技也能為自己贏得喝彩。

▶ **變小魔術**

自從跨年晚會上刮起劉謙變魔術之風後，變魔術就成為很多人爭相研究學習的一項才藝，尤其是男孩追求女孩的經典方案。女孩學變小魔術，不僅調劑自己的生活，也調劑別人的生活，更是自己才藝的展現。

女孩們可以根據自己的自身情況來決定學什麼。總之，要豐富自我，我們才會很受歡迎。

閱讀豐富我們的內涵

> 和書籍生活在一起，永遠不會嘆氣。── 羅曼・羅蘭
> 一本新書像一艘船，帶領我們從狹隘的地方，馳向生活的無限廣闊的海洋。── 海倫凱勒

「書中自有黃金屋，書中自有顏如玉。」如果妳沒有透過看書找到自己的黃金之路，那只能說明，妳看的書要不是無聊的小說、經書，不然就是上學的課本。當然這三種書，妳如果好好讀，好好研究了的話，它們還是可以引領妳進入一片廣闊的世界的。因為閱讀豐富我們的內涵，開闊我們的眼界，讓我們感受到茫茫宇宙的無限神奇，讓我們可以穿越時空與歷史上的大師們進行心靈上的對話，還教給我們立足社會的某項技能和為人處世的本領，也教會我們怎麼克服困難、擺脫困境，使得我們精神獨立、變得更強大，所以，透過閱讀，我們可以找到自己的黃金之路，讓我們也可以成為「顏如玉」。

勵志大師史蒂夫・錢德勒說過，對於所有的人，都有一本書可以改變自己的命運。也就是說，在這浩如煙海的好書中，至少有那麼一本是剛好適合妳的。我們可以求助於網路，因為網路知識包括一切，遠遠高於幾本書的知識量和資訊量，但是那些都是容易使人浮躁的，唯有一點一點、一步一步浸

星期四　十八般武藝樣樣精通

潤妳心田的書籍，能讓妳真正安靜下來，讓妳變得祥和、安寧和清醒，讓妳知道自己的位置，告訴妳前進的方向。我們在名人、成功人士的隨筆自傳或者處世書中，都可以看出他們也是喜歡閱讀的，他們如飢似渴地投入大量的閱讀中，他們告訴我們：知識就是力量，閱讀可以強大自己。所以，女孩，讓自己成為富有的文化貴族吧，這樣我們才能夠選擇更好的生活。

纖柔、感性的女性與書的關係不僅僅是雲裳羽衣的關係，當女人一本一本地讀書的時候，她讀的其實是學識，是氣質，是談吐，是智慧，是聰明，是風韻，是味道，這些內容會化成營養從內而外滋潤著女人，由此改變著女人的面貌，使得她們開始煥發出迷人的光彩，使那光彩經得起時間的沖刷，經得起歲月的腐蝕，更經得起人們一次次地細品。所以，飽讀書籍的女人不畏懼年輪，不畏懼挫折，不畏懼情變，因為讀書使她們睿智，使她們看清世間的迷局。她們情感豐富，心靈自由，她們是如風一樣的女人，她們感恩生活，善待生命。她們的世界充滿鳥語花香，她們的生活書香四溢。

著名女作家畢淑敏說：「日子一天一天地走，書要一頁一頁地讀。清風朗月水滴石穿，一年幾年一輩子地讀下去。書就像微波，從內到外震盪著我們的心，徐徐地加熱，精神分子的結構就改變了、成熟了，書的效力就突顯出來了。」所以，女人不可不讀書，世界因女人而精彩，女人因讀書而變得聰慧。所以，女人，做知性女人吧！下面給愛美的女性列一個讀書清單，對愛生活的妳一定有用。

1. 《紅樓夢》：《紅樓夢》，又稱《石頭記》，被認為是最具文學成就的中國古典小說。《大英百科》評價說，《紅樓夢》的價值等於一整個的歐洲。女人是什麼動物？女人是什麼做的？什麼叫冰清玉潔、蘭心蕙質，什麼叫儀態萬方、柔弱動人？曹雪芹傾盡十年、嘔心瀝血完成的《紅樓夢》將會給我們答案。愛文學的女性可以品品該部作品精妙的結構、布局和

秩序，恢弘的空間，大量的人物，還有這麼多龐雜的故事，作者還能條理清晰地娓娓道來。所以，它不愧為中國長篇小說創作的巔峰之作。

2. 《飄》、《簡・愛》：書中塑造的兩個不同性格的女人值得現代女性學習。一個堅強、獨立，不會被挫折打倒，永遠像一團烈火；一個溫柔善良、沉靜慈悲，永遠像一潭靜水。她們兩人無疑都是成功的，對現在的我們都有很大的啟發意義。這兩部作品在電影章節已經詳細說過，在此就不再贅述。

3. 《圍城》：是錢鍾書所著長篇小說。想看清男人，知道男人的劣根性，看這部作品就是最好的選擇。看了這部作品，我們就會對男人少幾分妄想，少一點希望，多一點理智，多一點生活智慧。

4. 《第二性》：它是迄今為止對女性問題研究得最為透徹的一本書，被稱為「有史以來討論女人的最健全、最理智、最有智慧的一本書」。所以讀《第二性》，我們可以看清自己的命運，把握自己的未來。

5. 《平凡的世界》：「人生，有苦，有甜，但不能沒有滋味；人生，有成功，有失敗，但不能停止拼搏。」這就是寫書寫到死的作者路遙向我們傳達的不放棄的執著精神。

6. 金庸全集：最好按《書劍恩仇錄》、《碧血劍》、《雪山飛狐》、《射雕英雄傳》、《神雕俠侶》、《飛狐外傳》、《白馬嘯西風》、《鴛鴦刀》、《連城訣》、《倚天屠龍記》、《天龍八部》、《俠客行》、《笑傲江湖》、《鹿鼎記》、《越女劍》這樣的順序一本一本地看完，因為人的文筆也是慢慢提升的，金大俠也不例外。

7. 安妮寶貝的書：她的書適合孤獨、煩躁、空虛、無聊時看，能使妳安靜下來。

8. 福爾摩斯探案全集：《福爾摩斯探案全集》可謂是開闢了偵探小說「黃

金時代」的不朽經典，一百多年來被譯成 57 種文字，風靡全世界，是歷史上最受讀者推崇，絕對不能錯過的偵探小說。

9. 安徒生童話、格林童話全集：厭倦了職場爭鬥，厭倦了塵世的瑣碎，那麼就回歸童話的世界吧！

培養英語能力

> 只會說方言，難以走出家門！只會說中文，無法面對世界！

英語是 21 世紀最重要的溝通工具。在未來的幾十年裡，世界上最全面的新聞內容，最先進的思想和最高深的技術，以及大多數知識份子間的交流都將用英語進行。全世界的報紙和期刊有一半多是用英語出版的，四分之三的郵件是用英語書寫的，很多公共場合也都用英文寫著標示。21 世紀，國家間的交流日益廣泛，世界縮小為地球村，在公車上，在社區附近，在名勝景點，到處都可以碰到外國人，所以我們與外國人們交流的機率大增。作為世界上最通用的世界性語言，英語離我們越來越近了。如果新新人類的妳不懂英語的話，無疑會為妳的生活增添許多麻煩。而且想要打開自己的視野，看看自己國家以外的世界，了解世界各地的民俗風情，讓自己的生活更充實和開闊，就離不開英語、日語以及其他語種的幫助。母語之外的語言給了我們新的思維，新的世界，心的翅膀。

而且，說一口流利的口語，有大量的辭彙量，能很大程度上提高我們的個人競爭力。我們的就業面會寬闊，我們能得以進入我們心儀的外貿公司或者商務公司，我們會投身於國際合作中。

因此，學習英語是至關重要的，除非妳甘心做一個與國際脫節的人。在資訊科技行業裡，不但程式語言是以英語為基礎設計出來的，最重要的教

材、論文、參考資料、用戶手冊等資源也大多是用英語寫成的。臺灣正在走向世界，需要學習西方的先進思想和先進科學技術，學英語絕不是崇洋媚外。有些同學在大學裡學英語，僅僅是為了不被當掉，有些同學學英語，僅僅是把英語當做一種求職必備的技能來學習，其實，學習英語的根本目的是為了掌握一種重要的學習和溝通工具，交流才是學英語的最終目的。

那麼，我們該如何學好英語呢？

1. 認識到學英語的必要性，還要培養對英語的興趣。興趣是我們學習英語的巨大動力，有了濃厚的興趣，學習就成功了一半。剛開始，我們可以學唱英文歌、看迪士尼動畫、讀英語幽默小短文、練習簡單的口語對話等，時間長了，我們就會慢慢地入門，對英語就有了興趣，也就有了學習動力和欲望。當興趣把我們領進門之後，剩下的事就是用合適的方法指導自己的學習和自己勤勉的努力了。

2. 在讀書時，人家盡量閱讀原版的專業教材（如果妳的英語不夠好，要先從中英對照的教材或者有趣的英語讀物看起），並適當地閱讀一些自己感興趣的專業論文，這可以同時提高英語和相關專業的知識水準。

3. 學以致用，不能只「學」不「用」，為升學而學，機械式記憶。要盡量可能地尋找一切機會，與那些以英語為母語的外國人對話。現在有很多在臺灣學習和工作的外國人，他們當中的不少人為了學中文，很願意與臺灣人對話、交流，這是很好的學習機會。

4. 一定要時時地激發自己學英語的興趣和信心，別把學英語當做一件苦差事。我們可以看些名人的對話或演講，還可以看一些英文電影、小說、戲劇甚至漫畫。看英文電影要看兩遍，第一遍，看字幕，同時把生詞、句式弄明白了；第二遍就僅靠聽力了。此外，聽英文廣播也是不錯的提高聽力的方法。妳可以每天都抽出半小時到一小時的時間專門用來聽英

語廣播，還可以反覆收聽。網路上也有許多互動式的英語學習網站，大家都可以在網站上用遊戲、自我測試、雙語閱讀等方式提高自己的英語水準。總之，要持之以恆並勇於實踐，這樣妳一定可以攻下英語，讓英語成為妳走向世界、溝通未來的好幫手。

欣賞話劇，進入高雅的藝術殿堂

以人為本，戲大於天。

話劇是一種以對話為主的戲劇形式，它是不同於有電腦特技的電視、電影的具有真實感的藝術形式。它最大的特點就是真實性，因為每一場都是現場直播，即使出了差錯，演員也必須演下去，這就對演員的要求極高，但同時也給觀眾帶來了樂趣，幾乎每場戲都是獨一無二的，妳看到的場景和我在下一場看到的絕不可能完全一樣。

它是一門綜合性藝術，可以少量的使用音樂、歌唱等，但主要敘述手段還是演員在臺上無伴奏的對白或獨白。它本是外國產物，後來經過國人不斷地吸納和改造，實現了創造性的轉化。在當代，不少話劇導演嘗試以西方的戲劇為基礎，主要以對話、形體動作、舞臺布景及聲光背景音樂等多方面的配合來完成一種概念化的講述。觀眾需要從人物對白的背後挖掘深意，從舞臺動作的背後尋找內涵。所以話劇是一種高雅的藝術殿堂，我們需要全身心地領悟，才能領會到對白背後的深意和生活的真意。

生活中，有人部部電影不錯過，有人愛追韓劇，也有一群人，對屬於舞臺的話劇特別來電。話劇對他們就像球迷的世界盃，一場場看過去，集中品味著戲裡戲外的人生滋味。話劇已經成為 21 世紀電視、電影、其他多媒體外的新的娛樂方式。

話劇是一種強烈又震撼的表達方式，它諷刺欲望和墮落，給人們一種思考和自我反省的空間。話劇裡所有的衝突，激烈的愛恨交融都一次性的在一齣劇裡如煙花般美麗盛放。話劇比電視劇更深刻，更觸及靈魂。話劇的最高本性絕不是娛樂，而是要解剖、表現和發現人與人性本身。

　　所以，愛看電影、電視的女孩，也絕不可錯過話劇，話劇具有更強烈的現實意義，欣賞話劇，能讓我們庸俗、浮躁的心靈登上高貴的藝術殿堂，提高我們的藝術素養，讓我們更深刻地認知人生、人性。那麼要怎麼欣賞話劇呢？

1. 欣賞臺詞是一個重點，一部好話劇的臺詞一定是話裡有話。當大幕升起，一齣如自己人生般的話劇演出就開始了。人物開始在臺上走來走去，用一種誇張的語調說著日常生活中的文藝味的對白，就像扯著大嗓門在聊天。這就是話劇中的「話」，它是話劇的一種表現手段，透過語言來向觀眾講述一個完整的故事，有複雜的人物關係和激烈的矛盾衝突。所以，人物的臺詞具有豐富的內涵。用專業的俗語來說叫做潛臺詞，所以欣賞話劇，就要細細品味臺詞。看話劇的第二個欣賞角度是看有沒有戲，這個戲指的是戲劇性。

2. 話劇的戲劇性更強。所謂戲劇性，就是強烈的戲劇動作和尖銳的矛盾衝突。

3. 演員的演技。除了嗓音、形象、咬字清晰這些基本條件外，更重要的是看他對人物的理解和塑造是否準確。演員的臺詞、動作、表演不能過於程式化，要帶有生活化，這樣才符合人物角色的真實情感。所以，看話劇也就是看人物的塑造，在一個飽滿的形象裡，妳可以找到自己的影子。若一部話劇能啟迪妳對生活的思考，那就是一部成功的話劇了。

　　下面介紹一個好看且有意義的話劇供大家欣賞：《陪我看電視》。

這是臺灣話劇導演賴聲川首次在中國創作和執導的舞臺劇,他透過一臺牡丹牌 9 寸電視機在 30 年間的遭遇,記錄改革開放對中國家庭和情感的巨大改變。程前在劇中扮演一臺有點內向的電視機,1980 年他住在都市,是文藝工作團演員林依輪送給文藝女青年張靜初的禮物,取名叫「小寶」;1986年他被送到農村,為老張的拉麵館招攬生意;1993 年他流浪街頭,被發跡後的張嫂扔進垃圾堆,遇到知己方芳,重新振作起來;1997 年他又被送到工廠,成為深圳小資女業餘時間的寄託;進入 21 世紀,小資女變成了女強人,他也跟著住進豪華別墅,卻被男主人扔在「極度空虛」酒吧,最後他終於回到張靜初身邊。

十字繡,繡出妳的脈脈情意

愛和善就是真實和幸福,而且是世上真實存在的唯一可能的幸福。——托爾斯泰

愛情是一種力量,它可以使一個人得到鼓勵和激發,而更有創造性,更有衝勁,也更愛這個世界。—— 羅蘭

十字繡是一種有趣的手工藝,一種休閒的藝術。它起源於歐洲,在全球超過 200 個國家流行,不同的種族、膚色的人們都不約而同地喜歡它。它需要女性有足夠的耐心、信心、恆心、細心和愛心。因此繡十字繡的女子大多是很安靜,對刺繡情有獨鐘的溫柔女子。十字繡繡出的不僅是圖案,還有繡花人的心,更有自己對生活、對愛情的夢想。

在繡的過程中,我們要非常認真、耐心地去數格子,若是有繡錯的地方,我們要心平氣和地拆了重繡;如果自己心急、沒有耐心了,也可暫放一邊,做些其他事情,找個時間再接著繡。另外教給妳一個小絕招:如果繡錯

了，妳也不想拆的化，妳只要把上下左右全都連接好就萬無一失了。

　　十字繡的基本繡法：在我們確定大致的針法後，可先找出作品的中間點，即上下左右的中間點。再找出布的中間點，從這中間點開始往外繡，因此先找出中間點的線號代碼（簡單的作品上面直接有顏色，直接找出線就行），再找出代碼的顏色線。第一針就從中間點繡出，再慢慢地往外數格子，慢慢地繡向整幅作品。繡好後，有些作品需要對其進行勾邊，勾好邊會使作品變得更漂亮，至此一幅作品就這樣全手工地繡出來了。最後清洗、曬乾。再拿到十字繡店裡，進行裝裱。繡十字繡可以讓自己進入一個純淨的自我世界，也可以減緩壓力。這就是十字繡的魅力吧！

　　十字繡最重要的是練就我們的耐性，只要我們有耐心，不急於求成，就一定能繡好。既然繡了，就一定要堅持到底，千萬別半途而廢，這是很多人的通病。只要有空閒，妳就不要停下，不管是心情好時，還是沮喪時。它是我們沮喪時的「情緒轉移」幫手，失戀時的「移情別戀」幫手。這樣我們灰色的情緒就會慢慢變平靜，並於無聲無息中重新感知生活的美好。所以，十字繡不僅是一種時尚，一種休閒，更是一種情緒控制的良方妙藥。

　　有人會認為繡十字繡這種手工藝的女性都是柔柔弱弱的小女人，非也，堅強的女人也愛繡十字繡，她們只是把它作為一種休閒，一種對生活的調劑；妳也不要認為十字繡是個精細工藝，就認為大手大腳的自己做不來，對自己沒有信心而不敢動手，要相信世上無難事，只怕有心人；更也不要把十字繡想的太簡單，而只是草草地繡上幾針；十字繡是一種時尚藝術，它的圖案、色彩、整個畫面，都要求細緻、精美，要粗中有細，突出重點。所以繡十字繡的過程也如同我們的生活，都是先苦後甜，粗中有細，生活才會有滋味。當我們一針一線繡出一件屬於自己的美麗作品時，我們都會有極大的成就感和自豪感。這是迥異於別的休閒娛樂活動的深刻且獨特的人生體驗。

十字繡還抒發了我們強烈的感情色彩。當我們把自己親手繡好的十字繡作品交給某個人時，就相當於交付了自己的一片愛心，傳達的是我們的深情厚誼和濃情蜜意。送給家人，家人見十字繡如同見到妳本人，可以一解他們對妳的思念；給自己的朋友，可以傳達妳對他們的感激和支持；給自己的戀人或老公，可以無聲地訴說妳對他的脈脈情意；說不定某個人看見妳的十字繡，就會喜歡上妳，因為他會馬上聯想到心靈手巧、歲月靜好等美好的詞語，激發他美好的情愫，自然就為妳奏響愛的華爾滋。

　　此外，十字繡還具有很實用的功能。很多女子以賣十字繡作品為生，很多十字繡店以此為生意，我們的生活用品，大到牆上的掛飾，小到手機吊飾、書籤，還有錢包、卡套之類，都可以經由我們的纖纖玉手繡製，這時，我們繡的就不是具體的某個物品，而是我們美好的生活了。

網路時代做網路達人

> 不管妳現在做什麼或有什麼想法，妳都必須要迎接網路，然後適應網路，除此之外妳別無選擇。 —— 世界經濟學家
>
> 如果錯過網路，與妳擦肩而過的不僅僅是機會，而是整整一個時代。聯合國定義 21 世紀的文盲：不能識別現代社會符號的人，不能使用電腦進行學習、交流和管理的人，被認為是功能型文盲。

　　「達人」在古代就已出現，那時候多指尊重和幫助別人的人，現代意義上的達人來源於日語，是由日語漢字直接翻譯過來的，在臺灣很流行。現代的「達人」多指在某一領域非常專業、出類拔萃的人物。一般用法為「XX達人」。以褒義為主，較少貶義。達人的水準高於「高手」。例如「音樂達人」就是在音樂方面非常傑出的人；「灌水達人」就是指在社群網站裡長期

大量發無意義回文，非常熟練的人。此外達人更是充斥著網路，「戀愛達人」、「美麗達人」、「保養達人」、「部落格達人」、「購物達人」、「醫療達人」、「旅遊達人」等。

21 世紀是一個靠高科技資訊支撐的時代，一個有品味的人應該要有做資訊科技菁英的抱負，即使實現不了，也不用氣餒，要轉而安慰自己：玩電腦的目的不一定非當上網站的站長，或成為高級軟體工程師，電腦的意義更多地在於便捷快速地利用網路。

那麼，女孩，妳想成為網路達人嗎？妳想在網路上呼風喚雨、呼朋引伴嗎？那麼學會快速地利用網路吧！網路讓我們不出門，就知道天下事，網路上大量的知識庫存可以讓我們的知識量和資訊量瞬間提高，在網路上學習無疑是一個便捷的方法。網路上還有很多讓我們精神愉快的東西，教我們擺脫空虛、無聊。我們的生活離不開網路。當我們感到鬱悶了，可以透過EMAIL、LINE 等在線上聊天；我們還可以在各大網站上發表文章，與人探討生活的意義，緩解自己的情緒；更可以在網路上看小說、看電影、看電視、玩各種網路遊戲。既增加了我們的見識，開拓了我們的全球視野，釋放了我們的生活壓力，也交到了一批志同道合的朋友，甚至自己的親密戀人。

所以，女孩，若想成為網路達人，下面幾招是妳必須學會的。

1. 與人交換聯絡方式時，除了留下手機、電話外，還要特意強調一下自己的電子郵箱、LINE、IG，時刻提醒別人用網路保持聯絡。

2. 在網路上，可以與各種網友聊天，但從不沉迷其中，對方的年齡、性別、職業不再會讓自己費神。我們可以每天都打開LINE、IG、EMAIL，看看有沒有重要人物或者重要事情找自己。有事情的時候就聊，沒事或者工作的時候就隱身或者退出，省得浪費自己的寶貴時間。如果有可能，也要試著談場網路戀愛，為將來的回憶留點故事。

3. 在臉書、痞客幫等用戶流量大的網站上註冊帳號，並開通部落格。可以發表自己的感慨，寫下自己對生活和工作的感悟，並告知自己的好友，這樣他們就能知道妳的近況，幫助妳客觀冷靜地分析妳的人生困惑。順便還鍛鍊了自己的文筆，想不才思泉湧都不行。要成為各論壇的常客，並能時常發表一些頗有影響力、見地的文章。也可以看別人的文章、好文章，與陌生人分享人生的智慧與感悟。

下面介紹幾招提高自己 blog（部落格）訪問量的祕技：

A. 越早申請 blog，就多一天被點擊。

B. 妳可以置頂妳的部落格，設置「參數設定」，使妳的部落格經常處於最新更新中。

C. 部落格的內容要優質。內容越全面就越能吸引多方面的網友。比如妳寫娛樂八卦類的文章，點擊率會高於妳寫私人情感類；所以，妳可以擴大自己的愛好，全面性地寫點東西，當然前提是自己要喜歡，或者自己擅長的領域。另外一個小訣竅，就是多寫些對當下熱門問題的看法，比如為最新的電影寫影評，為最新的圖書寫書評等，都可以迅速吸引觀眾光臨妳的部落格；另外要做個標題黨，即內容好，也要起個足夠吸引觀眾眼球的標題。妳的部落格如果是琳琅滿目的超市，何愁別人不來光顧呢？總之，讓妳的部落格充滿妳的真知灼見，再加上幾個小訣竅，妳就可以成為時尚的部落格達人了。

D. 好酒也怕巷子深。如果妳只是打算自己寫給自己看或者好友們看，那就不用宣傳了。如果想向外界兜售自己，宣傳自己，滿足自己的虛榮心或者吸引貴人的眼光，那麼妳就要有

「暴露」的癖好了。妳可以隨時去電子布告欄系統的各個版面以各種方式提到自己的部落格。

E. 為了打響自己的個人品牌，可以把妳的 blog 轉載到其他社群的版面。可以部分轉載，提高大家的興趣，這樣大家就都會點妳的部落格鏈接了。

F. 把妳 LINE、IG 的個性簽名、個人資料和昵稱換成自己部落格的鏈接。還可以頻繁地更換自己部落格的廣告詞，通常是自賣自誇的話，比如「史上最強大的部落格」等。

G. 可以讓自己的親朋好友去「點閱」妳的部落格，讓他們發表評論和留言，或者自己用多個帳號去評論。臉皮厚也是增加自己部落格點擊率的一種方法。

H. 一定要串門子，即光顧別人的 blog，尤其是名人的部落格。在別人的部落格裡還可以做自己的部落格廣告。露臉多了，自然能讓別人記住妳的部落格和妳。

I. 與訪問量大的部落格友情鏈接。向部落格主申請友情鏈接，友情鏈接的多了，可以為自己的部落格帶來穩定的訪問量。

J. 轉載一些比較實用的文章。

K. 現在是讀圖時代，寫好文章後，要記得配一張或幾張與自己文字相符的圖片。這樣會讓觀眾覺得放鬆。

L. 登陸搜索引擎。先試試妳的部落格能否在 Google 等搜索引擎網站搜到，如果不能就要申請免費加入搜索引擎網站。

4. 要喜歡在網路世界中衝浪，要會從網路上下載資料、聽音樂、看電影、做股票、理財、訂購商品……這樣才能充分享受網路的優越性。

5. 在小說製造所、晉江文學城、紅袖添香等文學網站看最新的小說，當然若自己有實力和愛好，也可以把自己的小說在這些網站上連載，賺點擊率，等點擊率超過百萬時，妳想沒有名利都不行了。此外，電子書也有很多積分的行銷活動，認真閱讀活動規則，說不定可以免費得到實體書。

6. 另外，要全面地獲取資訊。女孩，不要只看娛樂休閒類的新聞，也要了解一下國家大事，關心國內外的動況，這樣一來，與不同類型的人聊天時，也有自己的談資，可以顯得自己博學多聞。

7. 網路上購物。物美價廉的東西都是比價搜尋來的。網路上東西往往比實體店要便宜幾十或者上百元，還有很多優惠或者促銷活動，所以，只要妳關注它們，就會有驚喜。

8. 最新的電影、最新的小遊戲、最新版的防毒軟體，都是我們應該關注的。

9. 對於網路經濟是泡沫經濟的言論充耳不聞，始終熱愛網路。

10. 要懂得網路流行語。網路達人怎麼能不懂網路術語呢？網路術語天天更新，我們也要與時俱進，否則會被人家取笑過時的。下面摘錄一點網路上盛傳的經典語句，供大家分享，也調劑一下生活。

   A. 事實證明，感情經得起風雨，卻經不起平淡；友情經得起平淡，卻經不起風雨。

   B. 是金子總要發光的，但當滿地都是金子的時候，我自己也不知道自己是哪顆了。

   C. 愛情就像兩個拉橡皮筋的人，受傷的總是不願放手的那個。

   D. 鮮花往往不屬於賞花的人，而屬於牛糞。

   E. 就算是 believe，中間也藏著一個 lie。

   F. 人生沒有彩排，每天都是直播；不僅收視率低，薪水不高。

   G. 寧可高傲的發霉，不去卑微的戀愛！

H. 好的愛情是妳透過一個男人看到世界，壞的愛情是妳為了一個人捨棄世界

I. 廢話是人際關係的第一句。

J. 我不完美，可是我很真實；我不漂亮，可是我很酷；我不富有，可是我很快樂；我不成功，可是我很自信；我不多情，可是我懂得珍惜。

K. 不想變形的金不是好鋼。

L. 哥吃的不是麵，是寂寞。近來，網路上正流行這種集體撒嬌。「哥吃的不是麵，是寂寞。」、「我發的不是文章，是寂寞。」⋯⋯

女人也可以成為巴菲特

> 一個成功的投資者通常是個考慮周全的人，能用天生的好奇和有理智的興趣進行工作以賺取更多錢財。 —— 美國投資大師伯頓・麥基爾

投資是種樂趣，以妳的才智與眾多投資族群抗爭，並發現資產們正以高於妳薪水的成長率遞增是件令人興奮的事，而學習在金融投資形式中出現的產品、服務和創新的新概念也是件振奮人心的事情。

現代獨立女性，不僅有一套自己的人生哲學，也有一套自己的金錢觀。她們關注全球經濟漲落，對那斯達克、道瓊、恆生、日經這些名詞不再陌生，對各國財經狀況也如數家珍。她們可以條理清晰地談論重大的政治事件，比如恐怖攻擊事件、戰爭、自然災害等對一國經濟乃至世界經濟造成的影響之類。她們經常出入於證卷交易大廳，時刻關注股市動態，但從不把發財的希望寄託在股票上，進入股市不過是隨便玩玩，絕不會讓股票的漲跌改

變自己的生活。她們不追逐蠅頭小利，也不做發財夢，所以她們能用心領略到股票所帶給自己的生活樂趣，並將自己培養為潛力股，以此滿足自己的人生理想。

很難想像過去對經濟、金融有天生陌生和恐懼感的女性會一下子對金融產品感興趣。她們會分配好自己的業餘時間，總會把瀏覽經濟類雜誌的時間空出來，而不讓購物、遊玩的時間占滿自己所有空閒，她們的談吐越來越財經化，她們能隨口說出一大堆妳不知道的「經濟常識」，還會按照巴菲特指示的方法讀財報，巾幗不讓鬚眉的時代已經到來。

下面，我們來簡單介紹一下股票的入門知識，以供躍躍欲試的女性朋友們掌握。即使妳現在不想炒股，學點股票知識備用一下，還是很實用的。

1. 什麼是股票？

   通俗來說，股票是股份公司為籌集長期資金而公開發行的一種有價證卷。影響股票價格的一個重要因素就是公司自身的營運狀況。

   在投資股票的市場上，有兩種人，一種人是投機者，一種人是投資者。這兩種人共同影響著股價。投機者往往注重一般市場因素以及上市公司的預期因素，以短期差價作為買賣股票的目的，而投資者則注重上市公司的內在因素，注重中長期投資收益，通俗說法就是放長線釣大魚。

2. 什麼是牛市？什麼是熊市？

   所謂「牛市」（bull market），也稱多頭市場，指證券市場行情普遍看漲，延續時間較長的向上市場趨勢。股市中，後一個上升高點超過前一個上升高點，而每一個次級下跌的低點比前一個下跌底部來的高，那麼主要趨勢就是上升，即為牛市。反之則為空頭市場，也稱為熊市。可以籠統地這樣說，牛市的時候隨便買股票都能賺錢，哪怕是垃圾股。熊市的時候買了股票就跌，長期無法解套。

3. 什麼是 K 線圖？

K 線圖是當前技術分析中的主要工具，又稱蠟燭圖，是我們分析股票的一個重要指標。它由一系列的柱體表示股價的高低及漲跌情況，清楚而直觀，在證券分析領域中有著重要的地位。K 線圖中的柱體有陽線和陰線之分。一般用紅色柱體表示陽線，黑色柱體表示陰線。如果柱體表示的時間段內的收盤價高於開盤價，即股價上漲，則將柱體畫為紅色，反之則畫為黑色。如果開盤價正好等於收盤價，則形成十字線。

4. 幾種股的定義。

· 績優股是指公司營運正常，獲利水準高，過去的業績與盈餘有良好表現的股票，而未來的經營管理和利潤仍穩定成長。

· 成長股是指其銷售額與收益額在不斷迅速成長，並且其成長速度快於國家整個行業成長速度的公司的股票。

· 防守股，在面臨不確定性和商業衰退時其收益和紅利分配卻要比社會平均的高，具有相對穩定性的股票。

· 虧損股，是指那些年度利潤虧損的股票。

另外，在股市中，有幾個指數我們也要留意。它們分別是那斯達克指數、道瓊工業平均指數、標準普爾 500 指數、香港恆生指數、上海證卷交易所指數、深圳證卷交易所指數、日經指數等。

股市不是男人的天下，只要女人掌握了炒股的學問，加上天生的細心、耐心與實踐，女人炒股也並不會比男人差。但是在股票這個大市場中，有太多榮辱浮沉、悲喜交加的故事。所以，女孩，如果想要進行股票投資，就要掌握投資規律，且要小心謹慎。

此外，現在越來越多的女孩開始關注基金，想借「金基」生金蛋。因為這種投資方式比起股票來要穩定得多，風險也要小很多，所以，在對股票

狂熱的時候，不妨冷靜地學點較為保險的基金知識。還有其他投資，比如外匯、期貨、股票指數期貨、保險、債券、貴金屬、收藏和信託等。女孩，她時代，要愛金錢，做個會理財的「財女」，才能使我們的生活變得更有滋味。

女人也可以購買自己的房子

> 女性要超越不平等，首先得有一間自己的房子。這房子包括適當的物質條件，而更主要的是女性完全自己主宰自己的心靈。 —— 吳爾芙
> 女人的獨立是從擁有自己的房間開始的。 —— 英國女作家吳爾芙

在日常生活和經濟生活中，在我們一般人的觀念裡，房子一直是一個關鍵字，「安居樂業」一直是我們追求的理想生活，好像只有有了房子，我們才會覺得生活美滿、安定。所以，可以說，大部分人打拚一輩子就是為了有好的居所，有個承載自己及家人的樂園。

在如今的社會，對獨立女性而言，房子，是其最可靠的情人。很多女性談過很多次戀愛，受過騙，更受過傷，對男人、對愛情的信心越來越少。於是，買房子給自己就成為很多女性婚前的行為。因為對她們而言，相對於感情的變數來說，房子要可靠得多了。這也讓她們的單身生活有了一定的底氣 —— 即使一輩子也遇不到那個人，至少，我還有一套房子。她們根本不理會自己買房，會對男方造成很大壓力，而導致自己結婚的機會會減少的那套傳統理論，因為房子給她們的安定感和踏實感相對要比一個男人給他們的安全感要多。女人，在心靈上獨立的生活空間裡，才會感到安適和平靜。現代女性有自己獨立的房子，這不僅是社會物質的進步，而且是女人思想的進步。

對於二十幾歲的女孩來說，買房還是提高自己生活品質的一種很重要的

投資方式。但是女孩，買房不是小事情，所以在買房之前一定要做好以下準備工作：

1. 買房的契機。有報告預測，未來 2 ～ 3 年，房價漲幅會會大幅超出居民實際購買力，房地產市場會有政策無法「熨平」的波動。所以從長期看，房地產市場具有高成長性。

2. 收集房源資訊，全面了解當地的房屋市場。即使房價過高，也擋不住很多人買房的熱情。這個時候，妳需要對所在地的房屋市場有個全面的了解，尤其要特別熟悉自己打算買房社區內的環境、房屋價格、配套設施、付費方式以及發展趨勢，滿足自己的居住要求，也方便上班、上學、購物及人際交流。如果妳只是單純投資房地產，那麼妳要重點考慮房地產所在位置的升值潛力及住宅自身的品牌效應，還有開發商的信譽、社區規模、物業管理服務水準等。不要嫌麻煩，畢竟買房可能是我們最大的投資了。

3. 要正確估計妳的首付能力、還貸能力。要做好妳的支出預算：每月房屋貸款不應超過稅前月收入的 1 ／ 3。每月債務總和（包括房屋貸款、汽車貸款、信用卡等）不應超過稅前月收入的 2 ／ 5。買房之前可以向妳的會計師或貸款專家詳細諮詢，請他們根據妳的收入情況為妳做詳細分析，並出示一份貸款證明。此外，要比較貸款利息的高低。利息若是升高，則妳的購買力會相對下降。

4. 買房後的其他的開銷要計算好並考慮周全。這些開銷包括各類保險，房屋維修保養費用（屋頂、管路、空調等），水電煤氣以及社區管理費用等開銷。

5. 要擁有良好的銀行信用。因為它直接關係到妳能否申請到貸款以及貸款利息的高低。妳可以向信用卡銀行或貸款公司索取一份信用報告。

6. 第六，在買房前盡量削減其他大的開銷，如購買汽車等，否則將影響妳的償貸能力。

誰說只有男人才能買房，女人同樣可以買房。有一則房地產廣告是這樣寫的：「愛情易碎，買房萬歲。」越來越多的年輕職業女性在婚前便購買了屬於自己的住房，這樣做既是為了追求獨立的生活，也是一個不錯的投資，為自己累積財富。在很多預售屋接待中心上，都能看見職業女性的身影，所以，房地產如果缺少了女性消費者，那一定會很寂寞。

星期五　我的身體我做主

上帝創造出了飛鳥、游魚和動物：讓自己永遠活力四射

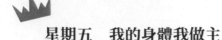

懂得養生保健才能有恆久的美

> 沒有任何東西比妳自己的身體值錢。對自己好一點，並不浪費。記住這一點，才有資格好命。── 吳淡如
>
> 世上最好的醫生是飲食有度、保持平安與喜悅的心情。── 史威夫特

自古美人最怕遲暮，相信每一個女人都不願接受自己皮膚衰老時的模樣，所以有些勇敢前衛的年輕女孩為了維護自己的「美麗」，輕則減肥，可以連續一週只喝清水充飢。還有的毅然躺在手術臺上，不惜以身試刀，就是為了更美麗，或者留住美麗。

很多年輕女孩，自恃年輕，可以瘋狂地玩，可以瘋狂地熬夜，把自己累病了，就常常找醫師，光顧醫院、診所。

還有很多二十幾歲的職業女性總是感到「很累，不想工作，看到辦公桌和電腦就開始煩」，「渾身無力、思想渙散、頭痛、眼睛疲勞」，「整個白天都容易疲倦，想睡覺，上了床卻經常睡不著」。

很多女孩在起立時會眼前發黑或者眼冒金星、耳鳴、咽喉有異物感、胸悶不適、肩膀酸痛僵硬、便祕、容易暈車。到醫院查來查去醫生也說不出個所以然，因為，各種指標都在正常範圍內。其實她們沒有病，只是由於種種原因處於亞健康狀態。其中二十幾歲的「白領族」成了重要的亞健康群體。

所以，健康問題逐漸成為大眾關注的焦點，尤其是 20 幾歲想永遠保持美麗的女性。因為她們知道，活力四射的自己才能承擔人生的風雨，實現自己的人生價值，神采奕奕的自己加上健康的身體才能永遠吸引男性的目光，自己也才會成為人間最美的風景。

所以，二十幾歲的女孩，若想讓妳的一生過的幸福快樂，就不要過早地透支身體，要懂得養生保健，這樣我們才是真正富有的人，也才能有恆久的美。

養生保健包括：

1. 均衡營養，平衡飲食

   大腦的正常運轉離不開脂肪類食物，但過多地攝入，會增加體內的疲勞感，因此應適量食用。

   充足的維他命能為身體注入活力，所以維他命的攝取要盡量衝足。維他命 C 是皮膚膠原蛋白合成的必要因素，維他命 A 是表皮細胞正常分化的關鍵因素，而維他命 B 族在新陳代謝中起著調節作用。維他命 D 有助於預防肥胖。這些維他命我們可以從瓜果蔬菜中攝入。

   此外，微量元素也是不能缺少的。到目前為止，已被確認與人體健康和生命有關且必需的微量元素有 18 種，即有鐵、銅、鋅、鈷、錳、鉻、硒、碘、鎳、氟、鉬、釩、錫、矽、鍶、硼、鉤、砷等。

2. 增加運動：運動可以增強我們的心肺功能，改善血液循環系統、呼吸系統、消化系統，提高我們的免疫力和抗病能力，是增強體質的最積極、有效的方法之一，還對神經系統的調節有很大作用，可以提高我們的反應能力，疏解我們的壓力和壞情緒。

3. 少菸少酒：據科學研究，菸在燃燒時，能釋放出二、三十種有害的物質，大家熟知的尼古丁就是其中之一。抽菸不僅傷肺，還可導致呼吸系統、心血管以及消化道等內臟中的疾病，直至發生癌症。喝酒不僅傷肝，更傷全身。喝酒會引起心率加快、皮膚升溫、頭暈噁心、神智不清、神經系統指揮失靈，由此還會產生一系列不良後果。喝酒還會加重抽菸危害。

4. 保證睡眠品質：睡眠是人類自身對腦和整個神經系統的有效調節。在高品質睡眠狀態下，體內會出現一系列有利於生理、生化的變化，起到除病延年的作用。

5. 積極樂觀：一個人最大的破產是絕望，最大的資產是希望。凡事樂觀，我們就會少些心理垃圾，人生也會輕鬆許多。

6. 勞逸結合，張弛有度：既要高效率地工作，承擔起應付的責任，也要張弛有度，懂生活，會享受。時時刻刻調劑自己的身心，我們才有精力更高效率地工作。

合理飲食，均衡營養

> 人若想健康，就必須使體內有足夠的「氣」來「氣化」所進食的食物。只有這樣，妳的體內才不會累積垃圾，不會有多餘的食物來釋放游離的「虛火」損害妳體內的臟器。這個「虛火」反過來會損耗妳的「氣」。所以，從這個意義上來講，現代人生病，大多數是飲食不節的緣故。── 中醫劉逢軍

追求高品質的生活，是我們每個人的追求，也是二十幾歲女性的生活信條。我們離不開飲食，飲食是我們生活的重要構成部分。若想保持健康的身體，我們必須從飲食著手，食療養生是養生保健最重要的方式。

營養學家認為，世界上最好的三位醫生分別是正確的飲食、合理的休息和愉快的笑聲。飲食是健康的關鍵，是保持健康的第一祕訣。

＊　　＊　　＊　　＊

宋美齡，生於 1897 年，逝世於 2003 年，享年 106 歲。她以 106 歲的高齡，走完了她美麗輝煌的一生。眾所周知，宋氏家族是高癌家族，宋美齡本人也因為乳腺癌曾兩次手術，老年因卵巢囊腫在美國再次做手術。那麼她有何養生祕訣使她如此高壽呢？這與她合理的膳食結構有很大關係。

宋美齡平日特別喜歡吃水果、生菜，而且什麼水果都喜歡吃，飲食多以

清淡為主，幾乎不吃油膩的食品。她一天三餐的菜譜是這樣的：早餐是一杯牛奶、兩片吐司、一點奶油，外加一碟鹽水浸過的芹菜之類的蔬菜。午餐為一盤生菜沙拉、半碗米飯，也有少量的湯。晚餐仍為半碗米飯，兩葷兩素。

後來，她減少了自己一直喜歡吃的甜食。她幾乎每天都會用磅秤稱體重，只要發覺自己稍微重了些，就立刻改吃青菜沙拉，不吃任何葷的食物。如果體重恢復到她的標準以內，她有時會吃一塊牛排。此方法貴在持之以恆，天天稱體重，就會天天監督自己，自己的體重自然就不會增加。

在宋美齡的廚房裡沒有過多的食物，都是按少量、新鮮、清淡、精緻的原則配置好的食物。即便如此，她為了保持苗條的身材，仍舊吃得很少，還會在每天早上進行腿部按摩。

由於她合理飲食，得到均衡的營養，所以，她不僅身材保持得很好，而且她的基礎代謝率不是很高，動脈硬化的程度相對來說小很多，重要器官如心、腦、腎的功能就得到很好的保護，血管系統因年齡增長而受損的程度也低，胰腺分泌胰島素的功能包括內分泌功能都處於良性運轉狀態。

宋美齡的養生之道是比較成功的，她活了 106 歲就是最好的證明。

宋美齡的養生之道給我們很大啟發：若想保持健康苗條的身材，養成良好的飲食習慣是很重要的。

二十幾歲的女性由於生理上的特殊性，對飲食應有自己的特殊要求。以下為妳歸納了有助於女性健康的八條飲食原則。

1. 進食量以七分飽為宜。
2. 多補充點優質蛋白質。優質蛋白質以魚類、禽類、蛋類、牛奶、大豆為佳。
3. 瓜果蔬菜好處多。維他命多分布在蔬菜水果中，因此多吃蔬菜水果，可以攝取人體所需的維他命，對保護心血管和防癌很有好處。我們每天都

應吃不少於 500 克的蔬菜水果。

4. 口味要清淡點。鹽吃多了會加重心、腎的負擔，一日的食鹽量應控制在 6 克以下，同時要少吃醃肉和其他鹹食。

5. 要葷素兼顧，粗細搭配，吃的品種越雜越好。每天主副食品不應少於 10 樣。

6. 吃飯不要太快。吃得慢，才能使食物消化得更好，吃得更香，也容易產生飽足感，可防止吃得過多。

7. 早餐要吃且要吃得好。早餐應占全天總熱量的 30％～ 40％，品質及營養價值要高一些、精緻一點，便於提供充足的能量。

8. 晚餐盡量早點吃。晚餐不僅要少吃點，而且要早點吃。飯後宜稍微活動，以利於促進飲食消化。

　　二十幾歲的女性，如果想讓自己健康幸福、光彩照人，就應該培養良好的飲食習慣，合理飲食，營養均衡。

早餐不可不吃

> 大腦功能在很大程度上取決於妳早上吃什麼。

　　現代的生活節奏加快，許多女孩為了增加自己睡覺的時間或者減肥，就把早餐減去了，或是馬馬虎虎應付過去了，其實營養學研究證明，早餐是人類一天中最重要的一頓飯，也是每個人一天中最不容易轉變成脂肪的一餐。早餐是我們大腦活動的能量之源，豐盛營養的早餐可使人精力充沛，學習效率與工作效率倍增。

　　我們的身體經過一夜的休眠後，胃裡會分泌很多胃酸，這個時候需要食物去中和、沖淡這種胃酸，如果不吃早餐，或長時間空腹，過多的胃酸就會

在胃內發生腐蝕作用，會刺激胃黏膜而導致胃部不適，久之則可引起潰瘍、胃炎等；如果空腹時間過長，會引起消化液分泌減少，進而引起胃腸病。夜間，我們的身體會喪失許多水分和營養素，如果早上不進食，就不能彌補我們夜間所消耗的能量，結果使血液黏稠度增加，又不利於一夜間產生的廢物排出，從而增加罹患結石以及中風、心肌梗塞的危險。膽結石患者約有90%以上是不吃早餐或少吃早餐的人。不吃早餐或少吃早餐，空腹時間過長，膽汁分泌減少，但膽固醇含量卻沒有改變，久之，膽囊內大量膽固醇膽汁就會引起膽結石的發生。同時，由於不吃早餐，人體需要的膳食平衡得不到滿足，早上所需要的能量便只能以消耗體內的肝糖和蛋白質來補充，久了就會造成代謝紊亂，導致皮膚乾燥、起皺紋和貧血等，加速人的衰老。不吃早餐，身體因缺少熱量，會動用腦下垂體、甲狀腺、副甲狀腺等去燃燒組織，有可能會造成腺體亢進，還易患高血壓、糖尿病等慢性疾病。此外，也會影響胰島素調節機能，誘發胰島素阻抗，易罹患心血管疾病。另外若是不吃早餐的話，等到吃午餐的時候，必然會很餓，就會暴飲暴食，這樣想透過不吃早餐而減肥的目的非但泡湯了，反而還會增肥。而且不吃早餐，上午學習或者工作的時候會有飢餓感，容易使我們沒有精神，腦力無法集中，反應會變得遲鈍，影響我們的學習和工作效率，長期這樣，我們就會得胃病，產生便祕，對我們的身體也是有害的。

所以早餐很重要，早餐、午餐和晚餐的比例最好是3：2：1，即早餐要吃得像國王，中餐吃得像紳士，晚餐吃得像貧民，這樣子就能讓妳在一天內所吃的精華在體力最旺盛的時間內消耗掉。

根據營養均衡的要求，營養學家們認為，正確的早餐食用方法應包括四種類別的食物，它們是：

1. 以提供能量為主的，主要是碳水化合物含量豐富的糧穀類食品，如麵包、米飯（粥）、饅頭等；
2. 以供應蛋白質為主的，主要是肉類、禽蛋類食品；
3. 以供應礦物質和維他命為主的，主要指新鮮蔬菜與水果；
4. 奶類與乳製品、豆製品。

　　如果早餐中上述 4 類食物都有，則為早餐營養充足；如果食用了其中的 3 類，則早餐品質較好；如果只選擇了其中的兩類或兩類以下，早餐品質則較差。

　　合理的早餐食品應該富含水分和營養。牛奶、豆漿符合上述要求，可任選一種，還應加上其他「乾糧」，但這類食品消化較快，因此還要有適量的蛋白質和脂肪、雞蛋、豆製品、瘦肉、花生等，這樣不但可使食物在胃裡停留較久，還能使人整個上午精力充沛。另外還需吃一點水果和蔬菜，這不僅是為了補充水溶性維他命和纖維素，還因水果和蔬菜富含鈣、鉀、鎂等礦物質，屬於鹼性食物，可以中和肉、蛋、穀類等食品在體內氧化後生成的酸根離子，達到鹼平衡。

　　所以，關愛自己，就從吃早餐開始！

27 種保持皮膚水嫩的瓜果蔬菜

春寒賜浴華清池，溫泉水滑洗凝脂。—— 唐代詩人白居易
世界上沒有比結實的肌肉和新鮮的皮膚更加美麗的衣裳。—— 俄國著名詩人馬雅可夫斯基

　　「柔嫩的皮膚勝過最美麗的衣裳」，這句話是很有道理的。從審美的角度看，不管什麼皮膚，總以細膩柔嫩、紅潤光澤、白皙潤滑、富有彈性為美。

　　近年來，女性的健康和養生保健意識普遍增強，20 幾歲的女孩也開始

注重保養之道，這是很聰明的做法，但是會保養的妳知道多少種能美容的瓜果蔬菜呢？瓜果蔬菜是自然界中的天然食物，是最好的美容保養品，既可內服，又可外用，因此瓜果蔬菜是大自然饋贈給女性最美的禮物。我們在享受晶瑩剔透、可口的瓜果蔬菜的同時，也可使得自己的皮膚得到滋養，身體得到調理，容貌得到美化。所以，自然界中光鮮的、富有光澤的瓜果蔬菜與女性嬌美的肌膚相得益彰。瓜果蔬菜讓女性煥發光彩，更加美麗，而美女則讓水果更加香甜。

下面介紹 20 多種能嬌嫩皮膚的瓜果蔬菜，供女性朋友參考、採用。

1. 黃瓜可美白消斑。黃瓜含有膠質、果酸和生物活性酶，可促進身體代謝，能治療曬傷、雀斑和皮膚過敏。黃瓜中含有豐富的維他命 E，可起到延年益壽，抗衰老的作用。把黃瓜搗汁塗擦皮膚，有潤膚，舒展皺紋功效。

2. 馬鈴薯是天然的美白食品。小小的馬鈴薯含有人體必需的多種營養：磷、鐵、鈣、胡蘿蔔素、維他命 B1、維他命 B2、維他命 C、泛酸、膠質、檸檬酸、鉀鹽、茄鹼等，對人體有很奇妙的作用。它不僅是世界性減肥食品，還是天然的美顏食品，具有很好的呵護肌膚、保養容顏的功效。將馬鈴薯汁液直接塗敷於臉部，不僅可以美白，還可以舒緩被曬黑的皮膚，使其重新白皙起來。馬鈴薯對眼周皮膚及臉部缺陷亦有良好的美顏效果。

3. 番茄防曬美容。番茄含有豐富的抗氧化劑 —— 番茄紅素，可使曬傷指數下降 40%，特別是熟番茄。所以，番茄是最好的防曬食物。

4. 白蘿蔔可養顏益血。白蘿蔔含有豐富的維他命 C，常吃可抑制黑色素的形成，減輕皮膚色素的沉積。另外白蘿蔔可「利五臟，輕身益氣，令人肌肉白淨」，從而起到養顏益血的作用。

5. 黃豆芽可嫩白肌膚。黃豆芽含有豐富的維他命 C，常吃可保持皮膚彈性，防止皮膚衰老變皺，另外還含有可防止皮膚色素沉著、消除皮膚雀斑、黑斑的維他命 E，可使皮膚變白，所以是實實在在的養顏聖品。

6. 絲瓜是抗皺聖品。絲瓜含防止皮膚老化的維他命 B1，增白皮膚的維他命 C 等成分，能保護、潤滑皮膚、消除斑塊，使皮膚潔白、細嫩，防止皮膚產生皺紋，是不可多得的美容佳品，故絲瓜汁有「美人水」之稱。

7. 苦瓜是清熱美容食品。苦瓜含蛋白質、糖類、粗纖維、維他命 C、維他命 B1、維他命 B2、尼克酸、胡蘿蔔素、鈣、鐵等成分，具有清熱解毒排毒、養顏美容的功效。其維他命 C 的含量是柑橘的兩倍多，是天然的美容劑。經常食用能增強身體免疫力，促進皮膚新陳代謝，使肌膚細膩光滑、有彈性。

8. 蘑菇是防老抗衰食品。蘑菇營養豐富，富含蛋白質、維他命，脂肪低，無膽固醇。食用蘑菇會使女性激素分泌更旺盛，能防老抗衰，使肌膚豔麗。

9. 紅蘿蔔是「東方小人參」。紅蘿蔔含有豐富的胡蘿蔔素，可清除致人衰老的自由基，除維他命 A 外，所含的維他命 B 群和維他命 C 等營養素也有滋潤皮膚、抗衰老的作用。因此紅蘿蔔被譽為「皮膚食品」、「東方小人參」。

10. 地瓜是護膚美容品。含大量黏蛋白，維他命 C 也很豐富，所含維他命 A 接近於紅蘿蔔的含量，還含有多種維他命，離胺酸含量高於白米和白麵。能降膽固醇，減少皮下脂肪，補虛乏，益氣力，健脾胃，益腎陽，從而有助於護膚美容。

11. 木瓜是美化嫩白肌膚的妙品。木瓜富含 17 種以上胺基酸及鈣、鐵等，還含有木瓜蛋白酶、番木瓜鹼等。半個中等大小的木瓜足以供給成人整天所需的維他命 C。木瓜素有「萬壽果」之稱，多吃可延年益壽。除了能

抗氧化和促進肌膚的正常代謝外，還可以迅速地改善粗糙肌膚、深層清潔、白嫩肌膚、活氧、淡化斑點和豐胸美白。

12. 香蕉讓肌膚更透亮。香蕉具有天然的果酸，有保濕潤澤的美膚功效，再加上鮮奶的調和的話，能有不錯的保濕效果。香蕉的油分與維他命成分敷臉後能滲入皮膚，潤澤寶貝我們的肌膚。尤其特別適合乾性肌膚者使用，用完之後格外滋潤。

13. 西瓜防曬美容效果好。西瓜不僅補水，其汁液中還含瓜胺酸、丙氨酸、麩胺酸、精胺酸、蘋果酸、磷酸等多種重要的有益健康和美容的化學成分。這些成分，易被皮膚吸收，對臉部皮膚的滋潤、營養、防曬、美白效果好。

14. 奇異果讓妳越吃越美麗。奇異果是人人都稱讚的美容水果，豐富的維他命 C 含量，是很多水果都望塵莫及的。而維他命 C 對於美容、防止雀斑、黑斑、延緩老化都非常有助益。

15. 蘋果潤澤養顏。蘋果素來享有「水果之王」的美譽。蘋果中含有 0.3% 的蛋白質，0.4% 的脂肪，0.9% 的粗纖維和各種礦物質、芳香醇類等。其所含的大量水分和各種保濕因子對皮膚有保濕作用，維他命 C 能抑制皮膚中黑色素的沉著，常吃蘋果可淡化臉部雀斑及黃褐斑。蘋果中還有銅、碘、錳、鋅、鉀等元素，人體如缺乏這些元素，皮膚就會發生乾燥、龜裂、奇癢。

16. 草莓養顏又防病。草莓富含維他命 C，能抑制黑色素的增加，防止雀斑、黑斑的形成。經常食用草莓能使皮膚細膩有彈性。

17. 桑葚的美容保健作用。桑葚的果實中含有豐富的維他命和有機酸，還含有豐富的活性蛋白。所以，經常食用桑葚可以促進胃液分泌，刺激腸蠕動，同時可以幫助提高睡眠品質，是老少皆宜的佳品。桑葚的養血功效可以幫助抗衰老，滋養皮膚，讓臉色紅潤。

18. 銀耳是皮膚最佳滋養品。銀耳有「強精、補腎、潤肺、生津、止咳、清熱、養胃、補氣、和血、強心、壯身、補腦、提神」之功用。常服銀耳湯，還可起到嫩膚、除斑、美白、美容的效果。但前提是必須要長期堅持服用，至少一個月，才能看出效果，如果只是偶爾吃，是不能改善皮膚的。

19. 嬌嫩「醋美人」的養顏護膚祕訣。醋能夠防止色素斑的形成。皮膚粗糙的人，將 5 份食醋與 1 份甘油混合調勻，塗抹於皮膚上，經常使用能使皮膚變得光潔、細膩。洗臉、洗手、洗澡時加入 1 ～ 2 湯匙食醋，長期使用，可使皮膚變得光潔、細嫩。

20. 蜂蜜是世界上最好的養顏護膚品。蜂蜜富含維他命 B、維他命 D、維他命 E、果糖、葡萄糖、麥芽糖、蔗糖、優質蛋白質、鉀、鈉、鐵、天然香料、乳酸、蘋果酸、澱粉酶、氧化酶等多種元素，對潤肺止咳、潤腸通便、排毒養顏有顯著功效。

21. 枸杞是延長青春的妙品。含有甜菜鹼、多醣、粗脂肪、粗蛋白、胡蘿蔔素、維他命 A、維他命 C、維他命 B1、維他命 B2 及鈣、磷、鐵、鋅、錳、亞油酸等營養成分，對造血功能有促進作用，還能抗衰老、抗突變、抗腫瘤、抗脂肪肝及降血糖等作用。常服有美白皮膚的效果，明目安神，甚至被認為可令人長壽輕身。

22. 黑色食品的補血養顏作用。「黑色食品」包括具有黑顏色的食品和粗纖維含量較高的食品。常見的黑色食品有黑芝麻、黑豆、黑米、黑蕎麥、黑棗、黑葡萄、黑松子、黑香菇、黑木耳、海帶、烏骨雞、墨魚、甲魚等。常食用可達到補血養顏、強身健體、補腦益精、防老抗衰的作用。

23. 常食薏仁可美容瘦身。薏仁含蛋白質 16.2%，脂肪 4.6%，碳水化合物 79.2%。常吃可以保持人體皮膚光澤細膩，消除粉刺、雀斑、老年斑、

妊娠斑、蝴蝶斑，對脫屑、痤瘡、皸裂、皮膚粗糙等都有良好療效。有首民謠這樣唱道：「薏仁勝過靈芝草，藥用營養價值高，常吃可以延年壽，返老還童立功勞。」

24. 肉皮 —— 廉價美容品。豬皮中含有大量的膠原蛋白質，它在烹調過程中可轉化成明膠，明膠具有網狀空間結構，它能結合許多水，增強細胞生理代謝，有效地改善身體生理功能和皮膚組織細胞的儲水功能，使細胞得到滋潤，保持濕潤狀態，防止皮膚過早起皺紋，延緩皮膚的衰老過程，乃食補、美容之佳餚。

25. 桃花能活血養顏。桃花中含有山柰酚、優質蛋白質、纖維素及多種維他命，具有神奇的美膚養顏效果。

26. 滋養皮膚的美容水產。水產食物與皮膚黏膜的生理代謝有密切關係，經常食用會使皮膚黏膜必需蛋白質、胺基酸、維他命和微量元素得到補充和代謝。這類食物主要有魚翅、干貝、海蜇皮、海帶、白帶魚、蝸牛等。

27. 珍珠養顏抗衰老。珍珠含有人體所需要的幾乎所有的生命元素。珍珠中鈣的含量高達 92.5%，還含有豐富的胺基酸，胺基酸是構成蛋白質的基礎原料，人體約需 20 種胺基酸以維持各種蛋白質的平衡，珍珠就含有 18 種，珍珠還含有鐵、鋅、錳、硒等 30 多種微量元素；還含有多種維他命和肽類。所以，常食用珍珠類產品，可讓身體處於平衡健康的狀態，煥發生命的光彩。

以上這些天然食品不僅能讓妳「容光煥發」，更是幾乎沒有副作用的「化妝品」，健康美麗，就從做吃健康食物開始吧！

睡美人

> 不覓仙方覓睡方。 —— 古代養生家
>
> 睡眠跟戀愛相似。 —— 張小嫻
>
> 早睡早起使人健康、幸福和聰明。 —— 班傑明‧富蘭克林

世界衛生組織有一項統計資料顯示，全世界有四分之一的人都在遭受失眠困擾，女性的平均失眠次數比男性要高出 1 倍多，她們一天的平均睡眠時間只有 6 小時 41 分鐘，而必須外出工作的媽媽們，也會有四分之三的人總感到很疲倦，失眠幾乎成了女人的「流行病」。

女性失眠發生率高於男性，首先與她們特殊的生理和性格特點息息相關。女性處於經期、孕期和更年期時，體內雌激素和孕激素水平的變化都會對睡眠造成影響；此外，女性細心、追求完美、敏感、脆弱等性格特點，也使得她們更易失眠；女人的情感往往更豐富，對情感的經驗也更細膩、敏銳，心理承受能力相對較差，因此如果在睡前常想些情感、婚姻生活與工作中不如意的事情，女人就會情緒低落、悲觀厭世，從而就導致了女性的失眠。

「會睡的女人美到老」，此話一點都不假。如果僅僅是一個或幾個晚上睡不好覺的話，還不能讓女人認為自己有了嚴重的失眠問題，但女人如果長期失眠或睡眠品質低、睡眠不足，就會加速女性皮膚的老化，使愛美的女性過早地衰老，面色晦暗無光，臉部皺紋特別是眼角皺紋會越來越多，皮膚也會變得越來越粗糙。

除了影響容顏的美麗，失眠還會帶來一系列嚴重的健康問題。有研究證明，每晚睡眠不足 5 小時的女人與每晚睡足 7 小時上的女人相比，前者患上肥胖症的機率比後者高 15%，因為失眠有可能會增加飢餓感，從而影響身體的新陳代謝，使得女人吃宵夜，進而難以保持苗條的身材；此外，女性長期

睡眠不足，還會使免疫力下降，因而輕易地就會染上感冒、腸胃疾病以及神經衰弱等，還會引起人體血液中的膽固醇增多，使心臟病的發生率升高，增加罹患乳腺癌的危險。特別重要的一點是，如果總睡眠時間不足 6 小時，就會多夢，尤其是噩夢頻頻，醒後不僅不能解除疲憊，還會對白天的行為造成影響，出現白天睏倦、頭暈、注意力不集中的現象，使人們創造性的思考變得遲鈍，甚至莫名其妙發脾氣，增加抑鬱的危險。

總之，失眠過後隨之而來的便是精神的萎靡不振、身體各大功能系統的紊亂、陰陽平衡的失調，進而又陷入更加嚴重的惡性循環中。

所以，愛美的女性就必須保證允分的睡眠。睡眠，不僅能解除人體的疲勞，使人早起容光煥發，還能美容養顏。

那麼如何才能睡個健康美容覺呢？

1. 早睡早起。女性朋友要注意睡眠的規律，最好早起早睡，或者定點睡定點起，10 點左右上床醞釀睡意最好，即使妳沒那麼睏也要上床，最晚不要超過 11 點睡。因為進入 11 點，人體各個器官就開始修護、排毒，如果妳晚睡，妳的肝臟等器官就十分容易出問題。人體是有固定的生理週期和規律的，妳人為地破壞了或者顛倒了，妳醒來後的精神就不會很好，還會感到全身疲乏，就像沒有睡覺一樣。所以，要養成早睡早起的良好生活習慣和健康的生活方式，每天 11 點前睡覺，早上 7 點左右起床，這樣就能保證每晚有不少於 8 小時的充足睡眠，中午再小憩 15 ～ 30 分鐘，長期這樣會給妳帶來好的氣色和健康的身體。

2. 要有良好的睡眠環境。室內溫度要適宜，不要過冷或過熱；睡前不要吃得過飽，增加腸胃的負擔；晚飯後要做適量的運動，增加身體的疲勞度，對促進晚上的睡眠有幫助。

3. 食療加速睡眠。失眠的女性在睡前不妨喝杯能鬆弛神經的牛奶，多吃一些有助睡眠的食物，如蘋果、紅棗、百合、小米粥、核桃、蜂蜜、葵瓜子等。

4. 保持樂觀的心情。天塌下來當棉被蓋，沒有什麼大不了的事。

另外還有幾招女性睡眠美容法：

1. 晚餐中盡量避免或少量攝取鹽分及酒，以免早上起床時面部及眼睛四周浮腫；

2. 做足清潔。睡前一定要徹底清潔臉部化妝，用化妝棉沾「收斂化妝水」或其他精華液輕拍臉部，並抹上乳液；並用化妝棉沾濕眼部清潔液，放在眼皮及睫毛上 10 ～ 20 秒鐘，再用化妝棉輕輕擦拭乾淨，用溫水浸泡過後擰乾的茶袋壓在眼皮上 10 分鐘，再塗上眼霜；睡前用熱水泡腳，然後在腳上塗抹乳液，並用雙手在腳趾、腳底、腳面反覆按摩，伸直腳趾 5 秒鐘，再彎曲 5 秒鐘，每隻腳各做 5 次，有助於緩解一天的疲憊，讓妳美美地睡一覺。勤洗澡或者泡澡，洗好後，用潤膚乳或潤膚油按摩全身，再穿上烘過 10 分鐘的棉睡袍或浴衣。這樣會使自己的身體處於溫暖的狀態，有利於加速睡眠，還可以使肌膚更顯光滑和富有彈性。

3. 不但睡前要徹底卸妝，而且每個星期都要盡量更換枕頭套，因為我們的頭油和汗會被枕套吸收，會反過來影響我們的臉部皮膚，使得我們長痘痘。同時避免使用吸收力差的聚酯纖維布料做床上用品。換上絲質或綢緞質地的枕頭套，減少臉部和枕頭之間的摩擦，可以有效防止皺紋。

4. 植物性純天然產品不僅能夠發揮保養的功效，更有天然植物的香味，具有鎮靜和助眠的效果。像玫瑰果，薰衣草，蓮花，蘭花，蜂蜜或者奶香，抹上後按摩，深深地呼吸空氣中迷人的香氣，讓妳香香地睡去，美美地醒來。

依此做來，不多時日，妳便會為自己的容顏改觀而大歡喜，輕輕鬆鬆，妳就可以成為美麗、健康的睡美人。

女孩，面對婦科檢查別走開

> 婦科檢查是女性的一道「護身符」。
> 女人的子宮，一生都要精心呵護！ ── 醫學專家

女性除了怕自己容顏衰老外，就是害怕遭遇「紅顏殺手」，即患上婦女病。根據世界衛生組織的最新調查顯示，48.5%的白領女性同時患有包括子宮頸疾病在內的 3 種或 3 種以上婦科疾病。婦科疾病已成為隱藏在女性體內的「定時炸彈」。有些女性覺得婦女病是難言之隱，覺得能挨過去就挨過去，也沒有多痛苦，殊不知，等嚴重了再去醫院檢查的時候，可能已病入膏肓。宋美齡的長壽祕訣之一就是身體不適就及時去醫院檢查。我們雖然沒有必要一有風吹草動就上醫院，但是牽涉到婦科疾病時，我們還是不要大意，去做個婦科檢查，也為自己買一個安心，買一個保障。

近幾年來，演藝圈很多耀眼的紅顏皆因為婦科疾病而香消玉殞了。遠的有 2003 年年底芳華絕代的梅豔芳，她因為子宮頸癌引起的肺功能失調，不幸病逝，終年 40 歲，真應了「紅顏薄命」這句古話；還有 2009 年 3 月分逝去的，在瓊瑤連續劇《情深深雨濛濛》中飾演方瑜的女演員李鈺，她患淋巴癌醫治無效而病逝，年僅 33 歲；著名歌手阿桑因淋巴癌轉移至乳腺而病逝，年僅 34 歲。這些如花美眷就像一顆顆美麗的流星，照亮了星空，卻也帶給我們很多遺憾，同時也為廣大女性敲響了警鐘。病魔不分年齡，無論名利尊卑，無論美醜，只要找上妳，妳就在劫難逃。

所以，二十幾歲的女孩，不要自恃年輕就過於相信自己的抵抗力，醫院裡每年被病魔折磨的年輕女性不計其數，怎麼知道下一個就不會是妳？許多婦科疾病都發生在看不見、摸不著的內生殖器官系統，所以，婦科檢查是

星期五　我的身體我做主

女性的一道「護身符」，只有定期做婦科體檢，才能有效預防婦科疾病的發生。生命無價，定期婦科檢查等於用小投入獲得大利益，即用少量的資金為自己的健康買了一份「定期保險」。

下面列舉幾項每位 20 幾歲的女性都應該做的身體檢查，供女性朋友們參考。

1. 乳腺：作為身體發育良好的女性，乳房並不只是身材健美的象徵，更是身體健康的一個重要指標。隨著生活水準的提高和節奏的加快，乳腺疾病的發生率越來越高。其中最常見的是乳腺增生，而危害性最大的是乳腺癌。兩種疾病在臨床表現上都以腫塊為主，所以，女孩，如果妳覺得乳房有腫塊，有點不適，就最好去醫院觸診、X 光或乳腺彩色都卜勒超音波檢查。

    也可以乳房自檢。正確的自檢方法是：洗澡時在站立狀態下用一手托住乳房，另一隻手塗上沐浴乳，用手指指腹貼在乳房上劃同心圓或從外向內呈放射狀慢慢移動，看有無包塊和結節。切勿用手擠捏，以免將正常乳腺組織誤認為腫塊。一般來說，每月自檢一次，在月經乾淨後 2 ～ 3 天進行。

2. 子宮：在婦女的各種惡性腫瘤中，子宮頸癌的發生率僅次於乳腺癌，位居第二位，且年輕患者近年有明顯上升的趨勢。子宮頸惡變在早期幾乎沒有身體上不適的感覺，沒有任何症狀，最容易被女性群體所忽視。但隨著病情進展，就會出現異常陰道流血。所以，女性最好去醫院觸診、內視鏡檢查、實驗室檢查、彩色都卜勒超音波檢查檢查一下。子宮頸的檢查就是要看一看有沒有子宮頸炎症、子宮頸糜爛等。凡有過性行為的女性，無論年齡大小，都應定期接受子宮頸抹片檢查。

3. 骨盆腔：骨盆腔是女性內生殖器的聚集處，因而極易受到病菌感染引發

骨盆腔炎。骨盆腔炎屬於婦科常見疾病。女性內生殖器（如子宮、輸卵管、卵巢、骨盆腔腹膜）及其周圍的結締組織、骨盆腔腹膜發生炎症時，稱為骨盆腔炎。常見症狀為陰道分泌物增多、下腹疼痛、尿頻尿急等。骨盆腔炎分為急性和慢性，慢性骨盆腔炎的危害更大。透過定期檢查可以知道是否有細菌進入宮腔，並經輸卵管進入骨盆腔內其他器官，引起某些部位的感染，是否接觸了帶有病菌的物品或過度清潔等原因導致骨盆腔炎。

4. 陰道：陰道炎是不同病因引起的多種陰道黏膜發炎性疾病的總稱。若是忽視了陰道和周圍器官的清潔衛生，就很容易誘發形形色色的陰道炎。75％的女性一生中至少患過一次黴菌性陰道炎，它是陰道感染方式之一，所以應該進行檢查。陰道的檢查主要看外陰有無腫瘤、炎症、尖銳濕疣之類，其次看看有無畸形、炎症、白帶異常。正常的白帶應是無氣味、少量、半透明或白色的略顯黏稠的分泌物。如果妳發現自己內褲上的痕跡是微黃或綠色的膿性液體，或是血性白帶、米泔樣樣白帶，並伴有腥臭或其他異味，這時就該配合醫生檢查，並進行針對性的治療。

5. 卵巢：卵巢癌是生長在女性骨盆腔內的一種惡性腫瘤，發病年齡分布最廣，七八十歲的高齡老太太，未婚或已婚的青年女性，甚至兒童和女嬰都在卵巢癌的魔爪之列。卵巢癌死亡率居婦女生殖器官惡性腫瘤之首，一直是威脅女性的十大癌症之一。但此疾病早期無任何症狀，不易發現，一般發現時已是晚期。腹脹、骨盆腔疼痛、尿急可能是卵巢腫瘤的早期表現，尤其當這些症狀比較嚴重、出現頻繁且同時出現時，女性患卵巢腫瘤的可能性更高。因此，女性應透過定期婦科體檢的方式進行腫瘤篩查。超音波檢查可以透過排卵和維持女性生殖內分泌系統是否正常來斷定卵巢功能如何。

星期五　我的身體我做主

去醫院婦科檢查程序如下：

首先，檢查外陰有無腫瘤、炎症、濕疣；其次，檢查陰道有無陰道畸形、陰道炎症、白帶異常；檢查子宮頸有無子宮頸糜爛、子宮頸瘜肉、肥大、子宮頸炎等。為了及早發現腫瘤，還要做子宮頸細胞學檢查，也就是子宮頸癌抹片檢查，透過這種方法 90% 左右的早期癌症都可以及早發現。

最後，婦科檢查還包括觸摸檢查子宮的大小、形態以及子宮位置是否正常等。另外，像卵巢腫瘤、子宮內膜異位、子宮肌瘤等疾病透過婦科檢查均能查出來。當然，有些疾病醫生會建議做超音波及其他實驗室檢查，這些都屬常規檢查，沒有痛苦，也不會對女性身體造成傷害。

另外，女性除了進行針對性的婦科檢查外，每年要全面體檢一次。醫生會詳細詢問個人病史、相關的家族病史以及個人生活習慣方面的一些問題，然後抽血化驗。此外，肝、脾臟的檢查，以及尿液化驗、血紅素化驗等，這些檢查可以隨時排除沒有自覺症狀的疾病。但注意，不要等身體不舒服或者公司安排時才去體檢，體檢時也不要緊張或害羞，只有這樣才不會影響檢查結果。如果妳正值月經期間，就不要進行婦科檢查。

定期的婦科檢查也好，體檢也好，都不及平時自己的好心情重要。記住：好心情是生命的良醫。姐姐妹妹們，要懂得愛護自己，平時，一定要盡量保持一個好心情，心情放寬點，不要輕易生氣和上火，身體有不適就及時去醫院檢查和治療。

至於婦科檢查的費用，通常只要幾百元，但是卻能幫助妳有效預防疾病，省下日後患病所需的巨額開銷，可謂「小投入大收益」。如果妳已經超過 18 歲，如果已經嘗過「禁果」，那麼，女孩，每年至少做一次婦科檢查吧，重視婦科檢查吧，這樣我們才可以防患於未然，對自己的身體健康狀況瞭若指掌，做到無病一身輕。關愛自己，珍愛生命，從小小的婦科檢查開始，所以，女孩，面對婦科檢查別走開哦！

關於健康的錯誤認知

> 現代許多人生活在危害健康的錯誤認知之中，但卻不自知。

現代社會是一個快節奏高壓力的社會，現代女性由於生理結構的特殊性，由於肩負工作、家庭的雙重壓力，由於本身較敏感、浮躁、情緒不穩，往往比其他人群更易受到生活的壓力，一些職業病、婦女病也或明顯或隱藏地夾雜而來，所以現代女性的健康意識增強。她們會買各種養生保健書籍或者在網路上搜羅各種有關女性健康的資訊來武裝自己。但是，有時候卻往往踏入健康的盲點。

▶ **錯誤認知一：多坐能解疲憊、解睏嗎？**

現代獨立女性，大多擁有自己的工作和事業，她們久坐不動的生活和工作習慣，對健康的損害幾乎是「從頭到腳」的：首先是引發職業病，比如頸椎僵硬，影響頸動脈對頭部的供血；破壞正常的脊椎生理彎曲，骨連接處缺少黏液而變得乾燥，易引發關節炎和脊椎病；整個身體重量全部壓在腰骶部，壓力分布不均，引起腰、腹、背部肌肉下垂或疼痛；胃腸蠕動慢，食物聚積於此，加重胃腸負擔，長此以往，會導致胃及十二指腸潰瘍；血液循環減慢，增加患痔瘡的風險；其次是引發婦女病。久坐會因骨盆腔靜脈回流受阻，淤血過多而導致骨盆腔炎、附件炎等婦科疾病；辦公桌下的空間過窄，雙腿難以伸直，令下肢的血液不暢，容易造成雙腳麻痺。

對策：平時閒暇的時候，能站就不要坐著，能坐著就不要躺著。這在國外被稱為「溫和運動」，只要一直堅持這種溫和運動，其鍛鍊效果不亞於有氧運動。還能有效預防肥胖。另外，對關節疾病、呼吸疾病、糖尿病、胃病等也有預防和治療效果。

183

▶　錯誤認知二：「難言之隱」自己能否搞定？

女性由於各種壓力，會很明顯地反映到她們的身體上，而難言之隱的地方患病的可能性就更大。女性顧及面子，就會自己看書，自己去藥店抓藥，看藥品說明書，其實這種自行診治更容易導致惡性循環，甚至引起更嚴重的生殖器官感染。舉個例子，當妳分不清自己到底患的是什麼類型的炎症時，看看下面這個最基本的症狀分析：

· 黴菌性陰道炎：有灰白色乳酪狀白帶，非常癢。

· 細菌性陰道炎：有強烈的魚腥味白帶，卻不一定瘙癢。

· 滴蟲性陰道炎：有大量黃綠色分泌物，伴有外陰紅腫、瘙癢。

事實上呢？黴菌性陰道炎是任何女性（包括沒有性生活的女性）在任何年齡都可能患的、最輕微的炎症。如果用錯藥物，或者即使對症但藥效過強，都會破壞陰道的自我潔淨系統，容易患上更難治療的細菌性陰道炎或者滴蟲性陰道炎。

對策：婦科病最好及時去醫院檢查，聽取專家的意見，不可自做聰明，當起江湖郎中。

▶　錯誤認知三：「安全期」很安全嗎？

越來越多的醫學研究顯示，月經週期和排卵週期並不總是一致的，有時候一致，有時各行其是。所以，安全期這一個說法是沒有科學依據的。所以，安全期內不懷孕是站不住腳的。妳隨時都有排卵的可能性，而男性每秒能製造出 2000 個精子，如果妳們未採取任何避孕措施，男性的精子在妳身體內至少能存活 48 小時，最長甚至達到 8 天！所以，不要相信安全期，否則傷的是自己的身和心。

對策：避孕措施要確實，不可有僥倖心理。

> ▶ **錯誤認知四：寬跟的高跟鞋就會健康嗎？**

穿高跟鞋走路，我們會腳痛，尤其是細而尖的鞋跟。還會加重我們膝蓋的承受力。所以，骨關節炎和腳部疾病就光顧我們了。所以我們會買寬跟的高跟鞋，覺得可以把腳跟放平，讓腳跟有個舒服的支撐空間。其實研究顯示：尖跟和寬跟的高跟鞋都會給妳的健康帶來損害，甚至穿寬跟的高跟鞋更不健康。穿寬跟的高跟鞋，腳是舒服了，但是膝蓋卻要遭受更長時間、更大幅度的磨損。關節炎會迅速地跑出來。

對策：要穿合適的鞋子，體重要保持正常，避免骨骼和關節外傷。一般的場合，愛美的女性還是少穿 7 公分上的高跟鞋吧！

健康就是美

> 人就是活一種精神，而精神來自旺盛的生命力，旺盛的生命力可以從健美運動中獲得。 —— 姜志強
>
> 健美運動使我獲得了一種積極進取的精神，它成為我快樂的泉源，所以我希望更多的人走進健身房。 —— 亞洲健美混雙冠軍錢吉成

運動彰顯著活力，健康就是我們的財富，誰不能展現出自己的健康，誰就無法吸引別人的眼球。

精明的政治家很懂得對公眾展示自己的健康形象，因為他們深知人性，人們都希望自己的領袖是生機勃勃、容光煥發的。最著名的例子莫過於柯林頓與小布希的競選，我們現今依然能感受到柯林頓的明星風采。

競選期間，柯林頓除了宣揚自己的執政方針和內外交政策外，還主打自己如明星般的健美牌。在大大小小的場合，在各種媒體中，出現的柯林頓形象都是他長跑、滑雪、打高爾夫的健康形象，他還親民的與群眾一起游泳。

顯然這都是柯林頓團隊精心策劃的，當然不是為了展示柯林頓是多麼地有運動天才和高超技能。其目的就是向全國人民暗示：我是健康的，精神抖擻的，強大的，能擔當重任，能領著你們走上強盛之路。在娛樂場合，具有明星風範的柯林頓還大秀自己的才藝。有次柯林頓還嫻熟地吹起了悠揚的薩克斯管。多才多藝、滿面紅光、生機勃勃、無限活力與魅力的柯林頓就這樣把頭髮花白、年老衰弱的布希比了下去。這就是人們的心理：任何人都只會對充滿了朝氣、活力、健美的人有信心。選民的天平自然地就向柯林頓傾斜了。柯林頓向人民展示的活躍、神采奕奕、代表著生命力的社會形象，以不可抵擋之勢攻破了選民的心扉，一舉擊敗了競爭對手。

政治家們常愛作秀，秀出自己的健康美，以給人民信心，奧地利的極右政治家海德爾在選舉中獲勝的祕訣也在於此。據說他特意去高空彈跳，把自己跳向無底深淵的情景拍成一幅可以貼在牆上的巨大照片發給了媒體。他還以打網球、參加馬拉松長跑比賽、爬山等運動的形象屢屢出現在鏡頭前，以展示他的健康、年輕和有活力。

德國《圖片報》曾公布過一組美國總統歐巴馬在夏威夷打高爾夫球和在健身房裡鍛鍊的圖片，歐巴馬健美的身材給全世界留下了深刻的印象。美國《紐約郵報》也曾驚嘆道：「歐巴馬的身材就像詹姆士‧龐德的一樣健美！」

一般人對大人物都是充滿期望的，即希望他們是完美的人，希望他們陽光、健康，能給人無限信心，所以，反過來，我們若想吸引別人的注意，贏得他人的好感，就要向人展示健康的社會形象，這樣別人才會注意到我們，被我們散發的健康美所感染，從而走近、接納我們。所以，妳的健康美是妳社會形象的指標。現代人誰還願意看到一個病懨懨的「林黛玉」呢？身體虛弱、沒有精氣神的人是不能給人多大信心的。在人群中，他們平淡如水，沒有吸引人的魅力，性格也大多懦弱、優柔寡斷，因此別人也不放心把重大任務交給他們。

現代社會，隨著人們審美意識的增強，人們開始塑身美體，所以瘦身健美成為現代人追求完美形象的首選。

　　最有效、最長久、最安全的方法就是運動。運動不僅強身健體，增強我們的抵抗力和免疫力，還可以達到瘦身、解除壓力的效果。現代人壓力倍增，思想焦慮、浮躁，對工作懈怠，常遇到工作上的瓶頸問題，身體也處於亞健康的邊緣，這個時候，運動就必不可少了。運動可以緩解我們身體與心理上的焦慮，把我們從壓力的魔爪中釋放出來，還我們一個燦爛無比的自己。所以我們必須由內而外呵護自己、鍛鍊自己，這樣我們的身體和精神才能時刻處於良好的狀態，我們也才能向別人展現我們完美的社會形象，從而創造更大的價值。

找出適合自己的運動方式

> 如果你想強壯，跑步吧！如果你想健美，跑步吧！如果你想聰明，跑步吧！── 古希臘格言
> 只有運動才可以除去各種各樣的疑慮。── 歌德

　　「妳想健康嗎？妳想聰明嗎？妳想健美嗎？請運動吧！」奧林匹克運動之父古柏坦曾這樣說。無論我們是在學校裡學習，還是在社會上打拚，我們都不能忽視對自己的身體的塑造。一副病懨懨的身體無法為我們抵擋人生道路上的風風雨雨。不管妳是多麼窈窕的或者多麼矯健的女士，妳都要對自己的身材、身體隨時保持危機感，再不鍛鍊，甚至會影響自己的工作效率。

　　所以，我們還是趁年輕，抓緊時間，找一款適合自己身體的運動方式，堅持鍛鍊自己的身體吧！下面幾個運動方式，大家可以根據愛好或者需求進行選擇。

星期五　我的身體我做主

1. 辦張 VIP 卡，每週至少光顧一次健身房。在專業教練的指導下健美、跳健身操、塑身、減肥。

2. 打網球。場地要塑膠的，球服、球鞋要 NIKE 或其他世界知名專業品牌的，球拍用 PRINCE 或者其他知名品牌的。

   精通比賽規則，Ace 球、破發、占先、搶七等術語解釋起來清晰準確，讓自己像是一個專業教練。

3. 打高爾夫球。打高爾夫球可稱得上是高雅運動的典範，因此備受有一定經濟實力的女性的喜愛。

   打高爾夫球對健康的好處：

   A. 環境宜人。由於高爾夫球場一般都被大量的綠色植物覆蓋，空氣中的氧含量較高，空氣新鮮，對於長期生活在都市中的上班族，無非是一個排毒的好機會。

   B. 運動量小。由於運動量相對較小，比較適合不經常從事體育鍛鍊的女士。

   C. 打高爾夫球對雙臂、肩膀、腰部、雙腿的靈敏度，以及判斷力都是很好的鍛鍊。

   所以偶爾也去打打高爾夫球，充分享受陽光、草地、新鮮空氣。老鷹球、小鳥球、標準桿這些詞語要熟悉。

4. 登山無疑是極為理想的有氧運動，它比單調的跑步更有趣，不僅可以在崇山峻嶺中呼吸到清新的空氣，還能欣賞大好河山。其消耗熱量大約比游泳多 2.5 倍，比跑步、打羽毛球都要多。登山具有強身、保健及輔助治療之功效，其價值對於久居城市的人尤為明顯。

   腳是人體之根，經常登山可以增強下肢力量，提高關節靈活性，促進下肢靜脈血液回流，預防靜脈曲張、骨質疏鬆及肌肉萎縮等疾病，而且能

有效刺激下肢的 6 條經脈及許多腳底穴位，使經絡通暢，延緩衰老。登山時雙臂擺動，腰、背、頸部的關節和肌肉都在不停地運動，促進身體能量的代謝，增強心臟功能。所以，週末的時候可以就近登山，不在乎山的大小、高矮，只要是山，就能達到上述所說的效果。

5. 擊劍。擊劍對女性有非常大的好處。因為擊劍運動是兩人交鋒之間的較量，需要不斷地觀察，迅速作出反應，從而達到制勝的目的；它又是非常講究姿態和禮儀的運動，而且包含著非常悠久深厚的歷史文化。長期運動會有多方面好處。

 A. 隨著年齡的增長和各方面壓力的增加，很多女性的反應能力會下降，擊劍運動正好可以鍛鍊女性的反應能力，從而形成一種全新的思維模式。在面對危急時刻，沉著、冷靜，注意觀察，迅速判斷出對方的動機和下一步行動的可能性；擊劍講究遠距離防守，所以，妳會讓對方永遠無法接近妳的身體，從而抓住時機克敵制勝，所以，擊劍運動不僅提套女性的反應能力，還能防身，危急時刻，保護自己。

 B. 擊劍運動可以保持女性的體型，達到減肥的目的，並使其體型變得更優美。運動量可以根據您的體力進行調節，擊劍服是由腰部較厚的材料製成，在運動過程中，這些部位會大量出汗，達到減肥瘦身的目的。由於它的基本動作需要打開髖關節，這樣就可以使大腿內側的肌肉充分得到鍛鍊，大腿內側肌肉是絕大多數運動難以練到的部位，而這個部位的肌肉線條恰好直接關係到女性朋友腿型是否漂亮，而且穿上一身雪白的擊劍服又會讓妳增添幾分英氣。

6. 關心國家體育發展。當世界盃舉行，無法親自上場，也能在搖旗吶喊中貢獻力量，去酒吧、餐廳，邊品酒邊評球。當然，要事先了解足球的規則和雙方球員的基本情況。

規律的體育運動，能使生命之樹常青，生活之水常流。運動是二十幾歲女孩健康人生的重要內容；也只有運動，才能使人體的各種功能得到充分發揮。二十幾歲女孩只有精力充沛，才能對生活充滿愛，對未來充滿信心。運動也為女性的品味注入生命的活力，所以越運動，女性越有魅力。

感受瑜伽神奇的魅力

> 在現代的社會中，競爭精神無所不在，壓力因此產生。瑜伽練習的最大好處，就是幫我們解除這些壓力。假如把競爭的心態帶進您的瑜伽練習中，則抵消了去除壓力的效果，不是明智之舉。
>
> 正統的瑜伽是不被地理環境所限制的，人只有透過對瑜伽的實踐，他的內心深處才能感觸到瑜伽最深刻的益處和真理。 —— 瑜伽大師柏忠言

瑜伽，印度梵語為 YUJ，中文含意為「一致」、「結合」或「和諧」。相傳在數千年前，在很久以前的印度，高僧們為追求進入天人合一的最高境界，就幽居於原始森林中，在靜靜的大自然中靜坐冥想。從長時間的單純生活中，高僧們從觀察生物到體悟自己的身體，從而開創了瑜伽這一養身健身體系。他們深信透過運動身體和調控呼吸，可以控制心智和情感，以及保持永遠健康的身體。幾千年的鑽研歸納下來，這一體系的理論已經完整、確切而實用。

瑜伽不僅是一套世界流行或時髦的健身運動，它更是一個透過提升意識，幫助人們充分發揮潛能的哲學體系及其指導下的運動體系。瑜伽姿勢是一個運用古老而易於掌握的能量知識修練方法，集哲學、科學和藝術於一

身，提高人們生理、心理、情感和精神方面的能力，是一種達到身體、心靈與精神和諧統一的運動形式。

　　現代生活節奏快，競爭激烈，工作壓力有時已經超過我們所能忍受的限度，因此我們會覺得壓抑，我們會感到不適，體力不支，精神恍惚甚至神志不清，這個時候我們就要放鬆一下自己的心情，調劑一下自己的生活了。來自異域的瑜伽就是不錯的修身養性方法。有耐心地修練幾週瑜伽，妳就會覺得內心比以前平靜，注意力較以前集中。幾個月後，器官與腺體的回春會開始發生。

1. 妳的活力會大增，會增加自己的抵抗力，還能長壽。這是瑜伽運動對腦部、腺體、脊椎與內部器官的作用。

2. 瑜伽有倒立動作，可以使我們的臉部肌肉不下拉，從而幫助我們減少臉部皺紋，產生天然的「拉皮」效果。所以每日倒立數分鐘，我們就能扭轉地心引力，達到回春的效果，令臉部肌肉不致鬆弛，皺紋減少，皮膚自然拉平。此外倒立能使流向頭皮內毛囊的血液數量增加，所以，不僅令頸部柔軟、頎長，頸部彈性增加，也能使毛囊得到更多營養，長出更茂密健康的頭髮。

3. 改善視力與聽力。隨著年歲增長，我們的頸部會如脊椎其他部分一樣失去彈性，神經與血管經過頸部時就有可能遇到滯疑難行的狀況。這樣就會妨礙神經與血液對眼睛與耳朵的供應，因而影響它們的運作。瑜伽頸部運動能改善頸部狀況，進而加強視力與聽力。

4. 大大改善妳的心智與情緒。瑜伽作用於妳的腦部、腺體、各個器官，所以，妳的心智自然就會變得清明，情緒自然就會高昂了。所以瑜伽使妳更自信十足，更熱誠，更樂觀。每天的生活也會變得更有創意。此外，練瑜伽，必須集中意識，使身體在某姿勢下靜止維持一段時間，從而達

到身心的統一。所以練瑜伽，會使我們閒散的心思集中起來，還會調節我們內分泌的平衡，使身體四肢均衡發展。這樣就全身舒暢，心靈平靜，內在充滿能量了。

下面教幾招簡單、實用的瑜伽鍛鍊方法。

1. 1、在辦公室。久坐電腦桌前，容易肩膀酸痛，頸椎病、腰椎病就會侵襲而來。這就是所謂的辦公室的職業病，直接損害了人們的身心健康。那麼就試著做個簡單的瑜伽練習吧！

   端坐在椅子上，挺直腰背，雙手在背後相握。輕閉雙眼，隨著吸氣仰頭、推腰、挺胸，雙臂盡力抬高，保持幾次深長均勻緩慢的呼吸。可重複幾次，感覺一下，妳會發覺焦慮、疲勞、緊張、肩背僵硬已經悄然消失。

2. 在家裡。平躺。吸氣時上舉雙腿，直指向天花板，手扶背部，保持幾個深長的呼吸後，緩緩放下雙腿。可重複幾次，妳就會發覺妳全身的血液在循環，這樣妳的頭腦就條理清析，妳的記憶力也會有所提高。

3. 在晚上。雙腿盤坐在床上，挺直胸背，掌心向下放在大腿上，或結手印，放鬆臉、下巴、喉嚨，保持肩下沉。輕閉雙眼，將注意力集中在呼吸上，並加強呼吸的深度，深長緩慢地吸氣、呼氣，均保持 3 秒。幾分鐘後，躺在妳暖暖的被子裡，將注意力輕輕放在妳自然的一呼一吸上，這就是消除失眠的安神瑜伽練習。

4. 在清晨。先喝一杯溫水順腸，然後找個空氣清新的地方，自然站立，雙手十指交叉，吸氣向上伸展雙臂，呼氣時保持，幾個深呼吸後妳會感覺全身充滿活力！心情無比快樂！

   這幾個簡單的瑜伽動作就能有效地使妳健康快樂每一天！

   此外，瑜伽音樂有的充滿異域風情，也有融合古今與東西方文化於一體的

瑜伽音樂。它們的特點是抒情、自然、休閒,再沒有什麼方法、什麼音樂能像瑜伽音樂一樣,在經受過如此悠久歷史的考驗後還這般廣受歡迎並被普遍使用。瑜伽是一種冥想,在空靈動人的瑜伽音樂中,我們呼吸著,做著簡單的動作,我們就能獲得內心的和平安寧與快樂幸福,從而達到身體健康安泰的效果。

我們也可以跟隨比較輕鬆的瑜伽旋律,一邊拍掌跳舞,一邊聆聽瑜伽音樂,並且跟著唱誦。這就是聽出來的健康。任何人都可以用它幫助自己鬆弛休息,或僅作娛樂欣賞。

隨時隨地皮拉提斯

> 皮拉提斯是全球發展得最快的健身潮流。

「皮拉提斯」(Pilates)訓練法是由德國人約瑟夫·皮拉提斯創立的,它最初被用來給運動員和病人進行運動機能恢復的物理治療,後來逐漸發展成為一個健身運動。近兩年,皮拉提斯興起,成為目前最流行、最時尚的健身專案之一。它的妙處是完全不受環境、場地限制,可以隨時開始運動,拿塊墊子,甚至在地板上就能練,與瑜伽有幾分相像。它既融入了西方人的「剛」,西方人注重對自己身體肌肉和機能的訓練,例如腰、腹、背、胸等;又融入了東方人的「柔」,東方人著重於呼吸和心靈集中的訓練,強調練習時的身心合一。

它的動作緩慢,每個姿勢都和呼吸協調,因此特別適合缺少運動、長時間接觸電腦和朝九晚六的上班族練習。同時,由於皮拉提斯運動講究控制、拉伸、呼吸,對腰、腹、臀等女性重點部位的塑造有著很好的幫助,所以也更適合女子在現實生活中對形體美的要求。這種新穎的健身方法能夠讓妳獲得以下的益處:

星期五　我的身體我做主

1. 一個健康、柔軟的背，也能帶給妳的頸部無限風情。皮拉提斯可以給妳的脊椎更多的支撐，為妳的脊椎骨之間創造出更多的空間。這些多餘的空間不僅會讓妳看起來更加的修長，它同樣可以讓妳有更多的靈活性，把妳的脊椎從一個堅硬的棍子變成一串珍珠。這樣新的柔軟的脊椎可以讓妳避免脊椎退化的問題，比如說滑倒危險。它同樣可以幫助妳在活動時更加的優雅和容易。皮拉提斯教練常常對妳發出指令，「伸展一點」、「拉開一點」，妳的頸椎、脊椎在這種指令下不斷地伸展、拉長。

2. 溫和的訓練。皮拉提斯在妳的任何的體型塑造中是必不可少的。因為它剛柔並濟，不會給妳的肌肉、關節帶來任何的壓力，也不會給妳關節周圍的軟骨和韌帶帶來任何的損傷，尤其是妳的膝關節和妳的肩關節。它會讓妳的肌肉更加的協調。妳可以安全地每天做，然而，為了達到鍛鍊效果，妳只需要每週做 3 次皮拉提斯就可以了。但要持之以恆，方才有效果。

3. 提高妳的精神面貌和活力。皮拉提斯平緩的、穩定的動作可以讓妳的心靈平靜，緩解妳的精神緊張。還可促進妳的循環系統的運轉，掃除妳的緊張情緒。每一個動作都會讓妳感到平靜，協調和有活力。

4. 更好的平衡性和協調力。在妳年歲增長的時候，妳的平衡性會因為妳的肌肉的萎縮和神經感受器失去靈敏性而退化。皮拉提斯運動有助於保持妳的身體的穩定性，同時讓妳的脊椎更加的柔軟和強壯。

5. 減少疼痛和僵硬。皮拉提斯運動透過拉伸運動可以增加妳的柔韌性，減少妳的疼痛和疲勞。拉伸會讓營養物質流向妳的肌肉和肌腱，它們可以讓妳的肌肉健康，將妳的受傷的可能性降到最低。皮拉提斯還可以刺激關節潤滑劑的產生，可以讓妳的腿、背、頸和肩膀的肌肉放鬆，緩解疼痛感和緊繃感。

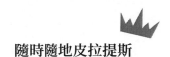

6. 快速地恢復到懷孕前的體型。生完孩子的年輕媽媽要想恢復以前的苗條體型就需要有規律地做一些皮拉提斯運動。肌肉有一個很好的記憶力，妳只需要稍做運動，它們就會回到原狀。它是能幫助妳擁有扁平的腹部、結實的肌肉、協調而柔韌的身體的一種全新運動。

還等什麼，快去嘗試皮拉提斯運動吧！它能給妳持久的美麗！

星期五　我的身體我做主

星期六　情愛賽局

上帝創造了人類：幸福的人才是賽局的勝方

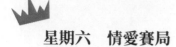

敏感和脆弱不是女人的代名詞

> 女人當自強！女人，妳的名字不叫弱者。
> 女人可以示弱，但不是弱者。

　　三個男生和一個女生在一個杳無人煙的島嶼上，而且這個島嶼還是人類尚未發現的一個海中島嶼。剛開始的時候，男生們就像惡狠狠的老虎，該女生是任其宰割的羔羊，女生對男生唯命是從，但這種情況並沒有持續多久，這個女生就成了稀有資源，成了三個男生相互廝殺或者爭相討好的紅人。不久女生和男生的地位就發生了天翻地覆的變化。這是男人難過美人關的翻版。

　　另一個同樣的故事也在這個島嶼上上演。不過主角變成了三個女生和一個男生。這個時候，女生們自始至終都是猛虎。她們不會相互猜疑，為這個男生與哪個女生更親近而敏感，她們更不會為爭奪羔羊而彼此展開決鬥，而是努力去吞噬更多的羊肉，分到更多的羊湯。這就是在惡劣的相同處境下女人不會為難女人的翻版。

　　兩個故事都反映了女人始終比男人聰明，所以，我們可以得出結論，敏感和脆弱不是女人的代名詞，女人不是弱者，而是強者。

　　「女人是水做的」，所以女人柔弱，但是這只是從身體的構造上來說的。我們承認，女人沒有男人那樣強健的體魄和剛硬的性格，在社會中、在傳統觀念中也往往處於被保護者的地位。但這並不代表女人就是弱者，女人雖然柔弱，但卻有著男人不可企及的韌性，而且以柔克剛是女人最強的武器。

　　女性的強，表現得含蓄和內斂，它往往如水，會在不知不覺中滲透到妳的心靈。有時候她的剛強是像變成堅冰的水一樣的。所以，不要把女人當成天生的弱者，而且女人不應該成為弱者。

　　對於二十幾歲的女孩來說，人生之路才剛剛開始，我們是要做那孤立無援的杯中水，不停地被生活打壓，還是成為可以翻天覆地的浪濤，將卑微和柔弱踩在腳下呢？

　　不同的選擇就會有不同的結果。妳越柔弱，妳就會一路弱下去，被生活吞沒到無底的深淵，而選擇成為強者，妳就會激發出對生活的勇氣，堅強地面對自己慘澹的人生。越剛毅，越樂觀，就越會成為生活的強者。

＊　　　＊　　　＊　　　＊

　　絲涵是位堅強的女性。她上有失憶多年的母親，疾病纏身的父親，還有七歲小孩智商的弟弟，一家全部的生活重擔全壓在了她一個人身上。她哭過嗎？沒有。她始終是陽光燦爛的，她每天一大早去魚市場賣魚，中午給人家照看小孩，下午還要伺候家裡的三個病人，她的語氣還是輕柔的，她總是想：至少我還有這三個親人在身邊，我不是孤單單的一個人。每想到此，她就會對生活多一分感悟。弟弟雖傻，也能幫她工作。母親雖然失憶，但是也記得家人。所以這家人還是幸福地在一起的。晚上她還把節省下來的錢用來買書。

　　對於這樣的女性，我們怎麼能稱為弱者？即使是男人，遇到這樣的家庭，又有幾個能這樣堅持一輩子？但女人卻可以，而且還有很多這樣的女人，為了貧窮的家庭不停地奮鬥著，她們咬緊牙關也要挺下去，所以她們並不比男人弱。

　　在開創事業上，商界紅顏也很多。潤泰全球王綺帆、特力李麗秋、巨大機械杜綉珍、總太翁毓羚、震旦行袁蕙華、帆宣高新明、碩天科技郭瑾、勤誠陳美琪、麗豐陳碧華、恒大黃美慧、麗清科技劉美秀、花仙子蔡心心、正隆鄭舒云、大成不鏽鋼謝麗雲等。她們用她們柔弱的外表，撐起了自己的一片碧海藍天。

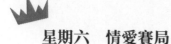
在就業優勢上，女性的優勢也很多。比如做事富有耐心和條理，心細手巧等。所以女性要善於開發這些優勢。

最後，女性的心很柔軟，很善良，有相對的親和力，這種柔情使女性能在精神撫慰方面發揮特有才幹，獲得意想不到的效果。「精神保姆」便是最能發揮女性柔情性格的新行業。比如，陪老人讀報、談心，為癱瘓在床的病人、失意的人送上精神和心靈疏導，代他人送去一份歉意等情感傳遞工作等等。如果再用心學些心理學方面的知識，就能在心理諮詢師等相關行業做出一番作為。女性的柔弱，女性的適當的示弱，能放鬆對手的戒心，贏得他人的支持，為自己的事業減少了很多阻力。化百煉鋼成繞指柔，女人的手段多多，智計非凡。

所以，女性有太多成為強者的資本，女孩，從現在開始發掘、打磨自己吧！

「賢慧」女 VS「賢惠」女

> 賢慧的女人容易滋養負心的漢。

「賢慧」與「賢惠」，只差一字，但是意義卻大相徑庭。「賢」，即有德有才之意。但「惠」是給人好處的意思，而「慧」則是冰雪聰明的意思。所以女孩要「賢慧」，千萬別太「賢惠」。因為「賢惠」的女孩總是一味付出，給予男人無盡的母愛和好處，仿佛自己就是救世主降世，在男人面前不顧一切地順從，沒有原則，沒有自我，還以為是為「愛」付出，最後男人能承受得起否又是一說；而「賢慧」的女孩是最懂愛的經營術的，她明白愛情是建立在相互扶持、相互尊重的基礎上，愛就是彼此之間的惺惺相惜。

有句話男人常掛在嘴邊：「娶妻，一為傳宗接代，二為洗衣做飯。」很

多家庭都是這樣的，或者說世世代代好像都是這樣過來的。但是，現在的時代不同了，新女性已經不再局限於做家庭主婦，而是衝進男人的叢林打拚，這樣一來女人就會很累。因為女人與男人同樣都上班，但是做飯、做家務好像還是女人的專利，男人回到家裡，不是舒舒服服地躺在床上，就是靠在沙發上看電視、看報紙，而女人還是和舊社會的小媳婦一樣，買菜，煮飯，洗碗，洗衣服，拖地……好像女人生來就是男人的保姆。

＊　　　＊　　　＊　　　＊

　　公司一群人去一位男同事家做客，從上午進門，女主人就開始在廚房裡忙碌，男同事陪我們坐在沙發上看電視聊天，看著忙碌的女主人，我們都戲稱男同事娶了個好妻子。誰知她這一忙，就忙了一上午，中午吃飯也沒有和我們一塊吃。然後就是去準備晚餐，一直忙到了晚上。這期間，她如忙碌的小蜜蜂在屋子裡轉來轉去，和我們也沒說上幾句話，偶爾說幾句，也都是些抱怨男同事的牢騷話。

　　男同事覺得他們的日子如白開水，沒有一點趣味，想離婚，被我們勸住了，但是男同事的臉上始終沒有幸福的笑容。女孩常常以為自己做男人的保姆，把愛著的男人照顧好，就能得到他的疼愛，維護好婚姻。於是就任勞任怨地洗衣，做飯，帶孩子。其實男人娶女人，是想娶一個保姆嗎？他們更想要的是自己的心靈的伴侶，能在孤單無助的時刻陪著自己度過的人，而不是一個只會洗衣、做飯的保姆。

　　如果只有在男人找不到自己的臭襪子、找不到哪件衣服塞到哪裡時才會想起妳，那麼妳絕對不是幸福的女孩，妳絕不是他滿意的妻子，因為妳與他的老媽一樣侍奉著他，這個時候，妳們的愛情就有危機了，如果不改變自己，不處理好，婚姻就可能會馬上走到盡頭。

　　讓我們再來看看「賢慧」的女孩是怎麼做的。

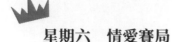

星期六　情愛賽局

　　雖說男人骨子裡都如長不大的小男孩，需要自己的女人偶爾扮演一下母親的角色，將自己的生活打理得井井有條，可是在他們的潛意識裡，他們還是希望女人能夠多一些風情萬種。就算是女孩做家務時，他也希望這一情景是能令他賞心悅目的，「賢慧」的女孩會一邊拖地，一邊跳探戈，然後時不時給老公飛一個媚眼，足以讓男人愛她愛到骨頭裡。這就像「女人不壞，男人不愛」一樣，雖說男人希望女人善良踏實，但也希望自己的女人偶爾有點酷酷的「邪氣」。

　　「賢慧」的女人總是有辦法讓自己的男人更加愛她，她偶爾會換上一件新衣服在男人面前嗲聲嗲氣地撒嬌，因為她知道這要比一個任勞任怨為男人長期洗內衣褲的「賢惠」女人能獲得更多的寵愛。只是，要掌握好這其中的「度」。

　　其實傳統意義上的賢妻良母已經不能夠滿足男人對女人的需求。男人需要老婆，也需要紅顏知己，只有兩者結合才能拴住男人的心，要做到這一點很不容易，恐怕只有「賢慧」的女人才可以做到。男人想要的女孩不一定非得會洗碗、煮飯、會收拾屋子；他更看重的是相互之間的理解、靈魂深處的默契、心靈上的交流。女孩，為什麼一定要做他們的椅子或墊腳石呢？為什麼不做他的腳，他的手呢？一樣是支撐他的身體，但唯有後者卻是讓他無法割捨的。

　　一個同居多年的賢惠女孩被男友拋棄了，她不甘心，就問男人原因，男人說：「正是因為妳太賢惠了，與妳生活在一起沒有熱情，讓我覺得很沒勁。而跟她（另外一個女孩子）在一起，我很放鬆，有一種初戀的熱情。」

　　女孩，聽到男人的心聲了嗎？他們不要「賢惠」的女孩，他們需要的是「賢慧」的女孩。妳不妨矜持一點，驕傲一點，把賢妻良母丟到腦後，或者，那時候他會有新的發現，他才會感激妳的付出。

　　女孩，就算妳很愛他，也要愛得聰明一些，好歹留一點愛給自己，好歹留一點讓他寵愛妳的餘地，不要總把他當成自己愛的對象，也要把自己當成被他愛的對象。

賢惠的女孩是滋養「壞」男人的溫床。長此以往，他就會習慣性地失去責任感。沒有家庭的參與，就沒有對家的熱愛，一個長期對家沒有熱愛的人，妳怎麼可能留住他的心呢？妳今天不開心，為什麼不向他傾訴？家裡米沒了，就叫他去買。妳事事負責只能是剝奪男人的責任感。太「賢惠」的女孩就不「賢慧」了。

賢惠，聽起來很動人，卻束縛了女孩太多的自由。等妳發現這得不償失時，妳已經失去了太多，失去了太多的智慧與機會，失去了太多的自由與青春。所以，女孩，妳現在認識到還不晚，做一隻自由的精靈吧！妳會感覺更良好！

若想愛情美好、婚姻壽命長久，最好不要做賢而不慧的女人，當然慧而不賢也不好，要做就做又賢又慧的女人，那才是女孩的最高境界，也是聰明女人的明智選擇。

男人心，海底針

> 妳要懂得男人的心，這點對女人很重要。懂得男人的心，我們就可以輕鬆遊走於婚戀中。

男人心，海底針。好奇是人類的天然屬性，所以男人研究女人，女人也研究男人。

美國兩性關係專家、精神病學家里塔・本納蘇蒂說：「男人的一舉一動都透露出他的性格和品質，尤其是在他失去警惕的時候，在他不再努力給妳留下好印象的時候，或者在他沒有意識到妳在觀察他的時候。」

下面讓我們來「偷窺」一下男人，看看男人到底是一種什麼樣的動物。下面是 10 招瞬間看透男人的小絕招，女孩們不妨一試。

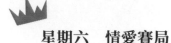

- **絕招 1**：如果一個男人喜歡跑步、游泳等單人運動，這說明他喜歡獨處，他往往是獨立的。如果他喜歡團體運動，比如足球、籃球、棒球等，這說明他有競爭意識，他會在生活的各個方面與人一決雌雄。而那些根本不愛動的人則大多敏感，是獨立的思考者。

- **絕招 2**：一個男人如果至今還和 10 歲時認識的朋友仍在交往，這說明他可能非常忠誠，但是與之對應的缺點，可能就是他不太容易變化，贏得他的信任也需要一些時間。如果他的朋友來自他生活的各個領域—大學、博物館、體育館和工作中，那麼就說明他很容易適應新環境，不用擔心他與妳的朋友合不來。

- **絕招 3**：他如果喜歡刷卡，說明他是很自信、有雄心壯志的人，他會努力實現他的目標。如果他用的是現金，則說明他獨立且自信。這種人往往不是花花公子。但是如果他的錢包總是很癟，他則可能是個喜歡依賴別人、希望被人照顧的人。

- **絕招 4**：他如果喜歡給妳發訊息，而不是直接打電話，他很可能就是個難以對付的人。因為他有充足的時間字斟句酌，從而掩蓋真實的自己。而那些喜歡打電話給妳的人做事往往井井有條、按部就班。

- **絕招 5**：如果他喜歡妳著休閒裝，比如 T 恤和牛仔褲等，則說明他樸實隨和，這種人往往不喜歡大手大腳的女人。如果他喜歡妳穿高級時裝，這種男人可能自身社會地位較高，也可能很會賺錢。如果他喜歡妳穿著性感，這種人往往喜歡被人羨慕和嫉妒的感覺。

- **絕招 6**：如果他喜歡點家常菜，他可能穩重踏實，不喜歡冒險，如果點的都是一些新奇的菜，則說明他是一個率性而為的人，但是很容易對一成不變的生活感到厭倦。

- **絕招 7**：髒襪子滿屋扔的男人與會歸類好襪子的人性格截然不同。前者是

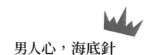

懶鬼一個，而後者可能就比較挑剔了，他會期望妳把家裡收拾得乾淨整齊。

· **絕招8**：如果一個男人喜歡看電視劇，則說明他不會把工作壓力發洩到妳身上，他是個躲避型的男人，他會沉浸在肥皂劇裡釋放壓力，但是若要跟他談嚴肅或者重要的問題就不容易了。而那些喜歡看法治類節目的男人則思維清晰，他們解決問題的能力很強，還會盡力地幫助妳走出迷局。

· **絕招9**：家中排行老大的人多有責任感，喜歡管理別人。老么的人則乖巧，但是也常常以叛逆示人，以吸引更多人的關注。而排行中間的人，則較為敏感，因為他們是家中被忽視的對象，所以，他們的內心都渴望得到別人的關注和寵愛。

· **絕招10**：有些男人在人多場合會像膏藥一樣黏著妳，他可能是在炫耀妳，向別人暗示妳是他的「領地」，也可能他本身就是個沒有安全感的人，他需要時刻看住妳才會安心。有些男人不敢與妳有身體上的接觸，比如牽手、擁抱之類的，這種男人可能對妳們的感情還有疑問，他還不能確定這份感情。

社會突飛猛進，時代日新月異，人們對女性的要求也水漲船高。21世紀，是她世紀，女性也面臨著多重考驗，既要在社會叢林裡與男性廝殺，做個獨立自強的女人，又要兼顧自己的家庭，做個合格的妻子與母親。所以，女人永遠是最精彩的篇章，最動聽的旋律。若想火力聚焦於男人心，看穿男人的祕密，還是看看男性喜歡什麼樣的女性吧？下面一起來聽聽新時代男性的聲音。

1. 上得廳堂，下得廚房：封建社會已經被我們狠狠地拋到歷史的軌道裡了，但是不管社會如何發展，男人還是希望自己的女人在外是光鮮亮麗的，能給足自己面子。在家又能把整個家收拾得乾淨整齊。男人的期盼還是：一回到家，妳會送上甜美的笑容，然後是一桌豐盛可口的飯菜。

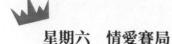

2. 聰明睿智的知性女人：在「娶德」還是「納色」間，聰明的男人學精了，他會取個中間值，而這個中間值就是知性女人了。知性女人，並不一定國色天香，但是成熟獨立，不依附於男人。她們是男人事業的好幫手，生活中的賢內助，儼然是男人的左膀右臂，這樣的女人，男人會緊緊抓牢，就算劈腿，也會重新回歸家庭，就像希拉蕊那樣。這樣的女人雖然可能不是很美麗，但也是百變女郎，她們懂得三分靠長相，七分靠打扮，所以她們會時時更新自己的外在，既自己感到新鮮，男人也愉悅。

3. 溫柔而不軟弱：徐志摩的一句「最是那一低頭的溫柔，像一朵水蓮花不勝涼風的嬌羞」深入傳統男人的心裡，所以他們骨子裡還是希望自己的女友或老婆能溫柔地對待自己，無論婚前還是婚後，這樣的女人會讓男人愛惜、疼惜，但是溫柔的女人大多多愁善感，這一點，女孩子就得盡量改善自己的性格了。我們與男人一樣生存於世，為何要前怕狼後怕虎的呢？在適當的時候給男人注入一股堅強陽光的力量，會讓男人對妳刮目相看。

4. 有思想、有主見的女人：有思想的女人才有氣場。有思想、有主見才能考慮問題周全，把握好自己的分寸。這樣的女人男人也是很欣賞的。妳的真知灼見會讓妳身上散發出熠熠奪目的光芒，將男人捲進妳的世界。男人也喜歡被征服的感覺。

5. 善解人意、給男人溫暖的女人：男人沒有本事，買不起房、養不起家，會被人瞧不起，所以男人承受著很大的壓力，所以，一個善解人意、給男人溫暖的妻子，一個充滿溫馨的家，就是男人最嚮往的。所以，女人，要把嘮叨的時間用來安慰、理解、支持他上。這樣的女人才是男人得力的後盾，不僅分擔著男人的壓力，還能給予男人積極向上的信心，鼓舞激發男人的鬥志，給男人以奮發圖強的勇氣。

6. 寬容大度的女人：女人的獨立不僅包括經濟上的獨立，更包括生活上的獨立。獨立的女人往往是寬容大度的，她們不需要與男人黏在一起，她們知道有點空隙才能呼吸到更新鮮的空氣，所以，她們都有獨立的生活。她們有什麼不開心的事或者人生的困惑，會向這些朋友傾訴，並不一定要叨擾男人。這樣男人才不會覺得自己很累，而男人也會很感激很寵愛這樣的女人。

對於喜歡什麼樣的女人，每個男人都會有自己的標準。女孩，若想做一個好女人，就先從珍惜自己、欣賞自己開始，要時刻完善自己，每天進步一點點，就能做最好的自己。

愛情的真相

女孩，越早夢醒，越早好命。

愛情很重要，但愛情不是唯一。愛情擁有保存期限。有專家說世界上最長的愛情期限是三年七個月。之後，愛情將轉化為親情。絢爛趨於平淡，屆時，二十幾歲的女孩，妳該如何面對日復一日、平淡無奇的現實生活？愛情只是生命綠樹上斜伸出的一根枝條，它有理由成為生長得最茂盛、開放得最美好的一個生命，但是，它並不是生命本身，為了愛情，二十幾歲的女孩，並不意味著妳有理由放棄生命中其他的要務。

二十幾歲的女孩需要知道，真正的生命，不僅僅是純淨與空靈、美麗與誘惑，還有慾望與掙扎、權衡與無奈，這才完整。真正的生命，也還要麵包的滋養，才能存活。所以，在麵包和愛情之間，其實是必須要有麵包。

愛情與麵包並不是對立的矛盾，而僅僅是生活的兩個側面、兩個層次。就像政治經濟學上說的，經濟基礎決定上層建築，上層建築又反作用於經濟

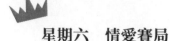

基礎。沒有麵包的愛情，是飢腸轆轆的浪漫，沿街乞討的高尚，是世俗社會裡的「逆水行舟」，那麼到頭來會怎樣呢？後悔、勞累、忍讓、操勞和衰老！甚至還有，一紙離婚證書，直接下課！

　　下面收集了 14 個愛情的真相，供大家借鑑。

1. 一見鍾情是存在的。一個溫柔多情的眼神，身體的電光石火，都能讓青年男女瞬間喜歡上對方，從而迸發愛的慾望。他們覺得對方就是自己命中註定的那個人，這就是童話中純粹的愛情吧！但是需要善意提醒的是：這種一見鍾情式的愛情來得快，去得也會快，需要提醒妳的是，在以後慢慢相處的過程中可能會發現對方，並不是自己想像的樣子，並不是自己理想的人。

2. 愛情也要講「門當戶對」。年少的我們剛開始都是用純真的心面對愛情，我們也相信感情的偉大，但是等我們長大了，我們就會無力地看清，強悍的其實是命運，這命運就是現實。只是愛給人的感覺往往如夢境般，身在其中的我們不肯覺醒罷了。愛情需要講究「門當戶對」，一個從小就玩電玩、打高爾夫出身的男人，他怎麼可能放棄自己從小就養成的興趣和愛好，去跟妳不厭其煩地打撲克牌呢？妳們的思維方式會不同，對很多事的理解與會相差甚遠。雙方的差距會如潛伏在前方的地雷一樣，會將妳們的愛情悄無聲息地炸得粉碎。過了熱情的迷戀期，就需要雙方的理解與支持延續感情了，這個時候妳們在暗處的矛盾就會出來了。所以，給愛情買個保險，妳得要看清雙方的現實「差距」。

3. 真愛無處不在。在現在狂亂的社會，真愛是否還存在？答案是真愛無處不在的。但是愛情不是簡單的妳喜歡我、我喜歡妳的狀態，那些前期浪漫、想每分鐘都在一起的感覺也是熱戀時才有的狀態。熱情總會被現實的生活風吹雨打磨去，剩下來的就是以後漫長生活中的相互攙扶了。

所以，我們嫁人嫁的是性格，最好是相似的性格，這樣關係才會融洽萬分。相處久了愛情就會轉化為友情、親情。它還可以叫愛情，只不過它已經與生活更加緊密地連結在了一起，它是妳流淚時對方遞過來的紙巾，也是對方的一個真心的擁抱或者一個可以依靠的厚實的臂膀，更是妳處於瓶頸期或者人生低谷時的不離不棄。真愛都是淡淡的質樸的，需要我們用心靈去感受。

4. 愛情中的七年之癢是絕對存在的。為什麼愛得那麼深、那麼洶湧的男女也會分手？這是有科學依據的。人的體內都有一個叫多巴胺的化學成分，它是構成愛情的獨特要素。當陌生的男女進入熱戀階段，是多巴胺分泌最多的時候，這個時候男女的熱戀狀態與人發瘋時的狀態類似，但是隨著時間的推移，多巴胺分泌會越來越少。這個時候七年之癢的問題就出來了，沒有人能倖免。有的人安然度過這個「審美疲勞」，是因為聰明的男女能源源不斷地為愛情注入了新鮮的內容，比如責任、諾言、情意、天倫之樂，並為之一直努力，這樣愛情就超越了人的生理期限，就能少來夫妻，老來伴了。

5. 男人注重女人的容貌到什麼程度？不可否認，美好的事物大家都會喜歡。男人喜歡美女，女人也會欣賞美女，容貌姣好的人確實能迅速地打動人的心。但是只是一個花瓶也是沒有意義的。生活是過出來的，不是看出來的。相愛容易相處難。性格的相容才是第一位的。所以，女孩，不用太在乎自己的容貌沒有達到男人的要求，更不用為此自卑，因為有內涵的男人不只看外表，還注重一個人的心靈，注重與自己合不合拍。

6. 真愛一生只有一次嗎？常聽見有人說：「我不會再愛上別人了。」好像自己一生只能愛一次似的，其實這都是那時那時當下自己的心情。這也絕對不是花心和用情不專。我們每個人都渴望從一而終、天長地久的愛

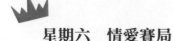
情，但是有很多人的愛情都經受不住平凡和流年，如果雙方沒有足夠的耐心，那麼讓一個人去適應另一個人是一件很難的事。如果有幸遇到一個處處讓妳感動的人，就不顧一切地對他好吧！如果機緣巧合，走進了婚姻，就認定對方是自己的唯一吧！這樣就是真愛。真愛不會就一次而已，真愛是無處不在的，只是需要男女雙方的智慧才能抓牢自己的幸福。

7. 愛要說，還是愛要做？愛了，就要大膽表白，直接、熱烈地說；愛了，更要有行動。生活中的關心、照顧是不夠的，還要做點有情調的事，送花、到有情調的地方吃飯、旅行遊玩等。人生苦短，我們也僅來世上這麼一遭，能演繹得多精彩，就演繹得多精彩，不要等老了滿是蒼白的追憶。現在就是在為以後的追憶增加美好的回憶。

8. 愛就是對方責任心的多少。如果百分之九十九的貓都喵喵叫的話，那麼百分之九十九的男人都好色，剩下的那個可能還是假正經，但是女孩，別急，有責任心的「花心」男人，有「自制力」的好男人還是可以委身下嫁的，因為他們往往能擋得住誘惑。

現在很多男人都不許諾，因為他們不願意承擔所謂沉甸甸的責任，這樣他們也好抽身。所以，女孩，在交往的過程中，如果發現男方有不負責任的苗頭，就及早打住自己的浪漫主義想法。這種人頂多可以做好朋友，做老公就不行了。那些真正想和妳組建家庭的人，一定會透過各種方法暗示妳：帶妳見他的朋友，然後就是見他的父母，還會與妳談未來的事情。這樣的人才是有責任心的人。其他細節，聰明女孩可以在交往中自己慢慢體會。

9. 初戀情人當真無法忘記嗎？很多人都忘不了初戀，覺得初戀最美，在自己情竇初開的青澀年齡，與同樣年齡段的人笨拙地談戀愛。不管過了

多少年，回想起來都會覺得那是自己最純美的一段時光。所以，嚴格意義上，絕大部分人難以忘懷的並非是很帥或很漂亮的初戀情人，而是初戀時彼此純淨的心情。也不是因為得不到的才是最好的，而是因為當初的自己異常純真，沒有私心雜念，只想把自己毫無保留的愛給對方。而以後的愛情，就沒有那麼純潔無瑕了，多了權衡和各種條件的附加。人世間純真的感情已經很很少了，所以純真的初戀就尤為珍貴，無論過多久，直到自己白髮蒼蒼，想起來，也會覺得很純美。

10. 愛可以改變一個人嗎？真愛可以讓懦夫變勇士，粗心鬼變細心的人。但永遠都不要奢求，他會完全按照妳的要求改變。因為如果不是他那些獨特的個性，或許妳也不會愛上他。所以，如果一個男人置妳的興趣於不顧，或者反過來，那就是他不夠愛妳或者妳不夠愛她。

11. 男人的外遇，女人永遠的痛。男人有錢就會變壞。男人的外遇與男人的心態，與其社會地位和經濟實力密切相關。再怎麼如膠似漆，也抵不住蜜月過後男人心中的征服慾望的泯滅。征服了這個高地，他們開始把注意力轉向外界。這時，一旦遇到一個理解自己的女人，就可能與她產生情感糾葛。所以男人的外遇，與其說是生理上的需要，不如說追求新鮮的心理。男人的征服慾望，男人對原來家庭的厭倦，都是男人外遇的根源。

12. 妳會原諒外遇嗎？不管我們嫁入的是寒門還是豪門，只要是人，不管他多麼愛妳，不能離開妳，他都是一個人，一個普通的人，都會有普通人的弱點和劣根性。婚姻是兩個人一起成長的路，所以在決定原諒與否前，一定要想清楚，怎麼樣做才能讓自己的生活更幸福。這是首要的，切不可感情用事，要理智對待，理智做決定。

13. 男人為何大都不願意當面提出分手？大多數男人都不願當面提分手的事，他們會採用暗示的手法，這樣就會減少他們的內疚感，還有的男人

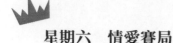

這麼隱晦，是為了給自己留餘地，當他們孤獨的時候，還可以在妳那裡得到溫暖，重新回到妳的生活中。這種男人多是情場老手，所以我們還是自尊自愛點，堅決不讓同一個男人傷害自己 2 次，我們要找的是對自己具有百分之百真情的男人，而不是這種行蹤不定的情場老手。

14. 愛具有讓人變年輕的魔力。愛使人變年輕、長壽是有科學依據的。科學家調查研究了 1000 個心臟有疾病的以色列男士，發現那些感到妻子深愛著自己的人，心臟病及心絞痛的發病機率會減少一半。動物身上也有相同的現象。科學家餵養二組兔子，一組兔子比另一組兔子多活了很多天。區別就在於前一組兔子每次都得到餵養人員的擁抱和溫柔的話語。可見，愛就是具有讓人長壽的魔力。

寧可與寂寞有染，也不要寂寞才愛

> 真正的寂寞是一種深入骨髓的空虛，一種令妳發狂的空虛。縱然在歡呼聲中，也會感到內心的空虛、惆悵與沮喪。—— 古龍
> 在各種孤獨中間，人最怕精神上的孤獨。—— 巴爾札克

天黑了，孤獨又慢慢割著／有人的心又開始疼了／愛很遠了，很久沒再見了／就這樣竟然也能活著／妳聽寂寞在唱歌，輕輕的，狠狠的／歌聲是這麼殘忍，讓人忍不住淚流成河／誰說的人非要快樂不可，好像快樂由得人選擇／找不到的那個人來不來呢，我會是誰的誰是我的／妳聽寂寞在唱歌，輕輕的，狠狠的……

這首紅遍大江南北的歌曲歌名叫《寂寞在唱歌》，它唱出了都會男女心裡潛藏的寂寞，即使是再幸福的人也有被寂寞感侵蝕的時候，何況身在異國他鄉、感情上又沒有著落的人呢？喧囂的都市，擁擠的人群，更能顯出我們

的寂寞，正如一句歌詞說的：「孤單是一群人的狂歡，狂歡是一群人的孤單。」現代社會，生活節奏加快，人們也變得冷漠，在虛浮的人生裡要面對很多獨自一人的時光，這樣的日子裡出現的溫柔會讓人忍不住怦然心動。然而，這是愛情，還是錯位的溫情？

當女孩年輕不諳世事的時候，依靠男人是為了填補寂寞的生活，因為經濟上和精神上都沒有完全獨立，所以女孩需要保護、需要依附、希望能得到照顧，所以總是無助地抓住所謂的愛情不放，唯恐它會消失。但是當女孩真正成熟，經濟上也獨立時，內心承受能力會越來越強，就會明白情感不可能一成不變，此時她需要的男人，不是一個靠山，而是相互扶持的協作者。她不需要別人給她幸福，因為她自己可以創造幸福。她不必攀附他人，不再患得患失，她只需和他互相欣賞，並將自己的生活與他分享。所以，女孩，不要因為寂寞就隨便找一個男人填補愛情的空白，因為這個男人也許並不是妳想要的，也不一定是適合妳的。

有句話是這樣說的：因為寂寞而愛上別人是一種殘忍，因為寂寞而接受別人的愛是一種悲哀，因為寂寞而聚首的兩個人是一種錯誤。

不要因為寂寞、患上情感飢渴症就去愛上誰，因為當妳這樣做的時候，也許妳的寂寞與煩惱會越來越深。寂寞的愛情有時候會比寂寞更令人害怕，這種愛情會讓妳體會不到幸福的滋味，讓妳忘了自己真正想要的愛情是什麼樣的，讓妳離適合自己的男人越來越遠。當寂寞的愛情離去時，妳會更加寂寞。

不要再守著寂寞的愛情去等待真正屬於自己的緣分，那樣只會刺傷自己。倒不如在適合自己的王子沒有到來之前，先嘗嘗清心寡欲的滋味，這樣當真正適合自己的幸福到來時，妳才能體會到那種「驀然回首，那人卻在燈火闌珊處」的美妙感覺。

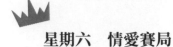

女孩們記住：當妳在並不適合自己的男人身上流連的時候，可能適合自己的男人就與妳擦身而過了。

寂寞的時候，正是完善自己興趣愛好的時候，可以看書，為工作充電；或者學一項技能，比如游泳、開車；可以逛商場，提高自己的時尚感；可以逛美容院，參加美容講座，學一點美容知識，為自己的青春做點投資；還可以做簡短旅行，放鬆自己的心情……

總之，在我們沒有遇見自己的「Mr. Right」之前，我們可以利用自己「寂寞」的空檔做很多有益身心的事情，不要因為寂寞就像抓救生圈一樣隨手抓一個男人，也不要因為寂寞無聊與很多男人周旋，腳踩很多船最終會翻掉，總之，可以談 N 次戀愛，但不可以一次濫愛。要知道等妳回過神來，妳可能會發現，對方並不是適合妳的人，這樣妳不但傷害了對方，自己也沒有一份完滿的愛情，真可謂損人不利己！

男人不是生活的全部

真正屬於妳的愛情不會叫妳痛苦，愛妳的人不會叫妳患得患失，有人一票就中了大獎，有人寫一本書就成了名，凡覺得辛苦，就是強求。—— 亦舒

一生只愛一個人，是很美的一件事，但不必強求，不必當死頑固。戀愛要用心，也可以痴心，但不能過分痴情。—— 吳淡如

女孩天生痴情，這也許是女孩的可愛之處，而可憐之處也在於痴。所以，痴情的女孩把愛情當做生命的全部，聰明的女孩只把它當做生命的一部分。

人的一輩子會走過很多的路，愛情只是她走過的一條路，或者是一個驛站。當愛情走不下去了，已經到了盡頭，就不必再走下去，否則會碰壁的，那只會讓自己頭破血流，到時候，受傷的是妳自己。

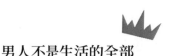

那個讓妳受傷的男人也許會因為愧疚會為妳流淚，但不用奢望那個和妳走到路盡頭的男人會為妳療傷，也別期盼他會回頭，此時的他心已經不在妳這裡了，妳就是留下他也沒有什麼用。所以路既然走到盡頭了，就讓自己鎮靜地站在十字路口，向左或向右，都是妳要走的另一條路，或選擇友情，或選擇孩子，選擇事業，還是自己一直以來想實現的夢想、一份未滿足的興趣愛好，這都能成為妳的另一條路，不是嗎？但是，不要再向身後看了，後面的風景再美都已是過去式，已經不屬於妳了。

愛情就是這樣，花開時絢爛，花落時淒涼。妳只須記住那個美麗日子裡的浪漫就行了，至於傷心的過往又何必耿耿於懷呢？畢竟愛情不是生命的全部，生活還有許多更有意義的事等著妳去進行呢！

其實女孩都渴望遇到那種身心交融的愛情，但這往往是茫茫人海可遇不可求的。

＊　　　＊　　　＊　　　＊

18歲那年，米雪在風景如畫的大學校園裡認識了高自己一年級的男同學曉爽。曉爽很細心，為了送米雪一份獨特的聖誕禮物，他從西部跑到東部購買。把米雪感動一塌糊塗。情竇初開的米雪就開始慢慢喜歡上了曉爽。

慢慢地，米雪覺得自己離不開他了，確定戀愛關係不久，米雪就把自己交給了曉爽，但那一晚的纏綿讓米雪懷上了曉爽的孩子，那個時候，他們還沒打算要生下孩子，只好把孩子打掉，柔弱的米雪覺得自己把什麼都給了曉爽，她突然感到曉爽對自己來說太重要了，仿佛愛情就是自己生活的全部。

畢業後，她們異地工作，距離對愛情是一個考驗。後來米雪發現曉爽回家的時間越來越少，她們相聚的時間也越來越短，米雪曾想到曉爽工作的地方看看，但被曉爽拒絕了。米雪很狐疑，於是一天下午，米雪沒有告訴曉爽悄悄來到他公司的宿舍。米雪拿鑰匙開門，但開了好久卻打不開，原來門是

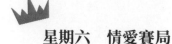

反鎖的，她敲了敲門，一個年輕女孩倉皇地跑出去了，再看到曉爽床上零亂的樣子，米雪明白了一切，她對曉爽徹底失望了，當時米雪覺得自己失去了整個世界，自己的天都塌了，她已經愛得精光了，男友為什麼要這樣對待她？

經過一番爭執後，米雪把一把刀子捅進了曉爽的心臟。曉爽因為搶救無效而死亡，米雪也即將面臨嚴重的刑罰。

女孩，或者很多女人，都像米雪一樣，把男友、男人看做是自己全部的世界，認定男友或者男人就是她們一生的依靠，於是愛情成了她們生活的大部分，甚至全部。當面對忽然的狂風暴雨──男友的背叛，就會覺得整個世界都坍塌了，於是她失去了理智，選擇了一條不歸路。

愛情對於痴情的女孩來說就像是鴉片，也像是山谷裡開得無比淒美的野花，讓女人欲罷不能，無法自拔。但是對於男人來說，愛情或許僅僅是生命中的幾分之一。女人就像男人手中的一支菸，燃燒時轟轟烈烈，熄滅了就扔進了垃圾桶裡。對男人而言，妳在他心裡也許遠遠沒有妳自己想像得那麼重要。不要在男人離開後，對著月光發呆，追憶他曾經信誓旦旦的誓言，然後忍不住流淚滿面，女孩們，人生沒什麼大不了的，妳不要再想著他了，妳還看得到自己嗎？

女孩，妳不是愛情的奴隸，男人的貢品。要堅定地告訴自己，妳不是男人的寵物，妳不是妃子，男人也不是皇上，不是他們高興時寵幸於妳，厭倦了，妳就只能在冷宮中獨守寂寞的歲月。不要再哀哀怨怨，不要再活在回憶了裡了，請看重妳自己，沒了他，妳還可以擁有更美好的東西；沒了他，世界還是一樣有日出；沒了他，地球還是會轉。

所以，女孩，要記得為自己保留幾分，不要愛得精光，否則就是自己親手埋葬了自己的幸福。我們活在這個世界上，不是為了某個男人而活，而是為了自己，為了家人。

愛情來了，女孩要先保證自己活得精彩、自由。即使有一天，愛情不在了，妳一樣有勇氣可以重新來過！

　　愛情不是生活的全部，該捨棄的時候就要捨棄，也許心不甘情不願，也許很難過傷心。逝去的過往帶來的傷口，總有會癒合的那天，也許會留下疤痕，也許不敢再去回憶。但總有那麼一天，妳會明白：愛情不是生活的全部，失去了愛情，我們一樣可以活得幸福。

有足夠強的心理素養，妳就同居

> 我一向反對同居，因為對女方太不公平 —— 盡了所有做妻子的責任，而得不到做妻子的權利。—— 亦舒
>
> 不要隨便和別人上床，否則將來遇到一個真愛，但他是潔身自好有原則的男人，妳會後悔當年的所作所為。

　　同居的生活看似很甜蜜，但女孩的未來在哪裡？沒人曉得。

　　同居，是一件對彼此的感情沒有任何好處的事。同居後各種婚姻生活中的瑣碎家事，油鹽醬醋，會讓原本單純的愛情沾染上世俗的煙火，漸漸愛情就會失去最初美好的感覺。

　　同居後，女孩總是想把男人拴在自己的褲腰帶上，唯恐男人棄自己而去，沒有安全感。而當男人選擇離開的時候，甩手走人了，女孩，妳想過自己該怎麼辦嗎？同居說白了，沒有一點法律的保障，讓女孩不能理直氣壯責備那個背叛愛情的男人。於是女孩只能咬碎牙，讓血淚一起往肚子裡流。同居的女人就像是在走鋼絲，危機四伏，隨時都有掉下來的可能。誰都不能維護妳，因為同居是不能見到光的。

　　女孩是很感性的動物，很容易心軟，被男友說動，被男友的小細節所打

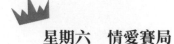

動，還喜歡幻想，幻想與戀人的耳鬢廝磨，兩個人一起起床，一起去上班，一起做飯……所以，女人就禁不住走過愛的禁區。如果這個男人是女人同居的第一個人，那女人一輩子都難以忘記。

其實美好事物的背後總是閃爍著危險的訊號。要知道，對男人來說，同居是最划算不過的事了。在同居的日子裡，他們可以像真正的夫妻一樣享受生理的快感，而且女孩可以像一個妻子一樣照顧他，分擔他的負擔，但卻並沒有像妻子那樣共用他的錢包，或許女孩還要跟他一起來承擔房租、水電、生活費，男人何樂而不為呢。

男人在戀愛的最初，什麼都願意為女孩做，甜言蜜語、花前月下，只要妳需要，男孩會隨時出現在妳面前，但是後來，這個男人就會找各種藉口推脫，不再在乎妳的感受。

當然，也許妳會很幸運，最終嫁給了這個和妳同居的男人。只是，同居的生活讓妳們變得熟悉而乏味，結婚的意義對妳們來說只是例行的一種形式，沒有一點熱情而言。

戀愛中的女孩，不要中了愛情的毒，就算妳再愛他，也不要和他同居，因為在同居關係中，付出最多的永遠是女孩。也許有男人會說，這是兩個人的事，沒有誰傷害誰。但是同居後如果女孩不慎懷孕，她必須去做人工流產，這不是一種傷害嗎？男人如果愛妳，是不會讓妳受到任何傷害的。很多同居女孩最後換來的往往是：妳搬出去住吧，我們其實並不合適。

女孩，如果男人不能娶妳，就不要和他同居，因為同居，是一件總是對男人有利，而對女孩沒有任何好處的事。如果妳有足夠強的心理承受能力，妳就同居吧！

女孩，在同居前，妳不妨問問自己：妳們在一起交往多久了？感情基礎是否深厚？妳能肯定妳們將來能結婚嗎？如果不能確定妳們的未來，那麼就不要走同居這一步。

如果妳想分清妳的男朋友是愛妳這個人，還是愛妳的身體，那就請妳不要和他同居。只有這樣妳才能夠分得清。當男朋友大老遠來看妳，妳幸福得不知所措。可是當妳們單獨待在一起，他不問妳過得好不好，而是直接問妳願不願意和他同居，這時妳應該問問自己：男朋友從遠方來看妳，男朋友提出同居的要求，到底是愛妳，還是因為他的生理週期？如果妳沒有和他同居，他仍然不遠萬里地來看妳，妳就可以很明確地相信，他是愛妳的；可是妳一旦同居了，妳就會看不清愛的真面目了。

同居也是對感情不自信的一種表現。既然不自信，那麼同居之後就有很大可能面臨分手。下面的情形可想而知：磨合之後，發現對方並不適合自己，只好分手。單身後，發現自己的選擇範圍越來越小，因為有不少男士還有嚴重的處女情結……

所以，女孩，為了今後的幸福，為了愛情，不要同居！

聰明女人也會裝「傻」

> 該裝傻的時候不妨就裝傻，該聰明的時候也不要含糊。
>
> 聰明的女人，應該裝作什麼都不知道，很蠢的樣子。 —— 亦舒

「女為悅己者容」，改為「女為悅己者傻」也是不錯的。其實裝傻的女人實際上是最聰明的。她們不會和男人真的生氣，因為她們知道，跟男人太較真是沒有必要的，也不會有什麼好結果。傻傻地做委屈狀，並在嬌羞中帶點眼淚效果會更好。偶爾也會發發脾氣，但必須是在得理的前提下，不會不講道理地胡攪蠻纏；也會適時地給男人留面子，無論是在什麼場合，都會表現得很依賴他，很崇拜他，樹立起他想要的男人的高大形象。曾看到書上說，某女在她臥室的牆上掛一字條，上面是她制定的家規：「第一條：歷史

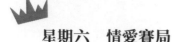

證明老公永遠正確，一切事情都由他做主；第二條：萬一他不對，仍參照第一條執行。」這是一個很聰明的女孩，後來老公在感動之餘又添了一條：「夫人享有總裁決權。」

裝傻的女孩其實內心什麼都明白，她知道男人的缺點，她不會對男人的錯誤揪住不放，因為她知道，放過了男人，也釋放了自己。在黛玉與寶釵的戰爭中，黛玉永遠是輸家，永無翻身之日。原因就是黛玉太聰明了，不懂得裝傻，她聰明得太辛苦，所以她總是一臉病態。

男人為什麼留戀請人？為什麼在情人的媚眼中不能自拔，原因是情人會裝傻。而作為輸家的老婆往往有點咄咄逼人。裝傻是一種大智慧，適時撒撒嬌，小事裝點傻，大事不糊塗⋯⋯生活自然就會幸福又快樂了。難道妳不想擁有那種睜一隻眼閉一隻眼的清閒嗎？男人也害怕太精明、聰明的女孩，因為那樣會使他們有一種赤裸裸的感覺！所以，古代的「難得糊塗」翻譯成現代話，就是「難得裝傻」。

裝傻，是一種情調，是一種感情的調和劑，只要運用適度、適時，讓一切都在自然中，就能收獲幸福。

＊　　　＊　　　＊　　　＊

蘇暢的老公去參加同學會，沒有帶上蘇暢，蘇暢也沒有追問原因。一日，老公同學們來家中做客，問起蘇暢沒有露面事宜。蘇暢眉眼一笑：「我們家老大沒有讓我去，我不敢去。從廚房出來的老公聽到後，就露出了理解的感激之情。」其實聰明如蘇暢，她怎麼不知道老公的用意呢？蘇暢早就知道大學的時候，老公談了一場死去活來的愛情，女方父母嫌老公沒有本事，家境貧寒，沒有讓他們在一起。那個女孩就成了老公的心痛點。她相信老公的為人，也相信老公對自己的情意，所以就信任老公，裝傻了。

誰能說蘇暢不可愛，不聰明呢？男人不讓妳去參加他的聚會，自會有

他的理由，所以，女人不用刨根究底，問個不休。這不是輕視妳，而是不想把事態鬧大了。所以，聰明女人會裝傻，妳配合他的裝傻行動，會讓他感激妳一輩子，妳不揭穿他，是給他面子，證明妳的大度與善解人意。有內涵肯負責的男人會對妳更疼愛有加。至此老公再也沒有騙過蘇暢，因為他知道自己所謂的小本領是逃不過聰明妻子的慧眼的，而且妻子也是愛自己，自己應該全身心地愛她。男人喜歡和聰明女子周旋，這會讓他們產生強烈的征服欲望，甚至變成長期的智力抗衡，讓他們在渴望成功的角逐中專心致志地愛妳。

在《紅樓夢》中，史湘雲是諸姐妹中活得最明白的，但是她卻是最「不動聲色」的女子。

她自幼失去雙親，被叔父養大，但是叔母對她不好，所以湘雲特別知道什麼是幸福。她珍愛自己的生命，珍愛自己的快樂，珍愛每一個有意義的時刻，珍愛朋友也珍愛親人。她面對賈府的種種不堪和醜陋，她看在眼裡，記在心上，卻從不發表意見，也不會將內心的不平表現在臉上。她很清楚周圍的環境以及人與人之間的微妙關係。所以，豁達的她看得開，她不動聲色，所以她才活得快樂，活得自在。所以她是《紅樓夢》中唯一一個永遠都開懷大笑的女孩，雖然帶點傻憨，但卻是不折不扣的古代版陽光女孩。

所以，女孩，聰明不代表要直言不諱、心直口快，適當地裝傻，反而更能使我們更幸福。如果幸福、美好的生活能透過「不動聲色」的裝傻行為來獲取，我們為什麼不裝傻呢？裝傻或許才可以為自己爭取到反敗為勝的時間，從而扭轉僵局。

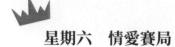
這些要命的慣性思考

> 習慣，我們每個人或多或少都是它的奴隸。—— 高汀

打破妳的慣性思考，掃除妳好命路上的「白日夢」障礙吧！

▶ **慣性思考1：釣金龜婿**

二十幾歲的女孩，整天幻想著，哪天自己釣到一個金龜婿，然後不用工作，想吃什麼吃什麼，想穿什麼穿什麼，嫁一個有錢的老公就等於嫁給了銀行。不用每天朝九晚五地上班，也不用看別人臉色生活，多好啊！

蘭芳是個人見人愛的美麗女孩，她有一個有錢的男朋友。畢業以後當同學們天天埋首於各個公司為工作奔波時，她卻悠閒自在地做著「王子與公主」的浪漫夢，那時的她幾乎天天徜徉於各大百貨，為自己選購動輒上千的時尚服飾和美容化妝品。閒暇時，她會約幾個好友去喝咖啡，邊喝邊暢談她「玫瑰色的人生」，望著好友們一雙雙為生活操勞的疲憊的雙眼，她總會滿臉愛憐，用充滿同情和體貼的口吻勸她們找個有錢的老公嫁了。那個時候的蘭芳是雲端上的仙女，不食人間煙火，快樂地漫遊在詩情畫意的童話世界裡，沒想到半年後，她的「金龜婿」又遇到了其他女孩，就和她分手了，因為畢業以後沒有工作，沒有工作經驗，所以她去面試也屢屢受挫，現在的她連住宿都成問題，每天靠擠在好友的套房裡，靠吃泡麵過日子。現在的她，整天愁眉苦臉，逢人必嘆：「沒錢的日子真是生不如死啊！」

所以，現實中沒有白雪公主和灰姑娘的故事，男人這個錢包不可靠。女人自己有錢，幸福才能長久。

▸ 慣性思考2：自我中心

不管生於寒門，還是富裕家庭，潛意識裡都有「世界是以我中心的」，這種小孩子的自我會讓自己吃很多虧，以為別人都應該讓著我們，要知道，忍讓妳的這個「別人」只能是妳的父母和妳的男友、老公類的人，而不是妳進入社會後的上司、同事、客戶，所以，還是做個懂事的大人吧！

▸ 慣性思考3：嫁雞隨雞，嫁狗隨狗

傳統觀念認為：女人天生就不如男人，命裡就是男人的附庸品，是家裡的逆來順受的小羔羊和傳宗接代的工具。「嫁出去的女兒潑出去的水」，女人不能決定自己的命運，不能擁有自己的思想，天生只能受制於男人和家庭。在這種觀念下長大的女孩子往往少了事業上的衝勁，多了對家庭主婦的嚮往。其實這種思想都是愚蠢和短視的，妳要懂得為自己的前途和幸福著想。若自己能給自己幸福感和安全感，為什麼要靠男人給呢？

▸ 慣性思考4：男主外，女主內

大多數女性在結婚後就會自覺地把大部分的精力用於家庭之中，而逐漸放棄了原先的夢想和進取精神。傳統的女性靠著「賢淑」來博得人們的讚譽，現代的女性在守著「賢淑」的戒律中埋沒著自己的精彩。一個女人如果自願放棄對事業的追求、自我的提升而滿足於屋裡屋外的生活，甘願做男人背後的那個「偉大女人」的話，終有一天歲月的風塵會淹沒她昔日的靈氣，煩瑣的家務會將她的高貴磨平，日復一日的操勞會讓她的青春黯然失色。當心靈與外表都逐漸凋零遠去時，女人的生活是否還能繼續下去？

在這個變幻莫測、誘惑遍地的社會中，二十幾歲的女孩要學會為自己著想，與其辛辛苦苦換來肝腸寸斷的結局，不如放開手腳創造自己的精彩。二十幾歲的女孩，只要善於運用開發自己，無論如何妳都會比為男人起早貪黑，累死累活的操持家務過得開心和舒服。

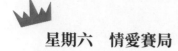

選男人如買股票

> 婚前睜大眼，婚後請閉眼。── 徐帆
> 不要因為寂寞和年齡而隨手抓一個男人，女孩就該挑三揀四。

選男人如炒股，買對了股稱心如意，買錯了美夢落空，最倒楣的是買了「垃圾股」，那就等著狂跌到底吧！

可盈是臺大的碩士，從小就喜歡鄰居的一個男孩，決心非他不嫁。男孩少年的時候就打架鬥毆，小小年紀就開始抽菸，可盈非但沒有放棄，還把男孩的這些行為看成是男子漢的表現。等男孩長成一個男人的時候，不僅打架鬥毆，抽菸喝酒，還玩遊戲上了癮。可盈還是喜歡他，覺得這才是跟上時代步伐的男人。後來可盈軟磨硬泡，終於如願以償地嫁給男人。可盈想，等男人成了家，有了孩子，就會收斂很多惡習。可是婚後不到一年，可盈發現幾乎每天晚上她老公都要喝酒，而且喝得不少。每個週末還要約朋友來家裡打牌，一打就是通宵，而且連打兩天。她光是忙著招呼這群人就累得腰酸腿疼，夫妻間幾乎沒有相處的時間。

男人是自己從小就喜歡的男人，可盈非但沒有制止老公的惡習，還以老公的方式加入了男人抽菸喝酒的行列。她覺得也許自己與老公的愛好一致了，才更能贏得老公的愛吧！所以，可盈放棄了自己想要營造的理想婚姻生活，放棄自己聽音樂、逛畫廊的愛好，陪男人喝酒、打牌，加入他們的頹廢生活。

幾年下來，可盈由一個清清純純的簡單女人，變成整天菸不離手、酒不離口，身材臃腫，可以和人滔滔不絕地大談賭博經的家庭主婦，生活中不再有音樂和藝術的滋潤，專業也早已拋在一邊。

最後，她的婚姻還是走到了盡頭。她只能用酒麻醉自己。

*　　*　　*　　*

　　女孩，選擇一個男人，就意味著選擇一種生活方式。結婚前，以為愛情就是一切，但是婚後才發現生活沒有那麼簡單。可盈固執地愛著自己從小就喜歡的男人，為男人改變了那麼多，到最後換來的是什麼。她的婚姻失敗最本質的原因是什麼？就是在源頭上就選錯男人了。為這種男人犧牲完全是沒有意義的，為男人如此犧牲更是沒有必要的，因為這愛情的沉沒成本代價太高昂了。可盈想翻身，豈是一兩年的事情？如果可盈找對了老公，那麼她的生活將會多麼的美滿。自己的專業沒有荒蕪，自己的青春沒有被糟蹋，龐大的人脈網路也搭建起來了，房車這些私有資產、升職加薪的可能等等她都可能擁有。所以，二十幾歲的女孩，不要沉醉在愛情的迷酒裡，看不到明天。光陰荏苒，轉瞬間夢盡燈殘，到時再來後悔，已經來不及了。因此，聰明的妳，一定要在婚前，擦亮慧眼，選擇值得的，再入股。以下列舉了幾種類型的男子，二十幾歲的女孩們可千萬要警惕他們哦！

1.　花心的男人：一個花心的男人，絕不會甘心為一棵樹而放棄整片森林。不要指望他們婚後修身養性，從此對妳專情。他們只會濫情不止。

2.　心理陰暗的男人：這類男人擅長以小人之心度君子之腹，會陰暗地想人和事，所以與這種人在一起，妳體會不到生活的美好，人情的溫暖，長此以往，妳會變憂鬱的。

3.　狂妄自大的男人：這種人貌似優秀，有自傲的資本，但是骨子裡卻是一個不負責任的人。他們往往高不成低不就，做不出任何成績。除了向妳發懷才不遇的牢騷外，也不能擔負起一個男人應該盡的責任。

4.　酗酒賭博、暴力傾向的男人：對這種男人千萬不要像可盈那樣，幻想婚後會改。能選擇有良好嗜好的男人，為什麼要選擇他們呢？

5. 占有欲太強的男人：不要把占有欲太強想成是男人太愛妳了，他的控制欲會把愛好自由的妳送進一座無形的監牢，妳的一舉一動他都要過問。長此以往，妳就會崩潰。

6. 志大才疏：這類男人自命不凡，好高騖遠，浮躁，不肯實幹，不穩重，也沒有實際才幹。這類男人終生不會有多大出息。

7. 過分追求事業成功的男人：這些男人往往是工作狂，他們要不是犧牲感情，選擇工作，不然就會選擇那些能在金錢、權勢、能力等方面助他們一臂之力的女性。這種男人太現實，不能共患難，還是離他們遠點吧！

8. 極端重視精神食糧的男人：這種男人很「淡泊」，認為生活就是充滿詩情畫意，不屑於追求物質，但若婚姻生活的柴米油鹽醬醋茶都不能解決，何談以後一家三口的幸福？肉體之軀，豈能只呼吸空氣便永保生存？

　　所以，選擇男人就像買股票一樣，不知道和他在一起的未來是什麼樣子，相當於不知道自己手中持有的股票是否有上升的價值。買股票要慎重，選男人更要慎重。

失戀是令人成長的捷徑

> 失去的東西，其實從來未曾真正地屬於妳，也不必惋惜。── 亦舒
> 失戀不等於失敗，失戀是令人成長的捷徑。
> 不要因為結束而哭泣，微笑吧，為妳的曾經擁有。

　　詩人徐志摩認為戀愛是可遇而不可求的。他說：「得之，我幸；不得，我命，如此而已。」這話說得何等灑脫！但唯有真豁達的人才可以說到做到。

　　一個失戀的女孩在公園裡悲痛欲絕地哭泣。一位老者輕聲詢問，才得知她與相戀多年的男友分手了，十年的感情就這樣恩斷情絕。老人聽了反而哈

哈大笑，告訴她：「真正難過的不應該是妳，而應該是他，妳失去的只是一個不愛妳的人，而他失去的則是一個愛他的人。」

失戀是痛苦的。我們不能忘記那個與自己牽手的人，多少美好日子，多少歡歌笑語，怎麼說結束就結束了呢？其實沒有什麼想不通的，那個不是妳的對的人，那個人不是能執妳的手到老的人。「妳不能忘記，是因為妳不想忘記。」如果妳真的肯痛下決心，徹底把那煩擾妳的影子從心中趕出去，不去溫習那痛苦，不去留戀那痛苦，我想，妳是可以有辦法把他忘記的。

我們要盡快擺脫這種精神上的痛苦，讓自己的心理重新達到平衡，否則失戀會在我們的心理留下陰影，給我們造成難以克服的心理障礙。這會對我們今後的情感生活及身體健康造成不良的影響。

所以，一番梨花帶雨或者鬼哭狼嚎後，就要冷靜下來分析失戀的原因了。可以客觀地分析兩人的性格、愛好、志向，以及思考、說話、行為的方式等。很多人都認為找個互補的另一半好，其實錯了。因為兩人高興的時候，會忽視個體的差異。一旦發生糾紛或者矛盾，互補就會變成沒有共同語言了。所以，還是建議女孩找個與自己相似性格的男人。如果失戀的原因是對方品格上的問題，比如花心大蘿蔔、狂傲自大等，那這種男人棄之也不可惜。

然後就是及時疏導自己心中的鬱悶。相信理智可以戰勝感情，失戀者可以找親人或知心好友傾訴妳心中的煩惱；也可以採用轉移法，主動置身於歡樂、開闊的環境。或者把精力、撒不完的氣用在事業、工作和學習中去，轉移注意力，等待新的開始。時間會撫平一切創傷。不要再做無意義的事，那個離妳而去的狠心男人是追不回來的。所以，我們不妨換個角度，換個心態想問題，就會有另外一番光景。

有時候，就算妳翻遍了所有的愛情祕笈，愛情還是會失去，但是愛情這東西讓我們在付出與失去中成長，並成熟起來，因為這個時候，妳才會更加

清楚，自己真正想要的愛情是什麼樣的？什麼樣的男人能與妳更合拍，妳也會明白真正的愛是什麼？要知道，妳失戀的原因可能有多種，有現實的原因，也有客觀的原因，當然也有主觀的原因。愛是一個付出與享受的過程。儘管結局可能並不那麼完美，但是這個過程，我們享受到幸福就已足夠了，不是嗎？當妳用心為對方付出的時候，對方感覺到幸福，說明他也愛妳；反之，對方為妳付出，妳感受到了幸福，妳也是得到愛了。這是個美妙的過程。這就是愛的過程論。所以失戀，並不是一定是自己的魅力不夠，或者對方不愛妳，而是摻雜了很多現實、客觀因素的。只要擁有的時候，在一起的時候，兩人互放的光芒燃亮了整個天空，燃亮了自己的整個心靈就足夠了。很多人根本沒有享受過愛情的味道，他們與我們比起來，我們何其幸福？所以忘記該忘記的，放鬆地順著自己的心意去面對以後的情感，這樣就能夠更加接近愛情，更加幸福。

金婚需要精心經營

> 兩個人在一起生活，豈止是一項藝術，簡直是修萬里長城，艱苦的工程。──亦舒
>
> 妻子是年輕時的情人，中年時的同伴，老年時的保姆。──培根

在一個家庭裡，每個人可能都有很強的個性和稜角。但是家庭若想溫馨和睦，大家就都必須要有顆寬容的心，學會容忍對方的錯誤和壞習慣。只要不是原則問題，沒有什麼事情是不能商量著解決的。這才是正確的相處之道。結婚這麼多年，兩位老人都沒怎麼大吵過，平平淡淡，但是很幸福。

從金婚老夫妻的故事中，我們能得到什麼啟發呢？聰明女孩學會下面8件事，妳就能打造妳的鑽石婚了。

1. 你是你，我是我。不要拿他與別人來比較，也不要把 2 人打造成一個人。對大多數男人來說，讚賞和鼓勵比辱罵更能讓他有奮鬥的力量。因此，即使是在吵架時也不要出口傷人，身體的傷害很容易治癒，精神的傷害卻是可怕的。

2. 不要整天追問對方愛不愛自己。只要用心去體會就能品味出來了。愛是做出來的，不是說出來的。掛在口頭上不落實的愛蒼白無力，婚姻生活是現實的，風花雪月的戀愛不是真實的生活。

3. 不要讓虛榮和功利迷住眼睛。物質的追求是無止境的，妳的人生不是活給別人看的。鞋子合不合腳只有自己知道，舒服最重要，千金易得，真愛難尋。金錢有價，真心無價。

4. 必要的信任。如果妳不信任妳的丈夫，就好像是在沙上築塔，別想建立起親密無間的夫妻關係。缺乏信任是通往親密之路的最大阻礙，每個人的成長經驗都會影響到信任能力的養成，幸福的婚姻是建立在互相信任的基礎上的。

5. 適當的依賴。如果妳在精神上、物質上完全依賴別人，讓對方扮演供應者的角色，那麼妳的自尊便會被人拿走，妳會更缺乏安全感，並產生寂寞感，恐懼感也會日漸加深。因此，真正的親密關係是一種微妙的平衡互動關係。對伴侶適當依賴才會使妳的吸引力更持久。

6. 彼此保留一份自我空間。女性應保留一份感情空間，用來愛自己。她們有保留自我隱私與單獨參加社交活動的權利。妻于「黏」得越緊，丈夫無聊、空虛的感受就會越強烈。因此，在婚姻生活中，除非夫婦能夠相互尊重對方的愛好，並給對方一定的空間，否則，沒有一對夫妻是能夠幸福和美滿的。

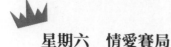

7. 留夠經營感情的時間。現代社會中，競爭激烈，生活節奏日益加快，每個人的工作都十分繁忙，有不少人因忙於事業而顧不上夫妻倆的感情生活，以至於夫妻經常不能一起吃飯、休息，影響了兩人感情的鞏固和發展。所以夫婦工作再忙，也要巧於安排，擠出兩人共同生活，共浴愛河的時間。

8. 愛他的父母、親戚。另一半的父母就是自己的父母，另一半的親戚就是自己的親戚。愛屋及烏，只要內心深處真正感到這就是自己的父母、親戚，心理上對老人以及其親戚依戀親密，老人及親戚是會感受到妳的這份真心的。何況，人老了很像孩子，只要像哄孩子般哄老人開心就可以了。對他的父母好，他會對妳更好。親戚也同其理。

　　婚姻需要雙方精心經營，女孩，不用羨慕別人的金婚，妳也可以用心打造自己的金婚！

女人要人格獨立，才能活出自己的風采

> 人，誰都想依賴強者，但真正可以依賴的只有自己。—— 德田虎雄
> 全心依賴自己，在自己之中擁有一切，如果說，這樣的人還不幸福，妳又能相信誰呢？—— 西塞羅

　　曾看到過這樣一句話：「女人一獨立，上帝就發笑。」上帝為什麼會發笑？難道就因為他篤定女人離不開男人嗎？他覺得女人從出生就被附上了依賴男人的魔咒，現在妳這根安分的肋骨開始獨立思考，不是很好笑的事嗎？

　　也許物質、精神乃至行動上對男人的依賴就像是附在女人身上的魔咒，使她們很難逃脫掉這個附在她們身上的這個本性。

女人要人格獨立，才能活出自己的風采

＊　　＊　　＊　　＊

我有兩個女性朋友。一個是已婚女人，嫁給臺北當地人。男人為她買了兩套房子，都是黃金地段，讓她享盡了美食華衣、吃穿不用發愁的貴婦生活，但是有一點，男人常年出差，一年只回來兩三次。她剛開始還陶醉在優越的物質生活裡，覺得自己嫁給了一個有錢人，可是慢慢的她就開始向她的窮朋友們抱怨：「我的命怎麼這麼不好，我愛的男人整天不在身邊，我每天都幾乎獨守空房，這樣一直下去，我的人生還有什麼意義？」

另一個朋友是典型的小資女人。她有一個相愛至深的男友。但是男友出國一趟後就怎麼也不願回來了，原來男友在國外與一個外國女生一見鍾情，兩人閃電結婚。只剩下神情恍惚的她終日以淚洗面。

她們兩人覺得自己的人生失敗，情場失意，都是因為男人。可見女人獨立的原動力，還是發自於男人。男人還是衡量女人幸福的最重要的指標。有一位女詩人說過：「屬於男人的，是事業、尊嚴、權利和歡樂；而對於女人來說，只剩下了義務、家庭、美德，還有寧靜地順從的愉悅。」這樣看來，很多人所謂的女性獨立都是圍繞著男性世界而言的，這樣女人又怎能夠獨立呢？其實她們兩人不幸福的原因真的是因為男人嗎？真的沒有其他妙招可以使她們幸福了嗎？答案肯定是有的，那就是獨立。她們不是獨立的女人，她們以為離開了男人自己就活不下去，其實她們不知道：若想自己得到真正的幸福，不能依賴任何人，必須要獨立。

21世紀，女人都要獨立，而且必須獨立，因為獨立最大的獲利者是自己，而與其他外在因素的關係不大！女人，拋棄一切「靠」的念頭吧，一個「靠」字，就出賣了自己的人格和尊嚴，就等於妳向男人低下了高貴的頭顱，妳的手心會朝上，妳把自己置入了弱勢、弱者的地位，從此男人就成為掌管妳喜怒哀愁、生殺大權的「老闆」。聰明的妳會讓自己處於這樣不利的

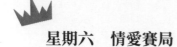
地位嗎？而男人就真能永久靠得住嗎？男人欣賞妳這樣的女人嗎？男人能承擔起對妳的責任嗎？妳忍心讓自己的男人單打獨鬥嗎？難道妳不願意看見男人因為妳的工作出色而流露出讚許的神情嗎？難道妳不想追求妳自己的物質財富、精神自由嗎？難道妳想一輩子畏畏縮縮在男人後面、待在家裡嗎？女人，要知道，在這個世界上，每個人都是一個獨立的個體，都以自己獨特的方式生存於世，有著獨立的精神，有著自主的權力，無論男人還是女人。

　　女人要人格獨立，才能活出自己的風采；愛情要精神獨立，才能互敬互愛。二十幾歲的女孩，若想活得精彩，若想贏得戀人的尊重，就要做樹，不要做藤。唯有自立，妳才能抓住自己的幸福，主宰自己的人生。

　　下面是女詩人舒婷深沉、優美的《致橡樹》，我們閒暇的時候可以品讀，以提醒自己要獨立，無論物質、精神，還是行動。

> 我如果愛你，絕不像攀援的凌霄花，借你的高枝炫耀自己；
> 我如果愛你，絕不學痴情的鳥兒，為綠陰重複單調的歌曲；
> 也不止像泉源，長年送來清涼的慰藉；
> 也不止像險峰，增加你的高度，襯托你的威儀。
> 甚至日光。
> 甚至春雨。
> 不，這些都還不夠！
> 我必須是你近旁的一株木棉，
> 作為樹的形象和你站在一起。
> 根，緊握在地下；
> 葉，相觸在雲裡。
> 每一陣風吹過，我們都互相致意，
> 但沒有人，
> 聽懂我們的言語。

你有你的銅枝鐵幹，

像刀像劍也像戟；

我有我紅碩的花朵，

像沉重的嘆息，

又像英勇的火炬

我們分擔寒潮、風雷、霹靂；

我們共用霧靄、流嵐、虹霓；

仿佛永遠分離，卻又終身相依

這才是偉大的愛情，

堅貞就在這裡。

愛，

不僅愛你偉岸的身軀，

也愛你堅持的位置，

足下的土地。

　　女人，以木棉的形象靜靜地、堅定地與男人站在一起吧！清風拂過，妳們相互致意；大雨襲來，妳們共同抵擋。風雨同行、相依相偎的兩個人才能相伴走過這一生。這才是偉大堅實的愛情，這才是愛的真諦！

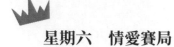

抓住他的胃

> 會烹飪的女人很美麗。
>
> 女人下廚，男人是動力。

「我想有個家，一個不需要多大的地方，在我疲倦的時候，我會想到它。」這個地方就是家。鳥倦歸巢，我們倦了就要回家。下班後的晚上，家家戶戶的燈一盞盞亮了，妻子在廚房燒著菜餚，不時傳來男人與孩子的歡聲笑語。這種場景是多麼溫馨和充滿平實的浪漫啊！所以，千百年來，「家」都是一個溫馨、甜美、令人陶醉的字眼，它承受著我們的一切，收容我們的靈魂，溫暖在外面打拚疲累與孤獨的我們的心靈！如果說男人是家裡經濟上的核心的話，那麼女人無疑是支撐整個家庭精神上的核心。所以，「聰明的女人會持家」是有一定道理的。婚姻需要經營，女人，就用自己博大與精緻的心營造一個溫馨的家吧！曾聽一個男人說過他對女人的要求：「出得廳堂、下得廚房、入得臥房。」我們姑且不理會男人的這種自私的心理，但是這句話也折射出廚房之於愛情，之於家庭的重大意義。

當我們在廚房煮菜做飯的時候，我們需要掌握火候，需要搭配菜色，需要注意營養均衡，這種精心調製的心情就好像談戀愛或者經營我們的婚姻。如果沒有耐心，不講究藝術的美感，不講究營養的搭配，那麼菜就會乏味，愛情就會不滋潤，婚姻也難以長久。我們還可以給每一道家常菜起一個浪漫溫暖的名字，這樣可以增加人的食慾，讓人充滿對美好生活的嚮往，釋放工作中的壓力，使得婚姻朝著和和美美、天長地久的方向經營下去。

所以，打造溫馨港灣從入廚房開始。廚房給我們無限想像的空間。廚房讓我們感受戀愛的過程，同時，還是一種小女人的情調，是把心情與藝術的調配，讓生活更有滋味。

在一個空閒的黃昏，為家人熬一碗香濃的粥，用上蓮子、綠豆、百合、玉米等作配料，在細火慢煲中，熬著家人喜歡的清淡的、可以美容的各種飄著香氣的粥。想像一下，斜陽祥和寧靜地照在廚房的流理臺上，我們熬粥的心情，是怎樣的閒適和從容啊！所有的壓力，所有的不快，瞬間都消去了，一鍋粥的溫暖，是給自己，也是給家人最好的慰藉。再做幾樣小菜，配上鮮魚瘦肉，再來幾杯酒營造氣氛，這是多麼愜意和不受束縛的心情啊！

有些女孩會說：「我不會做菜啊！」其實什麼事都是慢慢學才會的。妳想釣金龜婿，那金龜婿也不是傻子，他們對妳要求也會很高。而廚藝就是一項最基本的技能。再說自己總得會為了自己學著做飯吧！如果學會了，可以在家人面前或者親友面前獻技，那將是很自豪的一件事。自己從做飯的過程中也會享受到一種無言的幸福和滿足。現在會做飯的男人也比比皆是了。有了廚藝的你們可以相互切磋，相互學習，共同在廚房享受做飯的樂趣。不也是很浪漫的事嗎？

妳做的菜並不一定要花樣百出，也並不一定要多昂貴，一切隨自己的喜好和心情或者家庭的條件而做。在整潔、明淨的廚房裡，我們燒製出來的不僅是美食，也是一種享受，更是一種溫情。

所以，家裡要有煙火的氣息，這樣才是一個溫馨的港灣。廚房也要保持纖塵不染，因為花開花落的一年又一年，我們對廚房的美麗夢想從沒有淡過。

穿上漂亮圍裙，挽起縷縷長髮，走進清淡雅緻的廚房，切絲削片，快炒慢燉之間打點出曼妙美味，或者煲一鍋好湯，與心愛的人一起分享，又何嘗不是女人的另一種韻味呢？為了愛，傾盡手藝，燒一桌好菜，更能使女人贏得戀人的心。

……

女人，多一點技能，多懂一些知識，就會多一些品味，讓自己成為一個成功的女人。

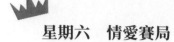
打造有情調的家

> 家園，世界的樂園。 —— 德國諺語
> 女人是家的主題，女人是家的主宰。
> 會布置家的女人是有情調的藝術家。

　　酒吧、咖啡廳、餐廳等地方與一般的飯館、速食店最大的區別是什麼？為什麼我們都喜歡去前者呢？僅僅是因為前者乾淨、衛生嗎？非也。是因為那些地方都布置得非常有情調，置身於那樣的環境，可以讓我們忘了繁忙，感受到浪漫，想起美好的事情。比如有些酒吧的門被設計為藍色的大門。推開藍色的大門，就猶如開啟了一場夢幻之旅，會不禁讓我們聯想到藍色的大海，白色鬆軟的海灘、振翅飛翔的海鷗，牆壁上掛著各種風格的畫冊，會讓我們感受到異國文化的神祕和古典。有些酒吧看起來很像一個城堡，桌布色彩斑斕，牆上有很多外國的小擺設，比如牛角酒瓶、阿拉丁飛毯，讓人感受到濃濃的異域風情。有些餐廳光線很柔和，柔和中還帶有一絲淡淡的暖意。加上暖暖的、舒緩的流行音樂飄蕩著，都會讓我們疲累的心靈得到舒展。

　　但是，不用羨慕這些地方的風情與情調，女人，妳也可以打造一個充滿情調的家，只要妳有一顆美麗和溫暖的心靈。

　　最簡單的方法就是學插花，把大自然的花草帶回家。女人如花，女人愛花，因為花寓意著美好、浪漫和生機，所以我們可以學著插花，將自然情趣帶進家中，比如在客廳掛上常春藤，在臥室放盆百合什麼的，以些許點綴顯示主人的品味，為平凡的都市生活增加典雅的意味。其次就是學點色彩搭配學，布置家居，讓家中的一景一物都充滿情調。

　　我們可以經常翻閱家居雜誌，逛特力屋、宜得利、宜家之類的家居裝潢賣場。室內設計雜誌上有現成的指南，而宜家類的傢俱賣場更是五花八門，

凡是與家有關的物品應有盡有，真是讓愛家的人過足眼癮。妳可以找一款自己喜歡的風格，直接照搬下來，也可以深入研究，找到哪裡的風格與自己小家的相宜。

傢俱的選擇應根據房間的主色調來考慮。一般來說，暖色調的房間，傢俱應選用淺色系列或者飽和度較高的顏色系列，比如淺橙色，淺褐色或較深的米色等；冷色的房間，適合選用淺綠、淺藍顏色的傢俱。房間內其他用品的選購，如床單、床罩、沙發套、地毯、窗簾、桌布等也應與房間的主色調協調。牆上可以用照片和書畫裝飾。風格要整體一致，突出主人的喜好。中性色或淺色的傢俱，可增加室內的明亮和溫暖感。歐式風格的傢俱，做工考究，樣式優美，色調淡雅，清新簡約，既有復古的華貴，又具有現代的時尚。此外，小飾品也必不可少。生動活潑的小動物、人物飾品，都可以使得房間生動起來。總之，房間的布局、擺設、風格應該給人一種愉快、放鬆的感覺。

也可將自己動手製作的精神充分灌輸到家居陳設中，按照上面所傳授的經驗，結合自己的興趣口味來變化一下屋子的空間。先把房間裡的東西分類，再精簡數量，然後把剩下的物品安放到最恰當的擺放位置。

若想再深入一點的打造有情調小家，就需要妳下點功夫了。可以在家中騰出一個不大的地方，專門用作家庭茶室，用作家人間面對面的交流場所，也可作為與客人說話的專門地方。這個小茶室的風格要根據妳們的性格愛好而定。如果喜歡古色古香的感覺，就買些素雅的書法條幅或者意境幽遠的山水畫，配上紫砂壺或者青瓷茶壺等。總之，只要有個放鬆的談話氛圍就行了。再隨意放幾件別緻的小飾物，用著自己喜歡的茶具，在其中品茗，自己就能得到徹底的放鬆。

再者就是布藝所營造的柔情了。妳可以選些自己喜歡的花型或者色彩來抒發自己的浪漫情懷。比如玫瑰圖案的桌布、窗簾等，讓人猶置於玫瑰花園

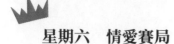

之中。各式各樣的燈具更是色彩斑斕的造夢工具。明亮的燈給人熱情愉悅的氣氛，五彩的燈給人俏皮、喜慶的感覺，可以在節日的時候使用。

總之，打造有情調的家不是很困難的事，只要妳用心，就能讓情調在自己的身邊、在自己的家庭中進行到底。

這樣的嘮叨有點可愛

> 巧妙的嘮叨是為妳們白開水般的生活加一勺蜂蜜。

成功學大師卡內基說：「嘮叨是愛情的墳墓。」在男人的憎恨名單上，擺在第一項的就是嘮叨。僅以美國為例，每年丈夫謀殺妻子的案件就超過2,000件，謀殺的理由之一就是因為妻子的嘮叨。

那麼女人為什麼愛「嘮叨」呢？從醫學和心理學上來講，女人多軌式的的大腦構造決定女人就是比單軌式大腦的男人愛說話、愛嘮叨，女人需要借助講話進行溝通，需要透過說話達到傾訴的目的，有時候她們需要的僅僅是男人單純的傾聽，讓男人體會她們的感覺，而不需要男人的分析和切實的解決辦法。女性天然的語言天賦與女性的嘮叨構成了女人優於男人的極強大的說話能力。

儘管現在有研究顯示，男人其實和女人一樣愛嘮叨，打破了僅有女人愛嘮叨的傳統觀念，但是也改變不了女人比男人更愛嘮叨的現實。

很多男人都有過這樣的經歷：下班回到家，妻子就開始喋喋不休，同時碎碎念很多事情，而那些事情大都是雞毛蒜皮的瑣事。時間長了，男人一聽見妻子的嘮叨就會覺得妻子像嗡嗡叫個不停的蚊子，這會讓他們崩潰，從而躲避妳，躲避家庭。這個時候有的妻子非但沒有停止嘮叨，靜下來反思自己，而是變本加厲地挑剔、指責男人，妳覺得他們的婚姻之路還能走多遠？

在瑣碎的日子中，女人會像要求孩子那樣要求老公衣服、襪子不要亂扔，物品要歸類整齊，微波爐壞了，要老公修或者請人修，燈泡不亮了，會要老公換，情人節了，要老公給自己買禮物，給孩子買玩具等，女人會不斷地提自己的要求，生活在一起久了，就會如白開水乏味，男人就會覺得妳是在對他下達重複的命令，意味著他的男人權力的旁落。如果對老公的工作、為人處世沒完沒了地指點，老公就會收到妳暗示他能力不足的訊號，老公就會有洩氣、妳不信任他能力的感覺。這樣就會打擊他工作與生活的積極性。他們會反唇相譏：我做事自有我的分寸，我知道事情的輕重緩急，不需要妳的瞎操心和亂指揮。如果女人總是說自己苦悶、不高興的事情，男人就會認為妳嫁給他不幸福，妳過得不開心，男人就會很沮喪。

這就是兩性之間的認知差異。所以，女人，要理智，要聰慧，為了妳們的愛情和婚姻，想辦法讓自己盡量遠離嘮叨，或者巧妙地嘮叨，讓他愛上妳的嘮叨。我們可以從改善我們的溝通技巧上下功夫。

1. 一件事情不要反覆提。比如妳們吃過晚飯後，妳提了三次去樓下小廣場跳舞，他都沒有反應，這時，妳用不著生氣，這說明了他根本就不想去，或者懶得動。妳就不要再反覆提這件事了。不用任性，這是小事情，妳可以自己去，或者在室內找點其他的想做的事做。

2. 理智地處理自己不開心的事情。女人一有不愉快的事情，就會找人訴說，而自己的老公就會被認為是最合適的人選。但是當老公正好也不開心的時候，再說個沒完，就很容易起爭執，所以，自己壞情緒的時候，要先冷靜下來，不要先急著傾訴，有些事情在自己情緒冷卻降溫了以後，再重新品味，就會有不同的看法和處理辦法。我們還可以透過其他途徑將情緒發洩出去，比如找閨密、藍顏知己傾訴衷腸，也可以寫部落格發洩，總之，有很多獨立的方法可以排遣我們的壞情緒。不一定要叨

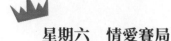

擾老公。在老公面前，妳如果總是如百靈鳥般快樂可愛，那老公的陰霾也會漸漸少很多。

3. 注意自己說話的語氣與方式，盡量溫和、溫柔、調皮、幽默地、曲徑通幽地與老公說話、相處。

比如老公總是忘記送妳生日禮物。妳可以撒嬌地說：「老公，我 30 歲大壽就要來了，為了讓我能漂亮點、年輕點，你能不能送我一套化妝品啊？」婚後，大家都為這個家庭繁忙，妳也不用為老公的粗心大意、揣摸不透自己的心思而傷心，需要什麼就自己說出來，以一種調皮溫和的方式提出來絕對好過妳的痛哭流涕、長籲短嘆的大鬧一場。記住：人都吃軟不吃硬。所以，嘮叨也是一種藝術，會嘮叨能讓老公感激妳的聰慧與善解人意，而自己的目的也達到了。這樣不是更好嗎？

試想，妳如果整天把時間都用在無謂的嘮叨上，妳自己能有多優秀呢？妳能抓住升職加薪的機會嗎？萬一出現個善解人意、懂他、理解他的小三，嘮叨慣了的妳能擺平嗎？聽妳嘮叨大半輩子的老公能是個非凡的男人嗎？蘇格拉底因為老婆的兇悍和嘮叨而成為大哲學家，林肯因為老婆的嘮叨而成為一代偉人，妳的老公能以此類推嗎？妳的丈夫多年之後多半會成為一個整天黑著臉的平庸男人。

所以嘮叨有道，嘮叨有術，巧妙的嘮叨，會讓男人覺得妳的嘮叨就像是一杯白開水加了一勺蜂蜜，或是在菜裡放的味精，越品越銷魂。

如果有可能，男人還會把妳當成情人或者紅顏知己。在溫馨的家庭氛圍中，品嘗雙重的熱情和快感。男人會親自下廚，為叫做妻子的紅顏知己做很多美味佳餚，這是男人表達謝意與情意的最好的方式。如果妳的巧嘮叨像杯咖啡，讓男人越喝越提神，那麼，妳就能成為男人一生的紅顏知己。

所以，女人，要巧嘮叨，會嘮叨，多掌握些溝通技巧，他就會愛上妳的嘮叨，妳們就能享受開心溝通的幸福！

偶爾來點「壞」女人的把戲

> 好女孩上天堂，壞女孩走天下。
>
> 「壞」女人聰慧活潑，讓妳的生活永遠不會發霉。

很多傳統女性都是被父母以「乖乖女」的形象塑造並長大的，她們信奉「抓住男人的心，就要先抓住他的胃」，執著於做「成功男人背後的女人」，她們對男人有求必應，比老媽還賢慧，但是她們並沒有得到她們想要的家庭幸福，反而幸福似乎離她們越來越遠。她們不知道自己哪裡做錯了？她們很疑惑為什麼狐狸精似的「壞」女人反而惹得那麼多男人愛憐？其實她們缺少的就是壞女人抓住男人的「小把戲」。

▶ 把戲一：散發妳的濃濃的女人味

傳統的女人都是好女人，但是這樣的女人往往受傳統所限，表現得如沒有生命的火花，沒有性別的衝擊力，更沒有性感的吸引力。所以當妖嬈嫵媚的狐狸精出現在男人身邊時，男人很難不瘋狂、不驚嘆、不洶湧澎湃。當然這不是要妳像狐狸精那樣在男人面前賣弄風騷，而是要妳加重妳的女人味，提醒男人妳是女人，風情萬千的要他疼愛的女人。下面是女性研究專家關於用「媚」營造魅力的修練方法，妳不妨修練一下。

1. 讓男人臣服在妳動人的神情裡。老舍在《四世同堂》裡寫過：「她的眼會使她征服一切。」所以，女人，要活力四射起來，不要整天擺一張「沒有表情的臉孔」。動人的表情擺在漂亮的五官上固然好，但能出現在普通人的臉上，那也能帶給我們意外的欣喜。男人會臣服在妳動人的神情裡。所以，女人，要好好管理妳的神情。

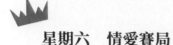

2. 令男人著迷妳獨有的味道。國外人員曾做過實驗：讓女生組和男生組聞對方的衣服，如果感到氣味怡人，那麼他們兩人就容易對對方產生戀情。所以，想讓男人對妳著迷，就讓自己有一種神奇的味道吧！自己的體味混合著迷人的香水，哪個男人能不為之傾倒呢？如果再加上女人可愛的表情和溫柔的話語，會更能抓住男人的心。

3. 令男人心動的美好姿態。情調高雅的女人一舉手一投足，都能表現風情萬千。她們不論擺出何種姿態，都會讓男人心旌搖曳。所以，女人，不要忽視能夠喚起男人愛憐，使男人心動的姿態、行為。

　　溫柔的語言、親切的態度、婉轉的音調，這些加起來，會使一個女人變得異常有女人味，讓其魅力倍增。這就是風情女人的媚力。

　　傳統意義上的好女人與「壞」女人相比，就是太循規蹈矩，太傳統，太被動了，即使婚後，依然不解「風情」。

▶ 把戲二：百變造型，讓男人樂翻天

　　多變的裝束，讓自己看著新鮮，「喜新厭舊」的男人看著也新鮮。我們要生活變得豐富多彩、有滋味，就要多變，求新，求異，因為我們在世上屈指也就數十年而已。

▶ 把戲三：讓他永遠環遊不完妳的世界

　　妳一次只滿足他一個要求，即一次只給他一塊糖就夠了，不要給他整個糖果店。給完了，妳就黔驢技窮，對他沒招數了，他不斷征服、追逐的快感或者刺激感就隨之減退。所以男女之間也如貓鼠大戰似的。讓男人永遠環遊不完妳的世界，他才會永遠流連其間。

▶ 把戲四：再愛對方，也不能愛得失去自我，這樣男人才會覺得妳夠味

不要為了留住男人，就為他烹製四道大菜，其實簡單的家常菜就足夠。否則他會把自己看得像國王。有什麼不滿的地方不要憋在心裡，要淋漓盡致、舌燦蓮花地說出來，否則他真以為妳是好欺負的病貓，或者乏味沒有主見的老好人。透過這種牢騷，男人會明白他不能怠慢妳。

▶ 把戲五：目空一切是令他折服的祕方

女人有自己的工作和事業，有自己的閨蜜和藍顏知己，有自己自由的私人空間，所以，盡量享受離開他的空間，這樣他就會比妳還著急。如果妳召之即來，揮之即去，就會給他一種可以控制妳的感覺。如果他不能把握妳的脈絡，妳對他就始終是一個挑戰，會讓他產生一種不自信，而這也會成為他欣賞妳的一個理由，因此，他才不會把妳視做可憐蟲。妳的目空一切，就是令他折服的祕方。

▶ 把戲六：永遠都不要認為自己魅力不夠

要告訴自己：我就是我，我有我的自尊和驕傲，我現在感覺很好。這在醫學上是不用花費一分錢的臨床治療。最終，妳會相信這些話，他也會相信這一切的。

這是女人與男人的心理較量。妳越是這樣催眠或者積極暗示自己，他就會看到一個充滿自信的妳，接著，他高昂熱烈的興致就被妳激起來了。

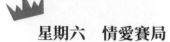
及時溝通，及早度過家庭風暴

> 對戀人的父母長輩及朋友，表現得敬重而虛心。這是一個有素養的人該做的。
>
> 全部生活都是由矛盾構成的，哪裡沒有矛盾了，哪裡就將是一片荒蕪。

女人常常以為結婚後，幸福的日子就開始了，但是卻發現遠不是這回事。來自不同成長環境和生活背景的兩個人牽手走進婚姻的圍城後，童話般的詩意生活就會慢慢變得現實，戀愛、蜜月時的浪漫激情會慢慢隱退，隨之而來的就是鍋碗瓢盆、柴米油鹽等日漸平實樸素的生活，這個時候以自我為中心的兩個人就會發生碰撞，加上其他家人的參與，家庭矛盾和衝突就在所難免。

所以，女人比男人常常會覺得自己不幸福。那是因為女人在情感上對婚姻有很高的期望值。女人覺得，男人既是老公，還應該是朋友，應該完全坦誠，並與男人有單獨的促膝交談時間，這樣就有自己被重視、被關心的幸福感覺。而男人常常不喜歡這樣，他們有一套他們自己的放鬆方式，他們覺得安靜地坐在客廳的沙發上看報紙，或者洗車之類的都好過漫漫長夜與妻子的聊天。他們怕被女人牢牢「抓住」的感覺，但是女人最大的憂愁就是怕男人不搭理、不關注自己，所以，就會鍥而不捨地抓住男人，或者想讓男人「抓住」自己，但是男人會覺得自己的自由或者自己的物理和心理空間受到了限制或者控制，於是，就會回來得越來越晚，話也越來越少，也會借出差躲避情緒消沉的妻子。這樣女人就會疑惑那個戀愛時整天哄自己開心的男人到底去了哪裡？於是或大或小的家庭大戰就開始了。

其實，人的價值觀沒有絕對、完全相同的，不要指望他的一切行為、一切言談、一切動念都符合妳的觀念或者心意，只要不傷大雅，都可以放過。要學會「求同存異」。「異」的東西要淡化它，不要太在意。「同」的部分要多讚揚、多推進。

然後就是多一些寬容與理解，這樣的大道理，我們都懂，但是家庭矛盾還是沒有懸念地時常發生，有些夫妻輕則吵架、冷戰、分居，重則離婚；有些夫妻與子女、老人間起矛盾，這些事情處理得不及時，就會影響一個大家庭的和諧，甚至將來的繁榮。

　　所以，有了家庭矛盾，我們要及早發現，及時溝通，這也是解決家庭矛盾的唯一方法，沒有他法。人都有惰性和不自覺性，我們可以善意提醒，不可以為一味隱忍，以「和」為貴，因為壓抑自己，會對自己的身心造成很大的傷害，也容易有心理疾病。既然能走進一家門，就說明有很深的夫妻緣分，而且矛盾也不會牽涉到大的原則問題，所以，大家都不妨靜靜地坐下來，心平氣和地交流一下自己的內心想法。敵對的大國之間尚且可以坐下來談判，何況曾經相戀相知、同床共枕的夫妻呢？床頭打架床尾和。但是溝通、交流要講究策略、方式、方法。

1. 矛盾發生了，比如吵架，男方做出很過分的事情，我們會很生氣，在思維混亂、盛怒之下的我們，最好不要說話，要避開對方，以免說出什麼無法挽回的話來。

2. 盛怒的自己要找個地方，讓自己冷靜下來，等清醒後再理智地分析矛盾的癥結所在。

3. 然後心平氣和地與對方交流。如果是觀點不一致，可以事前找些資料作為自己的論據，這樣對方就很容易被說服。如果是生活習慣上的問題，就要耐心說服了。如果是感情上的問題，就需要反省自己對他的關心了。感情問題是最棘手的問題。我們必須在生活的細節上讓對方感受到我們的濃情蜜意。平時，夫妻之間要多談心，關係彼此的工作與身體，這樣彼此才能感受到婚姻的甜蜜，婚外情的情況也會少發生，即使將來發生了，現在多製造點甜蜜的時光，也有助於將來出軌方的回歸。如果

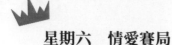

是婆媳問題，妳就要多在婆婆身上下功夫了。如果是孩子的教育問題，那就要雙方好好商量了。如果對方知道錯了，也不要得理不饒人，要給對方一個臺階下。不要過於依賴對方，對方也是一般人，這樣自己的失望也就不會那麼大，期望越小，失望越小。總之，萬事都有商有量的，這樣才顯出雙方的尊重和誠意。

女人也可以找心理諮詢師或者婚戀專家諮詢、溝通，畢竟兩性差異很大，這樣才能使自己的情感走上順暢、幸福的道路。

家庭是一個小小的社會，一個小小的群體，會有多種不同的個性存在。丈夫雖然不會開車，但可能會燒得一手好菜；不會裝潢，但可能會做股票；總之，都有自己的特長，所以，不要斤斤計較，凡事都以寬容的心態去面對、去處理，及早發現問題，及時溝通，及早化解。這樣雙方心中才沒有死纏的結。家的這艘小船才會越變越大，向著明媚的愛情海駛去！

星期日　紓壓

休息日：讓自己回歸安寧本真的內心

音樂喚起妳的靈魂

> 音樂是不假任何外力,直接沁人心脾的最純的感情的火焰;它是從口吸入的空氣,它是生命中的血管中流通著的血液。—— 李斯特
>
> 只有音樂有力量使我們回返我們的本真,然後其他的藝術卻只能夠給我們一些有限的快樂。—— 巴爾札克

久居鬧市的妳是不是對萬般世態感到很無可奈何而又束手無策呢?妳的心中是否慢慢堆積和增加了很多壓力和情緒垃圾?妳是不是渴望一種閒情逸致,嚮往一種寧靜的心境呢?那麼音樂就是最好、最方便的選擇了。音樂能讓我們放鬆自我,感受寧靜。音樂是一串流動的音符,是一種充滿著精神關懷的文化現象。無論在傳統音樂中,還是西方古典音樂、浪漫音樂中,我們都可以感受到音樂的精神「脈搏」。音樂大師們透過五線譜發出的對天、地、人的暢想,對命運的慨嘆,對未來的展望,給懂得欣賞的人們帶來了心靈的震撼。音樂是人類的靈魂,自從有了音樂的創造,人的靈魂就有了一個依靠。在心靈的深處,隱藏著很多鮮為人知的祕密,唯有音樂,才能激起那潭深水的漣漪。如果我們的生命裡沒有音樂,那麼我們的生命就會變成沒有靈魂的生命。

所以,音樂是上天賜給二十幾歲女孩的聲音。在舒緩的音樂中,我們緊繃了一天的神經將會得到鬆弛,壓抑了數天的抑鬱情緒將會得到宣洩;在快樂、激越的音樂中,我們發自心底的快樂也能和著音樂輕舞飛揚。在咖啡、牛奶的香濃中,美妙的音樂會開啟我們的思緒,給我們靈感和希望。因此,音樂不僅能調整我們的心態,還能陶冶我們的情操。

音樂,有時候可以把人帶入到一種情境之中,令人陶醉其中,渾然忘我。聽蕭邦的奏鳴曲,感受他充滿著美、精妙、壯麗和力量的心靈獨白,傾

訴那一腔愛國柔情；聽貝多芬用他那神奇的手譜寫的《田園》之曲，撞擊《命運》之門，感受一個頑強的生命在不懈地與命運抗爭；聽柴可夫斯基的鋼琴曲，感受駕著俄羅斯馬車，在靜謐湖畔駐足觀賞天鵝起舞的雅興；傾聽舒伯特的小夜曲，似乎看到流浪的菩提樹下，一個孤獨的身影⋯⋯

音樂用它婀娜多姿的身軀，極富滲透力的情韻，去觸摸柔情似水的女性，帶給她們無限歡樂，還可以讓女孩變成世間最動人的精靈。所以，女孩與音樂的關係就像魚兒離不開水，花兒離不開陽光，鳥兒離不開藍天。沒有音樂的女孩，生活是單調的，情感是貧瘠的，日子是乏味的；有了音樂的女孩，陰天會放晴，憂鬱會消失，貧窮會化為富有，悲傷也會成為亨受⋯⋯音樂與女孩的心靈水乳交融，息息相關。

下面推薦一些減壓樂曲，可供女孩們在浮躁之際細細品味：

1. 可以聯想到草地的音樂

　　貝多芬：《F 大調第六交響曲「田園」》第二樂章

　　戴流士：《春聞杜鵑啼》

　　拉威爾：《達芙妮與克羅伊》第二樂章

　　鮑羅丁：《在中亞細亞草原上》

2. 可以聯想到高山的音樂

　　布拉姆斯：《第二交響樂》第二樂章

　　德布西：《夜曲》

　　格羅菲：《大峽谷》組曲的「口山」

　　馬勒：《第四交響樂》

3. 可以聯想到溪水的音樂

　　貝多芬：《D 小調第 9 號交響曲「合唱」》第三樂章

　　雷史畢基：《羅馬的松樹》第二樂章

　　史麥塔納：《伏爾塔瓦河》

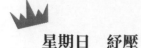

4. 可以聯想到大海的音樂

　　德布西：《大海》第一部分

　　艾爾加：《謎語變奏曲》第八、第九段

　　雷史畢基：《羅馬的松樹》「阿匹亞大道的松樹」

5. 讓自己擁有安全感的音樂

　　蕭士塔高維奇：《第二鋼琴協奏曲》小行板

　　卡林尼科夫：《第二交響樂》行板

　　謝爾蓋·拉赫曼尼諾夫：《第二交響樂》柔板

　　貝多芬：《第五鋼琴協奏曲》第二樂章

6. 其他音樂

　　貝多芬：《小提琴協奏曲》小廣板

　　貝多芬：《第九交響曲》極慢板

　　布拉姆斯：《小提琴協奏曲》柔板

　　丹第：《法國山歌交響曲》第一樂章

　　雷史畢基：《羅馬的松樹》喬尼科羅之松

　　馬斯奈：《第七管弦樂組曲》

　　蕭邦：《第一鋼琴協奏曲》浪漫曲

　　華格納：《羅恩格林》第一幕序曲

　　鮑羅廷：《第一交響樂》行板

　　布拉姆斯：《第三交響樂》稍微的小快板

　　布拉姆斯：《第二鋼琴協奏曲》行板

　　拉赫曼尼諾夫：《第二鋼琴協奏曲》第二樂章

　　所以，音樂是女孩，女孩是音樂。愛音樂的女孩是美好的，懂音樂的女孩是幸福的。愛音樂的女孩有快樂、有自信，有對生活一種理想的詮釋，更

有一種豁達、美麗的心境去面對生活中的一切變故和風雨。唯有如此，女孩美麗的容顏才會永駐，生命之樹才會常青。女孩徜徉在音樂的王國裡，才能找到心靈的歸宿，找回真正的自己。音樂，是女兒生命中生生不息的夢幻與情思，堅守與執著！

放慢生活的節奏

> 借酒消愁，只能愁上加愁。過快的生活節奏只會使我們有更多的煩惱、無聊與空虛。
>
> 生活是一壺陳年老酒，要慢品細酌，才能品出味道的香濃醇厚；生活是一首旋律，要彈得悠揚和緩，才能聆聽心靈的迴響；生活是一條彎彎曲曲的路，只有放慢妳的步伐，才能領略到被妳忽略掉的美麗風景。

　　我們生活在高節奏的競爭社會裡，很多時候我們會發現我們的語速越來越快，情緒有時很難控制住，耐心越來越少，會為很小的、很不值得的事抓狂，有時候會忽然發覺週一才剛開始，這週 7 天的行程都已經排滿了。因為我們生活的時代已經大大不同於我們的父輩，平靜的水面下，處處是湍急的暗流，妳需要快速高效率地做出漂亮成績，否則妳就很容易出局。比如當臺灣每年都要出版幾萬種讀物，但是上架後那些不能迅速上排行榜的書很快就會被毫不留情地撤下來，這就是我們面臨的現實。我們稍微疏忽，就會如同慘遭被撤下書架的讀物那樣的命運，所以，我們每天上緊發條，為了我們美好的人生目標而衝刺著……

＊　　　＊　　　＊　　　＊

　　麗婭剛剛畢業 2 年，在一家公司做祕書，她每天的工作如下：打開郵件，收發上司指令，然後逐一下達給各部門；剛掛了這通電話，那通電話又

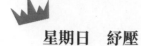

響起來，她一邊用「耳朵」聽，一邊用「手」匆匆記下客戶的要求，LINE 裡也會傳來各部門主管的詢問，在回覆各主管的敲擊聲中，還聽見新郵件的提示音，她必須眼疾手快地一目十行地流覽郵件內容，分清輕重緩急，一一傳達下去。上司的工作行程，她也必須提早安排。她每天的生活就像《穿著 Prada 的惡魔》裡的助手一樣。

現代人工作壓力大，淡泊從容的簡單生活越來越成為一種奢侈的願望，名聲、財富和慾望，這三點一直是現代人的追逐對象，尤其對於工作了 5 年以上的有一定資本的上班族來說。

＊　　　　＊　　　　＊　　　　＊

喬莉剛滿 30 歲，已結婚生子，她一直都被人稱為「女強人」，工作出色，家庭幸福，但是她自己知道自己正承受著來自各方面的壓力。她為了盡快做出業績，為了提高工作效率，她每時每刻都在尋找最快捷的工作方法和生活方式，比如，她早晚等公車的時候，她會瀏覽新聞和時尚雜誌，就是為了快速地獲取有用資訊；在車上，她的眼睛也沒有休息過，她會注意迅速滑過的看板和站牌，收集上面的文字和資訊；她還會聽廣播，聽整點新聞快報和娛樂快報，還有新歌曲，新電影，小故事……讓各種資訊轟炸著她的腦子，同時她的腦中還會想著工作，想著應該對老闆說的話。就這樣她每天都在忙碌著，在工作中、生活中，她好像從未曾真正讓自己的大腦休息過。直到有一天，她的生活中發生了一件事，才徹底改變了她的生活方式。

那天，她要出國與一個大客戶商談訂單的事，所以，臨走前，她對老公的慢條斯理和拖拖拉拉很是不滿，對兒子的纏人、哭鬧、不懂事感到很心煩。心情極壞，加上脾氣急躁，所以，她狠狠地摔了家門，拿著公事包就衝進一輛計程車，絕塵而去。

　　她在飛機上與一對七十多歲的老夫妻座位相鄰。這對老夫妻行動非常遲緩，一會兒要求空姐給他們拿飲料，一會兒又喝藥，一會兒又拿行李，不是飲料灑了，就是藥片濺了一地，整得其他人員抱怨連連。耳朵還很不錯的老先生忍不住慢慢地站起來說：「今天是我們結婚 50 週年的紀念日，我們認識有 70 年了，因為工作忙，一直沒有時間帶老伴去旅遊，想在有生之年，彌補對老伴的虧欠，所以，我們才出門遠行。這是我們第一次坐飛機。年紀大了，行動慢，給大家造成了不方便，我向妳們道歉……」

　　整個機艙突然鴉雀無聲，大家都沉默了，像是在反思。喬莉鼻子也酸酸的，她想到自己早上臨出門前對老公的咆哮和對兒子的粗魯……

　　喬莉下了飛機，就立刻給老公打電話，向老公真誠地道歉，而電話那頭的老公卻沒有說什麼，只是讓她注意安全，辦完公事，馬上回家。從那一刻起她決定從此以後要放慢工作的節奏，多拿出一些時間與老公和孩子共用。而那天的談判也出奇地順利，難纏的客戶也順利地搞定了。好像那天所有的人都很可愛，那天的陽光格外地明媚，那天的風也特別地溫柔。喬莉的世界好像在那天發生了改變。

　　所以，女孩，我們忙得焦頭爛額的時候，不妨找個時間，重新找一下真正的自己，細想一下自己現在的生活，問一下自己想要過什麼樣的生活，生命的意義到底是什麼，理清自己的頭緒，才能對以後的生活做一個好的規劃和打算。

先擠出笑容，然後妳就真的笑了

> 當妳笑的時候，世界都在笑；當妳哭的時候，只有妳在哭。
>
> 縱然傷心，也不要愁眉不展，因為妳不知是誰會愛上妳的笑容。

現代社會，人們每天都像忙碌的機器一樣，為了各式各樣的理想，買房、買車、華衣美食……現代生活節奏讓我們不堪重負、苦不堪言。但是如果我們選擇抱怨，選擇緊繃著臉，那麼，我們的每一天都將烏雲密布、暗無天日，也於事無補！

來看看下面的例子，或許對妳很有幫助。

據說靠近北極圈的地方，有一個小鎮。由於那裡全年平均氣溫只有 4 度，冬季最低氣溫更是在零下 40 度。所以一年四季全鎮都籠罩在一片白雪皚皚的嚴寒之中。由於嚴寒，居民生活來源有限，因此，很多人失業，居民的生活過得極為艱苦，所以不少人悲觀失望、鬱鬱寡歡。

該鎮委員會為了改變死氣沉沉的小鎮，就發布了一條快樂法令：將每天的傍晚6時至7時限定為「快樂一小時」的時間。在這一小時裡，任何居民，包括外來的遊客都不得吵架生氣、愁容滿面、悲觀失望，大家都必須掛滿笑容、喜慶出現。如有違反者，輕者將處以罰金，重者強制學習，學習內容是觀看喜劇電影和幽默的脫口秀節目。

不久，這個小鎮就煥然一新，充滿了歡聲笑語，充滿無限的活力。

能讓小鎮居民快樂的，其實不是快樂法令，而是他們自己。所以，我們的救世主還是我們自己。能讓我們自己快樂的也只能是我們自己。

那麼，對自己頒布一項快樂法令吧，從今天開始對著鏡子開始做微笑運動：把兩嘴角上揚，然後響亮地喊「Cheese」，這樣就能以假亂真了。心理

學家說，一個人如果總是想像自己進入某種情境、感受某種情緒，那麼這種情緒十之八九會真的到來。一個故意裝作憤怒的實驗者，由於「角色」的影響，他的脈搏會加快，體溫會上升。所以當一個人刻意擠出笑容，慢慢的，他就會真笑起來，就會做出開心的表情，在妳尚未意識到之前，它已變成了一種由衷的歡笑了。它好比將車鑰匙插進汽車中一樣，只要扭動鑰匙，引擎就會工作。

所以，無論在什麼情況下，都要做好歡樂的準備，強迫自己舒展眉頭，擦去眼淚，因為笑容是可以擠出來的，而快樂也是可以「偽裝」出來的。

美國暢銷書籍《讓自己快樂》的作者，心理學博士凱倫‧撒爾瑪索恩女士說：「我們的生活有太多不確定的因素，妳隨時可能會被突如其來的變化擾亂心情。與其隨波逐流，不如有意識地培養一些讓妳快樂的習慣，隨時幫助自己調整心情。」

所以，女孩，培養一些快樂的習慣吧！一定要習慣去微笑，讓習慣帶著妳去前進，去奮鬥。

生活是由無數個細節組成的，讓每個細節愉快，我們的一天才會愉快。我們何不在起床的時候，刻意擠出一點微笑，給自己一點鼓勵，給自己一點信心，給自己一點動力，給自己一份開心，給生活一點笑料呢？睜開眼睛，努力讓自己微笑一下，哪怕很做作，哪怕妳剛剛做了一個噩夢……不管是什麼情況，在睜開眼睛的第一時間，一定要給自己一個快樂的心態，給自己一個美妙的開始，用一雙愛笑的眼睛去看周圍的一切，妳就會發現自己真的與眾不同，妳昨天的壓力也會拋諸腦後。因為，一天之計在於晨。相信我，不妨試一試，相信妳的生活會發生改變。

記住：幸福和快樂只能自己給自己，自己的心態也只能自己去調整，自己的性格也只能自己去改變、改善。當生活不如意的時候，就要暫時抽離自

己的生活，以一個外人的身分好好地分析或者評判一下了。換個角度過生活，換個活法，換個心情。人活在世界上，眼睛一閉一睜，一天就過去；眼睛一閉不睜，一輩子就過去了！既然是這樣，不妨在還能「一閉一睜」的時光中多開懷大笑。有時候真的很難有那麼多開心的事，那麼就給自己一個刻意的笑容吧！妳會慢慢展露真心的笑容的。

哭改變不了事實

> 聰明的人永遠不會坐在那裡為他們的損失而悲傷，相反他們會很高興地想方設法來彌補他們的創傷。 —— 莎士比亞
> 別為打翻的牛奶哭泣，妳的眼淚遠比牛奶更有價值，讓金子般的時光流淌會更加可惜。

　　每個人都有煩心的事，尤其是多愁善感的女孩。有些女孩會找人訴說，有些女孩會寫日記、部落格發洩，只是訴說、發洩完之後，有些女孩的心情並沒有舒緩多少，她們還是會為遠去的戀人，乏味的婚姻，或者升遷無望的工作，總之生活中大大小小的事情而傷心。女孩，覆水為何難收？是因為覆水已經被潑在地上了，恐怕只有會法術的神仙可以將覆水一點一滴地收回到盆裡去吧，或者借用《大話西遊》裡的月光寶盒，可以把我們帶回過去，挽回過去的敗局或者錯誤。只是這都是太荒誕的情節，我們還是現實一點的好。下面幾個古今中外的故事，很能反映覆水難收的道理，給我們人生啟示和生存的力量。

　　在明代大學問家曹臣的《說典》裡有一則《甑已破矣，視之何益》的趣事。特摘錄來與大家分享。

　　孟敏是東漢有名的大臣。傳說他年輕的時候曾經以賣甑（如同現代的蒸

鍋）為生。一次他在大街上叫賣，忽然他的擔子滑落肩膀，掉在地上，把甑摔碎了，他竟然頭也不回地逕自走開了。街上行人對他的反應感到很奇怪，就攔住他問原因。孟敏十分坦然地回答：「甑已破矣，視之何益？」

是的，甑雖然很珍貴，與自己的生計息息相關，可是它已經被摔破，已經是無法改變、無法挽回的事實了。心疼有什麼用呢？

美國著名的心理學家、成功學大師卡內基，在他的事業剛剛起步之時，也曾遇到類似孟敏這樣的事。

當時年輕的卡內基在密蘇里州辦了一個成年人教育班。營運了一段時間後，他發現投入很多，但是回報很少，他損失了很多錢。於是他開始抱怨自己，還一度懷疑自己的能力和方向。他向自己的中學老師抱怨了很久，老師最後只對他說了一句話：「不要為打翻的牛奶哭泣」。老師的一句話如醍醐灌頂，卡內基的苦惱頓時煙消雲散，精神重新振作起來，鬥志昂揚地向成功學、人際關係學進軍。現在他被譽為是 20 世紀最偉大的心靈導師、成功學大師，美國現代成人教育之父、人際關係學鼻祖。

很多諸如甑被打破、牛奶被打翻這樣的可惜的事情仍困擾著我們。讓我們哭喊，讓我們後悔，讓我們茶不思，飯不想，讓我們精神恍惚，但是，「甑已破矣，視之何益？」辛棄疾在一首詞中寫道：「嘆人生，不如意事，十之八九。」就算我們很揹運，被老闆炒了魷魚，升遷無望，相依為命多年的男友被小三奪去等，這樣的事真的砸到了自己，又如何？我們要自殺嗎？我們要整日活在回憶中嗎？我們很多人的一生就像是一個自我救贖的過程，救贖的是我們自己。如果我們能夠換一個角度去思考問題，生活中又有什麼能讓我們感到煩惱和困惑呢？

＊　　　＊　　　＊　　　＊

星期日　紓壓

　　一個背著大包裹的青年千里迢迢地去找無際大師。他向大師抱怨自己的孤獨、痛苦和寂寞，還有旅途的艱辛，最後就是他為什麼費勁千辛萬苦，也找不到自己心中的陽光。

　　大師沒有直接回答他，只是好奇他的大包裹裡裝的是什麼？青年說：「那是我的日記、書信和筆記。它們是我孤獨、痛苦和寂寞的見證。我所有的煩惱和哭泣只能告訴它們。它們是我唯一的朋友，靠著它們，我才能夠有勇氣走到師父您這兒來。」

　　無際大師把青年帶到河邊。他們坐船，過河，上岸。大師說：「年輕人，你扛著船趕路吧！」

　　青年很驚訝，表示不解。大師微微一笑說：「是的，孩子，你扛不起它。過河時，船對我們是有用的。但過了河，我們就要放下船繼續趕路。扛著它，它就會變成我們的包袱。痛苦、孤獨、寂寞、災難、眼淚，這些對人生都是有用的，它們能使我們的生命變得厚重，使我們的生活得到昇華，但若總是須臾不忘，就會變成我們人生的包袱。放下它吧！孩子，生活不能負重太多。」

　　放下「過去」，就放下了包袱，就能輕裝趕路了。從此他的步伐輕鬆，心情也開朗和愉悅起來。是的，我們的生命是不必如此沉重的。

　　這些過去的「覆水」就是我們背在自己身上的「大包袱」，我們要想快速、輕鬆地趕路，就必須放下它，隨時清理一下我們的「記憶體」空間，我們才能輕裝上陣，就像電腦、手機中的「刪除」鍵一樣。它是幫助我們清理、掃除舊資料和舊檔案的。我們人體的刪除鍵，是幫助我們清理傷心的人和事的，我們要捨得刪除過氣的人和事，把他們狠狠地送進「垃圾桶」。

　　從現在開始，用自己的刪除鍵，把不快的「過去的檔案資料」一一清除吧！

　　妳的生命一定會變得輕鬆、如意。

別活成怨婦

> 歷史是如此的相似，長大後我就成了妳。大多數女人哭著哭著就由美麗的黛玉變成了惹人厭的祥林嫂。
>
> 抱怨是最消耗能量的無益舉動。有時候，我們不僅會針對人，也會針對不同的生活情境表示不滿；如果找不到人傾聽我們的抱怨，我們還會在腦海裡抱怨給自己聽。我們可以這樣看：天下只有三種事：我的事，他的事，老天的事。抱怨自己的人，應該試著學習接納自己；抱怨他人的人，應該試著把抱怨轉成請求；抱怨老天的人，請試著用祈禱的方式來訴求妳的願望。這樣一來，妳的生活會有想像不到的大轉變，妳的人生也會更加地美好、圓滿。——《遇見未知的自己》作者張德芬

年幼的時候，我們的哭泣能換來父母的妥協和退讓；長大了，我們變得善感多愁，我們的哭泣和抱怨能換來別人的同情和男友的關愛；進入職場打拚後，我們開始知道並不是「老吾老以及人之老，幼吾幼以及人之幼」，因為職場不需要眼淚；等經過了歲月的一定歷練後，我們慢慢明白：實力就是吸引力。人們不關心女人流淚的理由，就像看膩祥林嫂一樣。

魯迅筆下的祥林嫂一生艱辛坎坷。早年嫁給比她小十歲的丈夫，後來丈夫不幸去世，被婆婆強行改嫁到了山裡。後來第二任丈夫死於風寒，接著她的兒子又慘死狼口。無疑她是個可憐人，青年喪偶，中年喪子，孤苦伶仃生活中最慘痛的一幕就是「我以為冬天山裡沒有狼……」我們都會為她落淚。但是覆水已經難收了，事情已經發生了，再怎麼哭天喊地也都於事無補。這個可憐的人整天臉上都沒有一絲笑容，開始她無休止的抱怨和哭泣。逢人便講起兒子的死和自己的悲慘遭遇，人們也由剛開始時的同情到漸漸的厭惡。她在魯四老爺家裡做女傭。因為自己的壞情緒，連自己安身的工作也無法維持，魯四老爺開

始不交給她重要的工作任務，祥林嫂的精神和情緒更是每況愈下，終於被淘汰了，逐出了魯家，後來淪落為街頭乞丐，最終被窮苦奪去了生命。

　　祥林嫂也有過燦爛的青春年少。她第一次在魯四老爺家裡打工。因為長得「端正」、「手腳勤快」，無論什麼時候都對工作不「倦怠」，因而贏得了人們的喜愛。這讓人想起了柔美秀麗的「林黛玉」。我們喜歡黛玉詩意迷蒙的眼神、過人的才華和細膩空靈的情思，愛憐她純淨高潔的心靈，更愛她追求愛情的執著。可是她是善感多愁的，用自己的眼淚來報前世寶玉的澆灌，或者是她的小性子使得她終日以淚洗面。她與祥林嫂都是有著豐富感情的悲劇性格的女性人物。如果她們活在我們當下的快節奏的世界，會怎麼樣呢？會有老闆或者老公願意侍奉她們嗎？

　　女人年輕美麗的時候，就如「黛玉」、「青年時代的祥林嫂」，那個時候眼淚還是值錢的，但是多數女孩哭著哭著就從林黛玉哭成了祥林嫂，因為現在殘酷的社會，同情心是很寶貴的東西。美女看久了，也會變成一般人，醜女看久了，也會習慣。

　　初戀少女常常愛使小性子，三天兩頭就會上演一番一哭二鬧。情緒變化不定，剛開始還談笑風生，天氣晴朗，一會就嘟嘴，淚如雨下了。男方雖如墜八千里霧中。但是還會心疼她、愛護她。而少女要的也是男孩的包容和呵護。等兩人結婚了，女孩若還不時地上演少女時的戲碼，男人終會忍無可忍，暴風驟雨就會席捲而來。輕則冷戰幾天，重則男人投敵叛國。

＊　　　＊　　　＊　　　＊

　　加恩和媛愛是年少時的戀人，交往多年後終於結婚了。後來，就如所有老套卻一直不斷在上演的橋段依樣，加恩喜歡上了別人。一些有經驗的女性閨友勸告媛愛 —— 別完全不哭不鬧，那樣妳老公會覺得妳根本不在乎這件事情；也別大哭大鬧，這樣男人會認為妳不可理喻。最好的方式是採取「離而

不分」的策略。「離」就是在身體上、接觸上保持距離,「不分」就是繼續住在一起。然後找一個時機,最好是男人想跟妳談的時候,再雲淡風輕地哭一陣。「因為女人只有在男人喜歡她、憐惜她、注意到她的時候,眼淚才有用處;哭早了讓人討厭,哭晚了亡羊補牢無濟於事,因為羊已經死了!」

這些過來人的勸告真是經驗之談,渴望用眼淚喚起老公的良知以及注意力的女人實在是愚蠢!在男權的世界裡,女人什麼時候都還是處於劣勢地位的,如果沒有合適的歸宿,如果還放不下這段感情,就只能做個大度的聰明女人了。

據說,女人用眼淚吸引男人的注意力,最多只能用三次,多了就沒作用了。媛愛哭得恰到好處,既不至於像祥林嫂逢人就抱怨、哭泣,也不至於像黛玉的小性子,會以自己的生命去反抗,現代人的媛愛哭得既維護了自己的自尊,也沒給男人留下完全胡鬧的印象。為媛愛慶倖的是,她遇到的小三是個沒有太多經驗的對手,如果對方很強大,更會哭,殘局就很收拾了。

所以,透過這件事情,我們要知道,即便發生天大的事情,也不能像祥林嫂那樣無止境、無休止地哭泣和抱怨。哭泣和抱怨是女人最愛的一種發洩方式,但是要知道凡事都要有度,要做個生活的強者,也要做個聰明的女人,否則就是現實版的祥林嫂了。

所以,女孩,祥林嫂青春年少的時候也曾是美麗的黛玉,黛玉的結局就是逐步邁入祥林嫂的深淵。所以,聰明的我們可不要重蹈她們的覆轍哦!

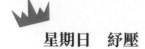

我有缺點，那又怎麼樣呢？

> 去愛吧，像不曾受過一次傷一樣
>
> 跳舞吧，像沒有人欣賞一樣
>
> 唱歌吧，像沒有任何人聆聽一樣
>
> 工作吧，像不需要錢一樣
>
> 生活吧，像今天是末日一樣

玥朗每天都在房前的空地上練習唱歌。一位鄰居聽了，冷笑著說：「妳即使練破了嗓子，也不會有人為妳喝彩，因為妳的聲音實在是太難聽了。」

玥朗回答道：「我知道，妳所說的這番話，其他人也對我說過多次了，但我不在乎，我是為自己而活著的，不需要活在別人的認可裡。我只知道我唱歌時很快樂，所以無論妳們怎麼指責我的聲音難聽，都不會動搖我唱下去的決心。」

她只想做一個愛音樂的孩子，唱出自己真實的情感。

的確，二十幾歲的女性朋友們，妳不需要永遠活在別人的認可裡，快快樂樂地為自己活，瀟瀟灑灑地來世上走一遭，這也是一種智慧。

如果妳追求的快樂是處處參照他人的模式，那麼妳的一生都會悲慘地活在他人的價值觀裡。事實上，人活在這個世上，並不是一定要壓倒他人，也不全部是為了他人而活，一個人所追求的應當是自我價值的實現以及對自我的珍惜。一個人是否實現自我並不在於他比別人優秀多少，而在於他在精神上能否得到幸福的滿足。

然而，在現實生活中，二十幾歲的女孩們，卻常常為同學的一句無意的玩笑，或在工作中同事一次無心的抱怨，就變得悶悶不樂，甚至開始徹底地懷疑自己，否定自己。其實，這樣的心態是不對的。雖然我們不能充耳不聞

別人對我們的評價，但也不能過分在乎，否則，煩惱的是妳自己，痛苦的也必定是妳自己。

＊　　　＊　　　＊　　　＊

范曉萱在一段訪問裡說：「以前我很辛苦，因為我太在乎別人的感覺，太在乎其他人怎麼看我，所以，我很多時間都要去想別人怎麼想，我都想去做得面面俱到，然後，變得很辛苦。現在，我會跟著感覺走，也會很清楚地表達我的看法，我只是想活得比較輕鬆，不要那麼辛苦。」

一個人一生為了別人的評論而活著是很累的，也顯得很蠢。愛蓮娜·羅斯福說：「未經妳的同意，沒有人能使妳感覺卑微。」古希臘諺語也說：「除了自己，沒有人能夠侮辱我們。」沒有人能打敗妳，只有妳自己。

二十幾歲的女孩們，我們每個人絕不可能孤立地生活在這個世界上，很多的知識和資訊來自別人的教育和環境的影響，但妳怎樣接受、理解和加工、組合，是妳個人的事情，這一切都要妳獨立自主地去看待，去選擇。誰是最高仲裁者？不是別人，正是妳自己！歌德說：「每個人都應該堅持走為自己開闢的道路，不被流言所嚇倒，不受他人的觀點所牽制。」讓人人都對自己滿意，這是不切實際、應當放棄的期望。

我們所處的世界是錯綜複雜的，所面對的人和事也總是多方面、多角度、多層次的。我們每個人都生活在自己所感知的經驗現實中，別人對妳的看法大多有其一定的原因和道理，但不可能完全反映妳的本來面目和完整形象。別人對妳的態度或許是多稜鏡，甚至有可能是讓妳扭曲變形的哈哈鏡，妳怎麼能期望讓人人都滿意呢？

二十幾歲的女孩，如果妳期望人人都對妳看著順眼，感到滿意，妳必然會要求自己面面俱到。不論妳怎麼認真努力，盡量去適應他人，能做得完美無缺，讓人人都滿意嗎？顯然是不可能的！這種不切合實際的期望，只會讓

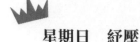

妳背上一個沉重的包袱，顧慮重重，縮手縮腳，活得太累。眾口難調，一個廚師無論怎麼努力，也做不出讓所有人都滿意的菜也是此理。總之，只有懂得享受自己的生活，不受別人的消極影響，不管別人如何評論妳，只要自己高興、滿足，自得其樂，生活就是幸福的。

閨蜜

和妳一同笑過的人，妳可能把他忘掉；但是和妳一同哭過的人，妳卻永遠不忘。——紀伯倫

當妳遭遇挫折而感到憤悶抑鬱的時候，向知心摯友的一度傾訴可以使妳得到疏導。否則這種積鬱使人致病。——培根

又到了週末或者節假日了，妳準備做什麼？是購物、健身還是郊遊？等等，我們似乎忘記了什麼？我們有多久沒有正式聯絡我們的啦啦隊了？我們這些疲於征戰的女戰士，每天都被工作包圍著，我們有多久沒有徹底整理過自己的思緒，與自己的閨蜜談心了？有女孩會說：「與閨蜜無時無刻都在聊天啊！」注意，我說的是專門抽出時間，當面聊天，不是利用上班的間隙打私人電話，也不是透過 LINE、IG 等。

如果沒有朋友，那麼我們的世界就如同一片沙漠。而天性敏感、感性的女性朋友，就更不可缺少閨蜜。閨蜜可以是和自己一起長大的女同學，也可以是自己在工作中結識的女同事，也可是網路中認識、現實中結伴的女網友。閨蜜是我們用心和真誠一點點發展起來的。她們與我們有一種心照不宣的心靈感應，我們的一顰一笑，一言一行，一個眼神，一個動作，一個背影，一個回眸，她們都能心領神會，更重要的是，她們深知我們的優缺點，所以，她們往往能幫助我們更客觀地分析我們工作和生活中的事情，為我們

排憂解難、出謀劃策。閨蜜朋友不是送妳鮮花的那個人，但她是讓妳永遠呼吸到新鮮空氣的那個人。

大千世界，滾滾紅塵，於芸芸眾生、茫茫人海中，我們與閨蜜朋友能夠相識、相知，從青青校園裡的形影不離，到走上社會後的彼此照應，實在是一種緣分，也是一種幸運。所以，給妳肉體的是父母，給妳財富的是朋友。

在這個世界上，閨蜜朋友是除了親人、伴侶之外，最能分享妳的小祕密的那個人。她們就像妳生活中的啦啦隊一樣，她們是妳人生路上的寄託，是妳聊天時的好夥伴……

組建自己的閨蜜啦啦隊，生活才能暢快無比。

美國心理學家在一次調查報告中公布，87％的已婚女人和95％的單身女人說，她們認為同性朋友之間的情誼是生命中最快樂、最滿足的部分，這種情感關係也是最深刻的，為她們帶來一種無形的支持力，就像空氣般可靠。他還說：親密的關係，作為一種預防性措施，一種對於免疫系統的支持，能夠降低疾病對妳的威脅，無論是頭疼還是心臟疾病以及各種嚴重的身體失調等。

女性的生命歷程充滿波折，有生理週期、婦科疾病，還有生育所帶給自己的從未有過的體會，更有工作上的壓力與情感上的危機，這些都會讓女性對同性的感覺發生變化。已婚女人對同性的信任和依賴會逐漸增強。因為同性會更能感知妳的感情需求，能真切體會到妳的所有悲喜，並及時恰當地給予妳最貼心的關懷和幫助。所以，排解煩惱、緩解壓力的最常用方法就是找同性朋友傾訴。而同性友誼最大的優點就是同性對妳壓力的分擔性遠遠大於分享性。所以女孩，一定要善待同性間的友情，最好能夠擁有10個每月主動聯絡和交流的親密朋友。

所以，女孩，一定要定期，抽出點時間，與閨蜜們聊天，即擁有姐妹淘，這樣我們才能有更快意的人生。

星期日　紓壓

＊　　　＊　　　＊　　　＊

　　燕雨與自己從前的女同事相約在必勝客吃披薩。因為經常去麥當勞、肯德基，所以就想換個地方消費一下。據說必勝客環境優雅，沒有那麼吵鬧。所以 2 人就約在必勝客吃飯了。當時的目的只是為了見識必勝客的環境以及感受義大利的風情。她們兩個因為工作忙，已經有半個月沒有見面聊天了。但當她們聊完的時候，她們早不記得披薩和水果沙拉的味道了。整個晚上，她們都在聊彼此的工作，那個不愛笑的惡魔主管，小天使一般的同事，還有各自的感情，當然買衣服、化妝品、遊玩也包括在其中。說到難受處，兩人表情都沉默安靜，說道到心處，兩人都眉飛色舞，但是雙方始終都會給對方一個關懷的眼神和加油的微笑。她們還回首了以前的老同事……在這個淡淡的有點涼意的秋季晚上，整個必勝客也變得溫暖如春，仿佛在必勝客吃飯聊天的是只有她們兩個人，她們愜意忘我地沉浸在一個只有她們的世界裡……

　　這就是姐妹淘聊天的好處，可以緩解工作的壓力，痛訴對老闆、同事、男人的不滿，還可以交流新的購物、化妝品經驗，分享各方面的有價值的資訊。這樣，我們就不會覺得孤獨，對人生也有了重新上路的勇氣和信心，生活也會重新變得美好起來。

　　與閨蜜海聊，向同性密友開懷傾訴，是女人最放鬆、最舒適的減壓方式了，比健身操輕鬆，也比長途旅遊方便。女孩，好好享受閨蜜的關愛，不僅心情好，而且身體也會好！

藍顏知己

> 除了一個知心摯友以外，沒有任何一種藥物可以治療心病。 —— 培根
>
> 世間最美好的東西，莫過於有幾個頭腦和心地都很正直的朋友。 —— 愛因斯坦

藍顏知己是一種比愛情淡、比友情深、比第三者清白的男女關係，是介於朋友和情人之間的，沒有肉體關係卻勝似有肉體關係的「第四類感情」，也可稱之為「知己之愛」。

在競爭激烈的當今社會，無論是男人還是女人都需要全方位的感情關懷。所以藍顏知己是作為對愛情和友情所不能達到的範圍的補救。有些時候，和自己的戀人好像只適合談情說愛，只有理性的藍顏知己更了解女人，能給女人更多實實在在的建議。

＊　　　＊　　　＊　　　＊

詩曼是一家外商的上班族，她有一個愛她的老公，她還有一個從大學到現在的藍顏知己。詩曼是這樣解釋她與藍顏知己的關係的：在感情上，老公可以給我完美的感情，給我情感上的呵護與安慰，但是工作或者生活中的事情說多了，人不可避免地都會煩，對藍顏知己說，反而能得到快速的解決方法。因為與藍顏知己沒有日常生活上的瑣碎交集，他們更能比較客觀地、中肯地提出可行的建議。

的確，許多時候我們在老公或者男友那裡始終是一個需要他肩膀的柔弱小女人。他們不喜歡和我們探討人生，探討事業，他們也不喜歡我們成為工作狂人。但是，沒有哪個女人工作和事業是一帆風順的，都會有工作上的挫折，每當這個時候，她們就會尋求問題的解決辦法。藍顏知己扮演的就是這

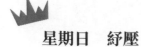

樣一個角色，他能站在妳的角度替妳分析問題。他會詢問妳的感受，讓妳感到妳是獨立的，不是非要依靠他人才能存活的小鳥。

女人步入社會以後要承受來自婚姻家庭和工作事業的雙重壓力，在多維的社會生活中要扮演多種角色，此時她的內心是非常脆弱的，所以在精神上非常需要一些強有力的支持。那麼這時，藍顏知己就會以男人的堅強鼓勵妳，讓迷茫的妳信心百倍地繼續前行。妳與這種藍顏知己之間沒有愛情，卻又比一般朋友多了一份肝膽相照，和他在一起不會感到很累，因為他明白，是否為知己，不在於言語的多少，而在於理解的多少。

如果一個女人的生命中曾有過或現在有著這樣的幾個藍顏知己，擁有這樣一份純淨、真摯而綿長的感情，那麼無疑她是幸福的，藍顏知己將是她生命中的奇蹟，他將被她永遠珍藏在心中。

好男人現在不好找了，找個藍顏知己不是更難嗎？女孩都會有這樣的感嘆。下面這幾種類型的男士是藍顏知己的最佳人選。

1. 才智過人的男性。因為他們的聰明才智，所以他們可以對妳的生活和事業起領路人的作用。他們會打開妳的思維，給妳一個另外一個看事物、分析問題的角度，幫助妳完善自我。

2. 健康快樂的男性。一個快樂的人的人生必然是積極樂觀的，他們能帶給妳快樂，幫妳釋放壓力。

3. 志趣相投的男人。這種男人在很多事情上會與妳有共同的語言，所以他們會懂妳，被人理解是一件很愜意的事情。

4. 情感單純的男人。單純的男人想問題簡單。而我們之所以不快樂，往往就是因為把簡單的問題複雜化了，所以與這種人聊天，會使妳也變得簡單，不敏感，不猜疑別人，這樣快樂就會很快地來臨了。

5. 願意傾聽的圈外人士。圈外人士的善意傾聽，往往可以讓我們換一種角

度看問題。這無疑是豐富了自己的閱歷，打開了另一扇窗戶。

6. 淡泊名利的男人。淡薄的人多平靜、穩重、低調，他們會給我們從容面對生活的勇氣與信心。

7. 直言不諱的男人。直言不諱的人說的話往往中肯不中聽，但是卻能讓我們清醒。

8. 心胸寬廣的男人。寬廣的胸懷比寬厚的肩膀更有用，遭遇挫折的我們需要感受這種包容的溫暖。

9. 細膩的新好男人。心思細膩的人往往更能捕捉到我們的表情和體驗到我們的感受，這是很體貼的關懷，讓我們覺得人生不寂寞。這種人也是懂妳的人。

10. 人品好的男人。人品好是做人的根本，與這樣的男人交往，我們會輕鬆很多，不會擔心干擾了彼此平靜的生活。

獨處，是一朵安詳的睡蓮

> 越偉大、越有獨創精神的人越喜歡孤獨。—— 赫胥黎
>
> 人生的第一件大事是發現自己，因此人們需要不時孤獨和沉思。—— 挪威北極探險家南森
>
> 噓！躲進世界的角落，請保持安靜，忘記時間，做回妳自己。在這裡，妳自己就是一整個宇宙。—— 幾米

身在江湖，我們總會感到沉甸甸的疲累和孤苦。每天下班回家，每當空對月影，我們都會感到落寞的孤獨，也不知道從什麼時候開始，發現自己開始無緣無故地流淚，我們希望身邊有個固定的人陪伴自己，但是發現身邊可以談心的人並不多，或許我們可以從朋友或工作中找到安慰，也或許能在唱歌、飲酒、哭泣中得到釋放，但是我們終究會面臨我們自己的獨處。

星期日　紓壓

＊　　＊　　＊　　＊

　　秋慈是一家公司的企劃人員，一週要上六天班。所以週日應該是她好好利用、放鬆的一天。但是她只要閒了下來，她就會很寂寞很無聊，就像沒有了生活的重心似的。這個時候，只要有同事約她外出，她就會欣然接受。就這樣每個週末她都是在商場、唱歌、酒吧度過的。她的日子表面上過得十分熱鬧，實際上她的內心極其空虛。她所做的一切都是為了想方設法避免面對面看見自己，不想與自己獨處而已。

　　其實，這些內心蒼白脆弱的女孩的痛苦緣於依賴。依賴人，依賴物，依賴想像，甚至是依賴崇拜！女孩，不能太依賴任何人，那樣受傷的將是自己。要知道：「在這個世界上沒有人能成全我們，有些事是我們必經的經歷，沒有誰能幫妳。」因此，把自己關閉在自己的「洞穴」裡面並不是什麼無聊、無意義的事，而是清靜地整理自己的心靈空間，修整自己的身心，為了以後的輕裝「上陣」做努力。

　　女孩，給自己留點獨處的私人空間，拋開一切的束縛，反思一下自己：我們是什麼？我們只是這美好世界中的龍套甲和龍套乙，我們只有很少的臺詞，所以，我們必須努力。

　　也不要將人生的風吹草動歸結於他人或外力，不要把責任和錯誤推得遠遠的，不要繼續搖頭晃腦地活在自己的公主世界，繼續做著「對」的一方。如果妳永遠都是對的，妳怎麼有進步的可能呢？多反思一下自己「不對」的地方，能幫助妳一點一點地理清頭緒，看清自己的整個人生大部分的時間都在被什麼所吸附著？是錢？是情？是名，還是權？那個吸附妳的東西就是常常讓妳疼痛的東西！我們已經為它疼痛、被它纏繞很多年了，能不能幫幫自己的忙，讓它停一停，讓自己放鬆一下呢？所以獨處就是自己承擔，知道所有好的壞的都是自己創造的，這樣就少了抱怨，多了接受自己。這就是一種

笑納的心態，一種對既往所發生的經歷的接納，甚至是鞠躬。否則我們就會與自己抗爭，會有無盡的掙扎感，痛苦就是這樣產生的。獨處會讓我們找到自己，會讓我們對自己承擔責任，認清了這些，我們就會成長，並成熟起來。

這樣一來很多的人和事，我們就會釋懷，我們心的冰雪開始消融，我們的心開始柔軟，我們的臉上就會浮上久違的笑容，我們會有種重新為人、大徹大悟的重生般的感覺。

所以，學習獨處，讓自己徹底地放鬆。然後，為生命的點點滴滴而愉悅。

獨處是一朵安詳的睡蓮！讓我們不以物喜，不以己悲，教會我們百分之百地和自己在一起，百分之百地活在當下這一刻。

獨處也是一種能力，現代的獨立女性，就是會獨處的女子。她們透過獨處，感知生命的意義，她們的心胸豁達寬厚，她們的內心絢麗多彩，她們能在她們有限的人生中釋放出最美麗的煙火！

寫心情部落格，化壓力為文字

> 能與自己娓娓而談的人絕不會感到孤獨。—— 美國著名心理學家麥斯威爾·馬爾茲
>
> 人可以在社會中學習，然而，靈感卻只有在孤獨的時候，才會湧現出來。—— 德國大文豪歌德

小時候，我們喜歡在日記本上寫下我們當大的心情，傷心的事情，悲憤的事情，令我們感動的事情，將好玩有趣的事情等都囊括在我們一個上了小鎖的小小日記本裡。

如今，時光飛逝，我們已經進入飛速發展的網路時代，我們傾訴自己的心情不再像過去那樣，把自己的喜怒哀樂收在自己精美的日記本裡，而是開

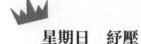

通自己的部落格，或者在 IG 定期寫下自己的心情。這是一種很好的自我聊天解壓方式。聽著音樂，伴隨著鍵盤的聲音，自己向自己傾述，一切都在自己的反問與感受中得以釋然。現在的社會運轉得飛快，每個人活著都不容易，尤其是職場上的女孩，如果自己有更好的減壓方法，那麼何必向已經活得很累、壓力很大的朋友或者家人傾倒情緒垃圾呢？自己搞定自己的問題，做個自立、給別人少添麻煩的女孩不是更好嗎？所以，最方便最省錢的減壓，就從寫自己的心情部落格開始。

每天晚上至少花 10 分鐘，簡要地記下自己今天的心情；或者花 1 個小時，詳細記錄自己一天的行動，比如自己今天工作情況怎麼樣？有什麼更好的工作方法可以改進？收獲了什麼？有什麼感動的事？有什麼高興或不開心的事？有什麼人生感悟可以總結等，這些都可以寫在自己的私人部落格裡，一方面透過文字，總結了今天的工作，也幫自己理清了當前的情緒；一方面也是自己感想的寄託地、靈魂的棲息地，也鍛鍊了自己的文筆，同時也是自己成長的見證，留著自己將來慢慢品味。

*　　　*　　　*　　　*

莉玟是個經常寫部落格的女子，她孤身一人在大城市裡尋找著自己的設計師夢想。每當夜深人靜的時候，她就會感到非常地孤單和想家。這時，她就在某網站註冊了自己的帳戶，開通了部落格，開始排遣自己的心情。有了文字的陪伴，莉玟下班後的生活變得充實起來，不再感到很孤單了，壓力隨著文字的揮灑也隨之釋放了很多。因為有了與自我的聊天，自己就成了自己的貼心傾訴朋友，而且這個朋友永遠與自己隨行，不會背叛自己，更不會把自己的私事爆料給別人，這樣不是很好嗎？這種寫部落格的方法已經成為大多數女孩解壓的一種特有方式。

部落格是個私人的地盤，妳的部落格妳做主。在妳的地盤裡，妳可以隨

意寫下自己的心情，也可以做個百變怪，一會兒把自己寫成一個什麼事都看不慣的憤怒青年，一會兒把自己寫成一個光鮮亮麗的富家千金，文字的魔力就是充滿「欺騙性」和趣味性。在虛擬的自己的舞臺上，只要不觸法，妳可以盡情發揮自己的想像力而不用承擔什麼責任。部落格的內容隨自己心情而定，在那裡妳自己儼然就是高貴的或者胡鬧的女王，而文字則是妳手下的千軍萬馬，帶著妳的千軍萬馬盡情地發洩吧！透過這種方式，最後我們會重新找回心中那個真正的自我。寫部落格就是這麼的神奇！

透過自己的部落格，我們也可以認識很多有共同心情、共同愛好、同命相連的網友，因為會有很多志同道合的網友會主動聯絡妳。原本自己寫部落格的初衷只是發洩自己，釋放壓力而已，如果加入了這些網友的評論和關懷，就變成了有互動的網路聊天了。所以經營自己的心情部落格，會有很多想不到的驚喜可能等著妳哦！那麼，女孩，還等什麼，趕快在在論壇部落格裡盡情釋放吧！生活將會精彩紛呈！

最後要提醒女孩的是，我們不妨多寫點「積極向上的日記」，就是多記錄一天中發生的美好事物，或者記錄我們期待發生的好事。這樣，不管妳以前曾是個多麼悲觀的女孩，只要寫下積極的日記，妳憂鬱、抓狂的心情就會有很大的改善。漸漸地，妳的思考方式也會悄然改變。而那些妳心所想的事情，經過一段時間後，多半也會真的實現。這不是痴人說夢，而是因為隨著妳思考方式的陽光化，妳堅強的信念衝破妳那黑暗的「悲觀城堡」防線，重新確立起來了。所以，我們要時時刻刻想好事和美事，多往好的想，這樣我們的夢想終究會實現。

遊戲人生

> 我很懷念過去的日子，那時評價一個遊戲的好壞全在於它的可玩性如何。現在我們周遭是一片技術的喧囂聲，我很擔心那種以技術含量來評價一個作品的趨勢，那種東西雖然能蒙混一時，但最終妳卻發現我們失去了遊戲業。如果我們的遊戲失去了可玩性，那我們還能有什麼資本與其它娛樂業競爭呢？論畫面，我們比不過電影，論音效，我們不及音響，我們的優勢全在互動性上。失去它我們將一無所有。—— 歐美最頂尖的遊戲程式設計師之一席德・梅爾

從小到大，我們玩過無數個遊戲，哪個遊戲讓自己最難忘？陪伴妳到現在的恐怕還是剪刀、石頭、布這個遊戲吧！誰洗碗，誰貯飯，誰先起床等，這些我們都不會陌生，這個遊戲的猜拳語言還是全世界共同的。想想多麼不可思議呀！世界上任何角落都在上演這個推脫責任的小把戲。這個最簡單的遊戲的魅力在哪裡呢？心理學家常常透過不同的出拳來研究不同出拳人的性格和輸贏的機率，還可以不停地猜測對手的心態以及對自己的回應。所以遊戲並非僅為娛樂而生。

在動物世界裡，遊戲能幫助各種動物熟悉生存環境、練習競爭技能，還能加深彼此的相互了解，而人類也延續動物本能的遊戲特質，我們人類玩遊戲，首先是娛樂自己，放鬆自己，然後就是獲取一種本領，或一技之長，一種技能的模擬演練，或者一種對自己性格的感悟和分析。

人類發明創造了各式各樣的遊戲，來打發自己的休閒時光，或是開發自己的大腦。下面介紹幾款遊戲，讓大家放鬆一下：

1. 速度遊戲。很多人比賽吃東西，可以是吃水果遊戲或吃飯遊戲。總之，是人人都會的，但是吃得快可不容易啊！試想 1 分鐘之內，妳能吃幾顆

水果？有大獎的誘惑，有自己性格的局限，但是總會有贏家。臺上的人興致勃勃地玩著遊戲，臺下的人在饒有興趣地看。自己也可以練習吃水果遊戲，透過牙齒的咀嚼運動，嘴巴的一張一合之間，自己也會有不一樣的愉悅感受。

2. 踢毽子。冬天，在很多社區樓下，常會看見很多人踢毽子，有男有女，好不熱鬧。這是傳統遊戲了，我們從小都會。鍛鍊身體，也考驗人的反應能力。踢毽子已經不再是女孩子的專利，很多男性也加入其中了。

3. 狼人殺遊戲。這是現今很流行的時尚遊戲，主要流行於上班族和高知識人群。現代人越來越「宅」，所以很多人都會感到很封閉，覺得自己的圈子狹小，志同道合的知己好友越來越少。而狼人殺遊戲這種融勝負、聊天和角色扮演為一體的語言智力遊戲就為我們提供了一個甜暢淋漓的社交平臺。對遊戲參加者的智慧、思考、推理、口才、表演、領導力、協調和幽默能力都有相當高的要求。狼人殺遊戲的高手必然是一個智慧思考、口才領導能力均達上乘的人，那麼，這樣的人在社會生活中怎麼會不成功呢？

   狼人殺遊戲在某種意義上還是一種可以控制別人思考和行動的遊戲。這種成功的感覺只有高手才能體會到，這也是狼人殺遊戲的魅力所在。

4. 手機遊戲、《絕對武力》。現在人都會玩手機，手機裡眾多的小遊戲就不用多說了。《絕對武力》是喜歡槍戰片女孩的首選。

5. 《魔獸世界》。它是全球千萬玩家的共同選擇，擁有史詩般的故事背景，十大種族，九大職業，各具特色的專業技能。自 2009 年 8 月伺服器重新開放以來，最高同時線上人數突破 130 萬。

一千種遊戲，就會有一千個人喜歡。找到一款適合妳的遊戲，感受遊戲的刺激和魅力吧！但是玩物喪志，女孩，在遊戲中放鬆、廝殺的時候，記得

還是要有個度，這樣我們才會清醒，既駕馭了遊戲，又駕馭了自己，畢竟玩遊戲的我們意在放鬆，千萬不可深陷其中。

　　每個遊戲的制定者都希望妳在遊戲中玩更長時間，這樣他們才能賺大錢；每個人都有賭徒心理，當我們輸了的時候，我們會不甘心，就會想重新洗牌或者再來一局；當我們贏了的時候，我們就會很開心，有成就感，這時，我們就會不想離線，因為我們感到開心，然後就是輸贏輸贏的循環，直到玩到天昏地暗、頭腦腫脹，這樣就不好了。這可不是此文的宗旨。所以，女孩，要適可而止。

來一趟說走就走的旅行

> 旅遊是獲得愉悅感和浪漫的最好媒介。——英國戲劇製作人麥金托什
>
> 旅行對我來說，是恢復青春活力的泉源。——安徒生

　　現代人總覺得時間不夠用，所以拚命工作，但是回過頭來，我們往往也會發現自己失去了很多，收穫卻並沒有成長多少，反而還會覺得自己在負重前行。那麼是誰讓我們的日子嚴重縮水？是誰讓我們腳步匆匆？其實，根源就在於我們太浮躁了，自認為忙碌就可以許自己或者別人一個美好的未來，我們行有高速公路，食有速食雞排，聊的是外國語言，用的是電子郵件。但是唯獨我們的心情無法輕鬆，我們在重壓下步履蹣跚。若是渴望收回我們浮躁、忙碌的心靈，那麼來一次徹底的釋放心靈之旅吧！旅遊是我們最好的減壓方式。那郊外的湖光山色，那小村裡的寧靜，對妳來說絕對是一種誘惑。

＊　　　＊　　　＊　　　＊

　　涵予是廣告公司的文案企劃，整天面對電腦螢幕，埋頭於書堆文海，心裡總有一種莫名的煩躁和無形的壓抑。所以對戶外活動與對大自然的嚮往就

油然而生。連假時，她邀上幾個好友一起去東部旅遊。走在可以看到大海的山路上，就像卸下了沉重的負擔，她們的精神在藍天白雲間升騰，她們的心胸在層林盡染裡陶醉，她們盡情享受著纜車的愜意，與大自然交融在一起。山的空靈洗去了她們的疲憊和雜念，讓她們感受到自己最自由的靈魂。

旅遊過後，我們會對生活多一點感悟，我們會突然發現：如果擁有一顆自由的心靈，到哪裡生活與工作都會美好。因為心靈具有太強大的力量，如果不適時地給心靈一定的緩衝空間，我們的肉體是註定要受苦的。

頭頂湛藍的天空，手捧清澈的山泉，面對美麗的山岩，大叫一聲：「我來了！」這難道不是一種享受嗎？

旅遊，是大自然賜與我們的恩惠。旅遊，是一種生活、一種體驗、一種享受。當妳置身於大自然中，妳會感受到心胸開闊、頭腦一片清明；當妳面對著青山綠水，妳會感覺到心曠神怡、渾身清爽。就算只為了呼吸新鮮的空氣，見證大地的神奇也要去旅遊。

如今，旅遊已成為現代人一種時尚的生活方式。不少人在有了一定的錢財積蓄後，會把錢花在旅遊上。怎樣玩得好、玩得痛快，成為他們的目標追求。旅遊不僅是人放鬆心理疲勞的方式，也是一種學習。可以說，旅遊的過程，就是學習的過程、鍛鍊的過程、陶冶的過程。在旅遊過程中，擴大了我們的地理知識，我們對不同國家不同地區的民族風情、文化和生活方式方面的知識有了一定的了解，也豐富了我們的閱歷。我們還可以交到各種各樣的朋友，為以後的工作和生活提供精神上的支持。旅遊不僅讓我們欣賞了沿途上美麗的景色，陶冶了我們的性情，提高了我們的審美情趣和意識，還讓我們享受了各種美食。最為重要的是，我們鍛鍊了自己的身體，提高了克服困難、解決問題的能力，鍛鍊了不放棄、堅持到底的毅力和性格。

「讀萬卷書」就要「行萬里路」。一個飽覽名山大川、眼界開闊的人與一個整天足不出戶、孤陋寡聞的人哪一個更容易成才呢？所以，旅遊的意義絕

不在於遊山玩水、吃喝玩樂。

　　當然旅遊最顯而易見的意義還是娛樂休閒的功能。能享受旅遊，能放鬆自己，也是我們最大最基本的需求。帶上帳篷，點燃蠟燭，和心愛的他依偎在一起，清晨看冉冉升起的太陽，晚上看朝妳擠眉弄眼的星星，感受月光灑滿身上的寧靜。一起聆聽大自然的聲音，一起回憶遙遠的過去，憧憬美好的未來。妳，聽到了嗎？

家是永遠的避風港

> 建立和鞏固家庭的力量 —— 是愛情，是父親和母親、父親和孩子、母親和孩子相互之間的忠誠的、純真的感情。 —— 蘇霍姆林斯基
>
> 和睦的家庭空氣是世界上的一種花朵，沒有東西比它更溫柔，沒有東西比它更適宜於把一家人的天性培養得堅強、正直。 —— 美國小說家德萊賽

找點兒空閒，找點兒時間，
帶上笑容，帶上祝願，
領著孩子，常回家看看。
媽媽準備了一些嘮叨，
爸爸張羅了一桌好菜。
生活的煩惱跟媽媽說說，
工作的事情向爸爸談談。
常回家看看，回家看看，
哪怕幫媽媽刷刷筷子洗洗碗。
老人不圖兒女為家做多大貢獻
一輩子不容易就圖個團團圓圓。
常回家看看，回家看看，

哪怕給爸爸捶捶後背揉揉肩，

老人不圖兒女為家做多大貢獻，

一輩子總操心就盼個平平安安。

這首歌其實很老套，沒有多華麗的歌詞，但是時隔幾年，我們聽了還是會有所觸動，因為父母情是最深的情，從我們生下來到生命的盡頭，我們都需要這份親情的強力支撐。沒有父母的孩子像根草，有父母的我們就是個寶，無論在外人眼裡，我們是如何的不堪，雖然長相平平，或者能力平庸，但是在我們父母的眼裡，我們都是最優秀的孩子，最可愛的人。

俗話說：山高水深，沒有父母的恩情深。父母生育、養育了我們，他們含辛茹苦，走過風風雨雨，一把屎一把尿把我們拉扯大，並把我們培養成對社會有用的人，但是社會競爭這麼激烈，我們必須如上緊的發條，投入緊張的職場，總會無意中把老媽的嘮叨與老爸的「老生常談」丟在一邊，甚至為了自己的小家，過自己的小日子，而減少回家的次數。其實，回到自己從小生長的地方，即「故鄉」，能使我們整日奔波的靈魂得以舒展，父母的笑顏，從小看著自己長大的熟悉的鄰居們的臉蛋，故鄉的那一草一木，都能勾起我們兒時的美好回憶，這也是大河大川無法比擬的。所以，有什麼理由不回家看看呢？

我們大了，父母卻老了，老人就會如同小孩般，希望有人疼有人愛，他們不需要我們的錢財，不需要我們寄去的禮物，他們最需要的是我們這些兒女的陪伴。所以，有點時間就回去看望父母吧！李白在《將進酒》中寫道：君不見黃河之水天上來，奔流到海不復回。君不見高堂明鏡悲白髮，朝如青絲暮成雪。一年回家一次的我們，看到父親縷縷花白的頭髮、母親漸漸蒼老的臉，難道沒有一種心痛的感覺嗎？

有個故事很感人，很能撥動我們的心弦。

星期日 紓壓

　　一個在外上大學的山區孩子，因為交通不方便和家境貧寒，就一年回家一次。每一次母親總會索要她的車票，漸漸地她也習慣了回家第一件事就是上交車票。

　　四年大學上滿了，這孩子又繼續讀了碩士、博士。她覺得只有自己有高學歷、高能力了，自己才能把父母接出貧窮的山區，讓父母過上好日子。博士上完，她在大城市裡拚命工作，然後就是嫁人生子。有了工作，就有了足夠的交通費，但是她還是一心想著賺大錢，光宗耀祖，還是一年回家一次，父母默默無言。

　　接著就是在大城市與男友一起打拚，買車買房，結婚生子。有太多世俗雜務的牽絆，她還是一年回家一次，最後山區連居打來電話，說母親腦溢血，她才帶著家人心急地趕到病榻前，母親看一眼自己的孩子，就掛著淺淺的滿意的笑容離世了。

　　後來她翻開母親的遺物，發現有個小手絹裡包著很多車票，車票的張數正是她上大學到現在的年數。她悔恨交加，但為時已晚。

　　血濃於水，親情如山，時光難以倒轉。子欲養而親不在，這種巨大的遺憾我們怎能讓它再發生呢？關愛父母，擁有良好的家庭關係，我們才能感到刻骨的幸福。所以從今天起，花點心思去了解父母的性格、愛好、脾氣及生活習慣，記住父母的生日、紀念日等重要的日子，我們會有意想不到的收穫。從今天起，與家人分擔困難，分享快樂吧！

向毛小孩學習

> 狗若愛妳，就會永遠愛妳，不論妳做了什麼事，發生什麼事，經歷了多少時光。——動物作家傑佛瑞·麥森
>
> 一隻狗帶給人的最大快樂就是，當妳對牠裝瘋的時候，牠不會取笑妳，反而會跟妳一起瘋。——英國作家塞繆爾·巴特勒

狗是人類忠誠的朋友。牠熱情，活潑，好動。所以，很多人都喜歡養狗，讓狗陪伴自己。狗很快樂，和牠接觸的我們也會得到很多快樂，有的人還會把感情寄託在狗的身上。在國外，很多孤寡老人都會把自己的巨額資產遺留給自己的愛狗，而不是自己的兒女。因為在他們最需要陪伴的時候，是狗狗不離不棄地守護在他們身邊。

狗為什麼那麼快樂呢？妳與妳的狗狗一樣快樂嗎？很多時候我們會覺得悲哀，因為我們沒有狗狗快樂，我們甚至還有點「嫉妒」自己愛犬的快樂。

其實，狗狗之所以很快樂，是因為狗狗的世界很簡單，相當於非黑即白。遛狗的時候，狗會在大自然裡歡快地奔跑，等跑離主人很遠了，就會得意洋洋地回頭望主人，仿佛在說：「我跑得快吧，嘿，要跟上呀！」等主人追上牠時，牠就會繼續歡快地向前跑。在任何場合、任何地方，牠似乎永遠都是一副興致勃勃、一臉幸福的模樣。與同伴狹路相逢，牠會激動萬分地親密地相互嗅嗅、親一下，然後就相互追趕嬉戲。牠們表達感情熱烈、直接，不會含蓄，更不會矜持，愛妳沒得商量。如果誰不懂什麼叫「情不自禁」，那麼看看狗熱烈地撲在妳身上的時候，就能體驗到了。

養狗的人幾乎都會經歷這樣的場景：當妳勞碌一天，打開家門的時候，狗狗就會興奮地撲到妳的身上，用牠的長舌頭熱烈地親吻妳的臉頰，也會咬住妳的褲管撒嬌，還會在妳面前高興地打滾，晚上則兢兢業業地工作，守著

大門，像個哨兵一樣，保衛妳的領地。

狗是我們的朋友，是因為狗通人性，懂得我們的心思，如果我們高興，牠就會興奮地跳躍；如果我們難過，小狗就會緊緊地依偎在我們身邊，讓我們得到如朋友般的溫暖。一旦我們與狗狗建立信任的感情後，狗狗就會誓死效忠我們，不會嫌貧愛富，而是同患難共富貴。牠還會愛屋及烏，喜歡上我們的朋友。而人與人之間的友誼有時候就太脆弱了，會互相猜疑、患得患失，為一點利益或者一件小事情而斤斤計較，甚至爭得頭破血流，從此形同陌路。所以我們就沒有狗狗般快樂。因為我們太複雜和敏感了。

狗狗對骨頭很執著，牠的眼睛會一眨不眨地鎖定自己的目標 —— 骨頭，如果我們把骨頭變換方向，牠的眼睛就會追隨到哪裡，一刻都不會放鬆，還有撲上去的衝動，這才是真正的「全神貫注」；遇見一堵牆或者籬笆，牠要不是從上面跳過去，不然就從下面的小洞裡鑽過去，牠不會覺得丟臉，而愛面子、不會變通的我們，很多事情都不屑於做或者不好意思做，這樣就離自己的目標越來越遠，或者走了很多彎路。最為重要的是，狗狗從不會追憶不快的過去，也不會想太遙遠的未來，這一點是上緊發條的我們應該借鑑的，活在當下，做我們自己就行了。

從狗狗身上，我們重新思考快樂生活的真諦吧！狗不懂得嫉妒、不滿、勾心鬥角，牠只會付出，所以，牠快樂。所以，我們人類要想與狗狗一樣快樂，就要純真、執著、信任、豁達、博愛、寬容，這樣才能享受快樂的生活。

沒有公主命，就不要有公主病：

經濟、生活、情感都獨立，在這個性別平等的時代，女人更要學會寵愛自己！

作　　著：歸海逸舟，丁智茵
發 行 人：黃振庭
出 版 者：崧燁文化事業有限公司
發 行 者：崧燁文化事業有限公司
E - m a i l：sonbookservice@gmail.com
粉 絲 頁：https://www.facebook.com/sonbookss/
網　　址：https://sonbook.net/
地　　址：台北市中正區重慶南路一段六十一號八樓
815 室
Rm. 815, 8F., No.61, Sec. 1, Chongqing S. Rd.,
Zhongzheng Dist., Taipei City 100, Taiwan

電　　話：(02)2370-3310
傳　　真：(02) 2388-1990
印　　刷：京峯彩色印刷有限公司（京峰數位）
律師顧問：廣華律師事務所 張珮琦律師

國家圖書館出版品預行編目資料

沒有公主命，就不要有公主病：經
濟、生活、情感都獨立，在這個性
別平等的時代，女人更要學會寵愛
自己！ / 歸海逸舟，丁智茵著 . --
第一版 . -- 臺北市：崧燁文化事業
有限公司 , 2022.07
　面；　公分
POD 版
ISBN 978-626-332-550-0(平裝)
1.CST: 自我實現 2.CST: 生活指導
3.CST: 女性
177.2　　111010608

定　　價：375 元
發行日期：2022 年 07 月第一版
◎本書以 POD 印製

電子書購買

臉書